運河學研究院 编

運河學研究

聊城大学运河学研究院 主办

CANAL STUDIES NO.2

第2辑

李泉 主编

社会科学文献出版社
SOCIAL SCIENCES ACADEMIC PRESS(CHINA)

《运河学研究》编辑委员会

目　录

·理论研究·

"大运河"研究的学术进程及问题意识（2014～2018） …… 吴　欣 / 1

·专题研究一：河工、河政与漕运·

中国大运河水利工程概论 …… 蔡　蕃　裴玉娜 / 11

试论秦汉财政运作与三门砥柱漕运 …… 张　捷 / 37

元代漕运方式选择中的环境与技术影响 …… 李德楠 / 49

东平湖变迁对大运河会通河段沿革的影响 …… 陈诗越　吴金甲　侯战方 / 61

被"建构"的堤堰：高家堰的称谓与明代治河 …… 王聪明 / 69

庙堂与河工：嘉靖七年运河之议探微 …… 胡克诚 / 84

储才与备用：清代河工效力制度研究 …… 王玉朋 / 97

美国水利专家与近代导淮治运 …… 王　健 / 110

北洋政府时期的苏北运河治理 …… 崔建利 / 124

·专题研究二：运河区域经济与社会·

明清京杭大运河的历史变迁——以西人的观察为视角 …… 尹桂霖　佘清良 / 134

明代运河与常州区域经济述论 …… 吕　杨 / 159

漕运、商业与河患——明清时期临清河神信仰的历史考察 …… 胡梦飞 / 171

·专题研究三：运河遗产与大运河文化带·

国外著名运河遗产保护与利用经验借鉴 …………………… 刘庆余 / 183

大运河文化带建设原则与路径选择 ……………………… 贾兵强 / 196

重走临清老胡同　唤醒运河古城记忆
——临清胡同保护与审美体验研究 ……………………… 刘建峰 / 207

·研究综述·

2017 年度运河学研究综述 ………………………………… 高元杰 / 220

“第五届运河学论坛：文化视野下的大运河研究”
学术研讨会综述 ……………………………………… 罗衍军 / 234

·新书评介·

陈喜波著《漕运时代北运河治理和变迁》 ………………… 张清华 / 244

李德楠著《明清黄运地区的河工建设与生态环境变迁研究》
评介 ………………………………………………………… 陈隆文 / 247

王耀编著《〈黄运河口古今图说〉图注》 …………… 李　鹏 / 250

周嘉著《共有产权与乡村协作机制——山西“四社五村”
水资源管理研究》评介 ………………………………… 杨焕鹏 / 252

稿约 …………………………………………………………………… / 255

注释规范 ……………………………………………………………… / 256

主办单位简介 ………………………………………………………… / 259

Content

· **Theoretical Studies** ·

Academic Progress and Problem Consciousness in Grand Canal Research, 2014 - 2018 *Wu Xin* / 1

· **Special Topic I: River Project, River Administration and Grain Transport** ·

Introduction to China Grand Canal Water Conservancy Project *Cai Fan*, *Pei Yuna* / 11

Financial Operation and Three Gates Mainstays in Qin and Han Dynasties *Zhang Jie* / 37

Environmental and Technical Influence in the Selection of Grain Transport Mode in Yuan *Li Denan* / 49

Influences of Dongping Lake's Transition on the Evolution of Huitonghe: the Section of the Grand Canal *Chen Shiyue*, *Wu Jinjia*, *Hou Zhanfang* / 61

The Constracted Dam: An Examination of Name and Reality about Gaojia Dam in Ming Dynasty *Wang Congming* / 69

A Study on the Discussion of Digging the Grand Canal on the Seventh Year of Jiajing's Reign *Hu Kecheng* / 84

Standby and Reserve Talent: A Study on the Effective System of River Construction in Qing Dynasty *Wang Yupeng* / 97

American Hydraulic Experts and the Modern Project of Dredging the Huai River and Managing the Canal *Wang Jian* / 110

Governance of the North Jiangsu Canal in the Period of Beiyang Government *Cui Jianli* / 124

· Special Topic II: Economy and Society of Canal Regional ·

The Changes of Grand Canal in Ming and Qing Dynasties: From the Perspective of the West *Yin Guilin, Yu Qingliang* / 134

Grand Canal and Regional Economy of Changzhou in Ming Dynasty *Lv Yang* / 159

Water Transport, Commerce and River Suffering: Historical Review of the Linqing's Alpheus Religion in Ming and Qing Dynasties *Hu Mengfei* / 171

· Special Topic III: Canal Heritage & Grand Canal Culture Belt ·

Experience Reference of Conservation and Utilization in Overseas Famous Canal Heritage *Liu Qingyu* / 183

The Principles and Path Choices of the Construction of the Grand Canal Cultural Belt *Jia Bingqiang* / 196

Revisiting Linqing's Old Hutongs to Awaken the Memory of the Ancient City of the Canal:

A Study on the Protection and Aesthetic Experience of Linqing's Hutongs *Liu Jianfeng* / 207

· Literature Reviews ·

Canal Research in 2017: A Literature Review *Gao Yuanjie* / 220

A Summary of The Fifth Symposium on the Grand Canal Studies: the Grand Canal Studies Under Cultural Vision *Luo Yanjun* / 234

· Book Reviews ·

Chen Xibo, *Governances and Changes of North Canal in the Time of Grain Transport* *Zhang Qinghua* / 244

Li Denan, *Research of River Construction and Ecological Environment Change of Intersection Region of the Yellow River and the Grand Canal in Ming and Qing Dynasties* *Chen Longwen* / 247

Wang Yao, *The Notes of the Diagram of the Intersection of the Yellow River and the Grand Canal* Li Peng / 250
Zhou Jia, *Commons and Rural Cooperation: A Study on Water Management in Si She Wu Cun, Shanxi Province* Yang Huanpeng / 252

Instructions for Authors / 255
Annotation Specifications / 256
Introduction to the Sponsor / 259

“大运河”研究的学术进程及问题意识（2014～2018）*

吴 欣**

内容提要 现代意义上的大运河研究至今已近百年时间。从长时段来看，研究可分为三个阶段：20世纪初至70年代末、1980～2013年、2014年大运河“申遗”成功至今。以上三个阶段都表现了明显的时代特征和“运河”特点，其中前两个阶段以运河工程、漕粮运输、经济市场网络等内容为核心，研究一方面着重在政治制度的框架中考量运河的功能，另一方面又尝试摆脱从经济入手且带有强烈政治色彩的宏观社会形态解释模式。随着“中国大运河申遗”成功及“大运河文化带建设”的开展，文化传承主旨下的大运河研究占据主导，研究开始朝两个方向进行转向：一是整合性转向，二是研究整体性与细致化的结合。这一转向意在构建新的学术理论，使具体的研究得以整合，并提供新的社会文化解释模式，丰富运河学学科理论。

关键词 大运河 学术进程 问题意识

2014年至今，大运河研究进入一个新的发展时期，这种发展一方面建基于20世纪20年代以来的学术积淀及学界对“运河”重要性认识的自觉；另一方面在于两个重要事件的发生，即2014年6月中国大运河“申

* 本文为国家社科基金重点项目“民间文献与京杭运河区域社会研究”（16AZS014）的阶段性成果。

** 吴欣（1972～ ），山东陵县人，历史学博士，聊城大学运河学研究院教授、硕士生导师，《中国大运河年度发展报告（蓝皮书）》主编，主要研究方向为社会史、运河史。

遗”成功和2017年2月、6月习近平总书记视察通州时的讲话。就大运河本身而言，这两个时间节点意味着国势强盛、文化自信背景下传统文化价值的再挖掘、再提升；对研究者来说，这一契机则促进了学界对运河历史功能和现实价值的再认识，将运河作为研究主体，纳入学术视野与学科建设中。当然，除此之外，特定的社会形态、社会科学的精神以及人们在特定时期形成的特定心态也在一定程度上促使大运河研究发生转向。那么大运河学术研究究竟发生了怎样的转向，这些转向凸显了学术界怎样的学术旨趣？本文试图对大运河研究历程进行长时段的勾勒和重点讨论，以期有助于未来的研究。

一 大运河研究的历史分期与发展轨迹

从长时段来看，现代运河研究可分为三个阶段。

第一阶段，20世纪初至70年代末，即运河研究的兴起阶段。本阶段以1919年张景贤发表于《地学杂志》（9期、10期）的《北运河考略》一文为标志。从研究对象看，这一时期国内学者以运河本体史研究为主①，国外学者则更多关注漕运和交通问题。② 研究成果的形式以论文为主，专门性的著作较少③；同时成果多偏重于历史研究，且多为运河基本历史史实考证；从研究取向看，学者多着意于运河的政治特性的论述。显然这些研究特点与这一阶段的整体的历史研究特点相符合，即在制度的框架中考量运河的功能及漕运制度。

第二阶段为1980～2013年，是为运河研究的发展阶段。从数据来看，“中国知网”④ 以“大运河”为主题的研究论文有2423篇左右，其中1980～1990年有206篇，1991～2000年有426篇，2000～2013年有1855篇（仅2010～2013年就有806篇）。简单从数量来看，这一阶段学术论文呈现快速增加趋势，尤其是“申遗”前的2000～2013年，论文数量较多。

---

① 亦有学者关注了漕运问题，详见倪玉平《清代漕粮海运与社会变迁》，上海书店，2005，第5～6页。

② 以日本学者星斌夫为代表的外国学者在20世纪30～70年代，发表了十余篇有关漕运的文章。

③ 这一时期出版的主要论著为史念海《中国的运河》（重庆史学书局，1944），邵华《大运河的变迁》（江苏出版社，1961）。

④ 主要包括“工程Ⅱ、农业、信息、经济与管理”，以及排名靠前的212种各学科单刊。

研究领域和研究内容的日趋多样化是这一时期研究的总体特点。新的历史时期，随着学术价值观、研究方法及研究环境的改变，大运河研究不但实现了从历史（地理）研究向其他学科的逐步扩大，而且研究深度和广度也发生了改变，包括史学界在内的学者重新审视以往从经济入手且带有强烈政治色彩的宏观社会形态解释模式，将研究带入新的多元视角与多学科的研究领域。具体表现在以下几个方面。

学界前辈如史念海、陈桥驿、姚汉源、邹逸麟等从水利史、历史地理等角度厘清了大运河开凿及其所产生的水运工程、引水工程、蓄水系统、整治系统、防灾系统中的节制工程、穿越工程、跨江河工程、闸坝工程等专门性工程的核心技术与价值，以及运河的疏通对区域生态环境、水利灌溉、资源开发的重大影响，并客观分析了区域社会因“人工开凿”运河而形成“沧海桑田”变化背后的“差别有等”。

历史学界对运河的研究呈现两种趋势：一是延续漕运研究，二是将运河放置在区域经济发展的框架中讨论其作用。此一时期的漕运研究在探讨运河漕运制度的政治性意义及其变革过程的同时，更注重解释两个方面的问题：其一，在漕运制度史的研究中，将社会层面的各种事项推至漕运波及影响范围内，实现对其社会意义的部分考察，正如吴琦在《漕运与中国社会》[①] 一书中所言，漕运“是一项社会性极强的经济活动”；其二，在比较视野下透视作为国家政治运作手段的漕运所反映的政府模式、经济制度的运转方式，借以寻找明代以来中国逐渐落后于世界进程的原因，黄仁宇《明代的漕运》[②] 正是这样的著作。

第二种趋势是探讨运河在区域经济社会发展中的作用。此类研究的初衷或不着意于对运河与区域之关系的解读，但亦将运河作为“一种因素”，讨论城镇“专业化”、市场“层级化”、“区域社会的内变迁”等经济史问题。国内外学者有关“内卷化”、“大分流”等理论的提出与讨论，不仅量化了江南区域田产赋役、生产效率等内容，将“描述性”研究转化为“实证性”研究，且发展了史学研究新范式，在国际比较视野之下探讨了江南区域社会的发展模式与动力机制。

其他社会科学领域的研究相对细化，多以人口、宗族、社区、信仰为

---

① 吴琦：《漕运与中国社会》，华中师范大学出版社，1999。

② 黄仁宇：《明代的漕运》，新星出版社，2005。

对象，讨论不同区域的社会发展脉络与结构性变化，其中尤以韩书瑞《山东叛乱——1774年王伦起义》① 为著。该书运用“通过构成日常生活经纬的个人活动”去观察运河区域社会的方法，分析了运河区域自主性发展的可能与样态。这类研究看似“细碎”，但实则是将触角下沉，对区域若干事像进行“剥笋”式剖析，以实现对运河区域“立体”历史的整体性认识。

大运河文化方面的研究基本遵循了传统研究模式，即对运河文化进行分门别类的讨论，凸显运河文化的融合性与地域性。同时运河文化遗产保护和旅游资源开发类的研究大量增加，在一定程度上实现了产学研的结合。从表象来看，运河文化异彩纷呈，文化理论与实用性研究各美其美，但由于对运河文化缺乏相对统一的认识，导致运河文化成一个万物皆可入的“筐”，研究对象过于宽泛，模式化、碎片化现象突出。

第三阶段，即2014年大运河“申遗”及2017年“大运河文化带”建设概念被提出至今。2014～2018（9月28日）年，“中国知网”共发表“大运河”主题论文1265篇，文章的类型化趋势更加明显，呈现出以下特点。首先，与之前以历史、地理类研究为主的情况相比，2014年以后的文章涉及多个学科，最为突出的即是大运河文化及保护类文章，占26%。其次，运河城市规划、景观设计及旅游类文章，占20%左右；水利环境类，占18%，历史、考古类文章占16%；最为值得一提的是，运河学科建设及理论类的文章大幅上升，占约10%的比例，其他类约占9%。从这些数据统计来看，运河研究发生了很大程度的转向。总体看来，这种转向涉及两个大的方面：一是应用类的研究占据更多的份额；二是运河学科理论正逐步形成。关于前者，笔者将另文讨论，在此想用更多的笔墨探讨运河理论研究的学术转向问题。

二　大运河研究的学术转向

2014年“申遗”成功以来，运河理论研究向两个方向进行转向：一是整合性转向，二是研究整体性与细致化的结合。

首先，所谓整合，是指对运河本身跨学科性质的知识体系和经验进行

① 韩书瑞：《山东叛乱——1774年王伦起义》，江苏人民出版社，2009。

系统性的研究，其中最突出的表现即“运河学”概念的产生。最早提出“运河学”这一概念的是建筑学家罗哲文先生。在“申遗”背景下，罗先生提出的概念旨在强调大运河作为文化遗产的特殊性，尤其从物化的层面突出了大运河的价值所在。当然，更主要的原因是，作为一个复杂的系统，大运河连接的不仅是地域意义的南北、地理意义上的水系、经济意义上的市场、政治意义上的漕运军政，还有文化意义上的技术、生活、认同等内容，任何一个学科都无法实现对运河的整体认识。雷蒙·威廉斯说，在文化发展史上，一种新概念的出现，既是人们对共同生活的外部环境变迁做出反应的记录，同时也反映了人们对此种变动努力进行的总体评估并逐渐形成的重新控制的过程。① 所以，运河学概念的产生，从宏观来看，应该被看作20世纪90年代以来中国社会科学专业化前提下，学界解释、叙述与解决运河问题的思想重构，这种结合带有一定社会改造的目的。

在这样前提之下，国内首家“运河学研究院”2012年于聊城大学成立，其后该院组织国内学者召开了“运河学”专题研讨会，就运河学的研究特点、知识体系、研究理论与方法等进行了深入研讨。近几年，国内相继成立了十几家运河研究院（所、中心），召开了几十次国际、国内的学术会议，旨在通过学术碰撞，从理论上构建一套运河学研究的体系。从“学科”概念出发，某某学是指一种知识分类，是相对独立的知识体系。李泉教授认为，从这个意义上说，运河学是以运河及其区域社会为研究对象的学问。这里的“学”不应理解为通常所说的学科，而是指一个学科方向、一门学问。一门学问能否成立，关键要看两个要素：一是研究范畴、基本概念是否具有丰厚的内涵和清晰的外延；二是看相关资料能否支撑这门学问。② 对此，吴琦教授认为：运河学的概念和指向是清晰的，“所谓运河学即是围绕运河的历史与现实，形成一整套研究、保护、开发的理论与方法。其知识系统、理论及方法也相对明确。知识系统主要指建立在史实基础之上的关于运河的各方面知识：诸如运河演变历史，运河的地理特征，各历史时期围绕运河的重大事件等；运河的理论体系则包括：运河的历史地位，运河的政治、经济、文化功能、社会意义，运河与中国政治、

① 〔英〕雷蒙德·威廉斯：《文化与社会》，吴松江、张文定译，北京大学出版社，1991，第374页。

② 《运河学笔谈（李泉）》，《中国社会科学报》2016年6月8日，第8版。

经济格局变动的关系，运河的区域性差异与辐射意义，运河所反映出来的国家治理与发展观念，运河引发或关联的环境、经济、政治、文化、社会等方面的问题，运河学史等；至于运河学所涉及的研究、保护、开发的方法问题，应该是多学科交叉共研的格局，可以根据研究的领域和解决的问题，具体酌定”[①]。

整合性并不意味着认识的一致性，运河学也不是仅被加入社会科学分析概念和现代视角的知识系统。北京大学李孝聪教授就认为一个学科成立与否必须将其放置在世界范围及整体的学科建设中来理解，他谈道：运河，非中国所独有，世界各国都有开凿，有些古运河还在使用，而且国外也有专门研究运河的学问。……同时，作为一门学科，应当能够与国外相关学科有密切的联系并形成对话。中外学者广泛参与，关注共同的问题、探讨同一件文献，相辅相成，互相促进。“运河学”今后也必然要向着这个方向努力。[②] 李教授的担忧一方面因自近些年“某某学”的滥用，另一方面则表达了对运河研究队伍和研究共识性问题的担忧。

其次，研究整体性与细致化结合的转向。整体性是指运河不仅仅是一条河，更是中国社会发展的一种承载与表现方式。笔者认为“一部运河史，即是半部中华文明史。大运河开挖、畅通与衰落，在一定程度上凸显了中国社会特殊的运行与发展轨迹。因此大运河是一条河，更是一种制度、一个知识体系和一种生活方式。运河及其流经的线性区域所孕育的文化既是中国传统文化的一部分，也是形塑中国文化的基因之一”[③]。2017 年国家社科基金重大项目“大运河与中国古代社会”就是在这样的研究意识之下形成的。讨论大运河与中国社会的关系，即运河的开挖、畅通与断流，如何影响甚至改变着中国古代社会的发展和走向。课题既讨论运河的“社会性”价值与意义，又探讨中国社会的“运河性”特点与历史进程。显然这种研究思路突破了以往只强调大运河政治、经济、文化的框架性研究，主张大运河的任何研究都要建基于运河整体发展的前提之下。

大运河整体性研究主要集中于历史学与文博领域。学界试图从“社会发展”的角度构建大运河与中国社会研究的学术体系。这种体系的构建在

---

① 《运河学笔谈（吴琦）》，《中国社会科学报》2016 年 6 月 8 日，第 8 版。

② 《运河学笔谈（李孝聪）》，《中国社会科学报》2016 年 6 月 8 日，第 8 版。

③ 吴欣：《大运河文化的内涵与价值》，《光明日报》2018 年 2 月 5 日，理论版。

以往研究基础之上，可以进一步实现以下几方面的认识。①对运河社会功能的认识。将运河放置在社会发展的脉络中，探索区域社会经济文化的变迁、地方文化的创造，以及其中所反映出的“大历史”的轨迹。在宏观层面分析作为水利工程、政治策略、经济文化传播通道、市场构建主体的大运河，如何在时间序列和区域、跨区域的空间里实现了功能的价值性延续，并就此形成了中国社会特殊的历史发展路径。②对运河文化价值的认识。“申遗”及“后申遗”时代，整体性研究指导下的遗产保护研究本质上是一种文化传承。孔子说“未知生焉知死”，但事实上如何对待“死”及其背后的一套人生态度、社会礼仪以及价值涵养，是我们认识有些断流地区（济宁以北）甚至新的历史时期的运河文化的基础，“向死而生”不是一个过程，而是一种传承。正如有学者所说，“申遗只是一种推动保护的方式，保护好大运河遗产、揭示和展示大运河遗产所蕴含的杰出的普遍价值以及深层次的中国文化特色并将之传承后代是这一运动的基本宗旨”[①]。③对运河环境功能的认识。全面研究作为人工工程的运河的开凿与畅通，对生态环境的影响。探讨运河与区域社会生态环境变迁的互动关系，既可以为区域社会史研究打下坚实的基础，又可促进环境史研究的进一步深入，深刻洞悉运河与人类社会的关系。④对运河生活功能的认识。从生活方式的角度对“以人为本”科学发展观的践行提供历史借鉴。一部运河史，本质上为劳动人民的创造史与生活史，运河区域城镇的发展、民众的生活、精神信仰、衣食住行也无不受运河影响，在“人”的身上得以体现，通过对运河与中国古代社会的探讨，对于发扬“以人为本”的价值观具有重要的推动作用。总之，整体的运河学的研究，既应了然于运河与中国社会的发展脉络，更希望借此解决“现世”的实际问题。

细化研究与整体性研究看似矛盾，但其正是实现运河整体性研究的必然路径，如何以更细腻的姿态进入历史与现实也是一种学术价值观。目前，在多个学术领域，以个案（运河城市、河段、湖泊、人物）、区域、专题（艺术、文化、饮食、民俗）为内容的研究大量涌现，不同学科细致深入的研究逐渐增多，视角独特（如图录运河、廊道运河、文学运河、生活方式的运河等），观察举证越来越细。当然，这种细化研究不免让人与

---

① 朱光亚：《大运河的文化积淀及其在新世纪的命运——大运河遗产保护规划和申遗工作的回顾与体会》，《东南文化》2012年第5期。

碎片化研究等量齐观。但笔者以为，在运河学理论架构和整体性研究统整之下，细化研究毋宁是“深入”和“切近”运河的最有效的方式。这好比是运河行船，不仅要有长远的眼光，以摸清运河畅通的水况水脉，更要有细致缜密的观察，去体悟运河不同河段的行船特点，两者缺一不可。若研究者不太在意运河的复杂性和系统性，又有意忽略历史的主体性，那无疑会造成剑拔弩张但内心茫然的窘境。

三 大运河研究转向的学术、现实意义及反映出的问题

说到底，运河研究转向的学术意义是构建起新的权威性理论架构，使具体的研究得以整合，摆脱碎片化与地方的狭隘性，提供新的社会文化解释模式，丰富运河学学科理论。当然，运河整体理论不是叙述和研究与运河相关的所有方面的历史和现实，不是把所有的事实和现象都一一研究清楚，而是要把人们的行为，以及影响人的行为，影响人们的行为结果的所有要素都视为整体性联系的事实，从其整体性联系去把握与理解历史和现实，去认识运河之于中国、之于民众的价值意义及其过程、结果。

运河研究的细化在很大程度上是突出运河区域史研究中“人群主体”，实现“面向社会”的研究。完成这一目标的动力源泉在于视角转换、史料挖掘和现实关怀。大运河所影响的社会与整个中国社会变迁的大趋势相吻合，同时运河的存在也在一定程度上影响着整个区域乃至中国社会的变迁的过程和方向，因此将运河的政治身份转化成社会角色，是视角转换的结果。面向社会应更加重视“社会人”在结构变迁中的主观性作用和价值，这一方面可以解决运河区域社会稳定、变迁及内在发展动力的主体因素；另一方面，只有深挖“人”的日常生活的内容，即其劳作、交往、消费、娱乐、礼仪等层面的问题，在再现地域各阶层日常生活的真实而生动的历史场景和基本生活情态的基础之上，实现对区域自身社会发展特性、动力的综合性认识，才能进而完成人的主体价值和社会能动性的考察。

运河研究的转向，无论是运河学理论的构建还是整体与细化研究的展开，都是当下“大运河文化带”建设和“大运河文化遗产”保护话语体系与语境的产物，反过来又满足了“大运河文化带”建设的现实需求。宏观而言，运河学研究理论的构建和整体细化的研究，可以进一步挖掘运河作

为“一带一路”连接点的作用，从国际视野出发，从社会发展、国家利益的角度讨论运河的价值，为提高中国国际地位、构建未来的国际秩序提供历史和理论支持；可以提升运河及其区域社会规划与发展的科学性与系统性；可以突出运河人生活的特殊性价值和意义。

运河研究转向及其脉络较为清晰，但是目标尚不明确，转向过程中存在的问题也值得注意。运河研究需要解决的最为核心的问题是明确作为系统的整体的“运河”社会发展所形成的一套内在逻辑及运作机制，因运河开挖畅通所形成的中国社会所特有的且与世界相关联的社会文化形态价值与意义。这一具体问题可分为三个层面来理解。第一，作为国家策略与制度的大运河，如何影响了中国社会的发展和进程。运河开挖、线路的改变、漕运、河工制度在不同时期的制定与变化，形成了中国社会怎样的发展脉络和整体趋势。第二，作为沟通渠道的大运河，如何在经济市场形成、商业模式建立、区域经济发展及文化融合沟通等方面，促进了中国古代社会特性的形成。第三，作为工具与文化符号的大运河，如何影响着其流经的区域形成一套区域发展的内在运作机制、生活方式与社会文化，并进而形成中国社会、文化、生活的特质。

运河研究转向过程中的问题则主要集中于以下几个方面。

首先，研究者的问题。研究者是研究的主体，也是做好运河研究的前提，但近几年来，研究队伍却出现了“冷热不均”的情况。这里的冷热不均包括两层含义：一是受大环境影响，尽管有些学者开始关注或者有意将自己的研究向运河“靠拢”，但比之民间爱好者的热情，却冷清的多，国外学者在运河研究中除早年对漕运有所关注外，少有相关话题展开研讨；二是多个学科的学者都感受到运河的热度，但是研究深度不够，多处于起步阶段，所以形成文章的数量和出版著作虽在逐年增多，但选题相近，依样画瓢的“成果”占到不小的比率，相对深入的研究却凤毛麟角。最让人难以接受的是，有些人对运河的历史与现实并不了解，却急于搭上“大运河文化带”建设的列车，甚至有意忽略运河的历史，“积极”行“智库”之职能，隔靴搔痒地解读并“打造”运河文化。或许这种“可嘉”的勇气只能致愚，不能行智，因为复杂、系统、多变、跨区域的运河，不是夸夸其谈的投机者用漂亮的辞藻、应景的设计所能“规划”的。正如葛剑雄先生所提醒的那样：“大运河文化带建设应当基于马克思主义历史唯物论，实事求是，综合考虑历史背景、地理环境和经济建设要求等，不能仅仅从历史方面考虑，也不能夸大历史或任意想象历史。”①

其次，研究领域、研究时段比重失衡，还存在部分学术空白。大运河研究涉及多个领域，它们各自独立又相互交叉。从传统的政治、经济、文化角度来看，历史地理层面的运河本体及政治层面的漕运史研究最为充分，运河影响下的“社会”研究则较为薄弱；从社会研究的角度看，运河流经的个别区域的研究较为充分，而整体的运河社会的研究相对薄弱；从研究的目的性来看，多强调“运河”的功能性，而忽略了运河区域历史层累过程中形成的民众生活方式及生活场域建立的自主性，作为社会组成部分的运河及运河的社会性的理念未得到体现；从研究的范围来看，京杭运河研究的最为充分，而隋唐运河和浙东运河的研究成果较少，且浙东运河的研究处于刚刚起步阶段。

再次，问题意识方面，一方面强调“运河”功能的“利弊论”占主导，运河与社会多元关系的研究较弱，运河与社会研究的理论相对僵化，“运河盛衰决定论”与“运河利弊二元论”被作为该区域研究的主体框架，指导着的研究意识，缺乏对新的概念和分析视角的借鉴；另一方面，研究过程中过多强调运河的唯一性，忽略比较研究方法的运用，自造藩篱，造成了对运河与中国社会更“精确”和“深入”研究的困难。

最后，研究资料方面，对专书、档案、文集、民间文献的整体性运用较为薄弱。资料是从事科研的基础，丰富资料的积累需要长久的时间与经验的总结，而资料的整理、分析、利用更需要科学的方法与手段。运河相关资料浩如烟海，异常丰富，这种情况既为我们的科研工作提供了必备的条件，同时也带来了烦琐的搜集、整理工作。目前的研究对正史、实录、名臣奏疏、地方志等方面资料已利用得较为充分，取得了诸多的成果，但对地图、档案、民间文献、文人笔记与文集的利用则较少，或者研究不充分，没有形成研究的证据链条。因此通过沿河区域新资料搜集、整理，开展运河的研究，将极大地填补过往研究的空白，丰富研究的内容，发现新的研究角度，总结研究经验，实现研究的突破。

（责任编辑：朱年志）

① 葛剑雄：《大运河历史与大运河文化带建设刍议》，《江苏社会科学》2018年第2期。

中国大运河水利工程概论

蔡　蕃　裴玉娜*

内容提要　中国大运河沟通五大流域，南北跨越2000余千米。历代水利工作者克服地理地形、水文气候条件的种种困难，在不断总结前人经验的基础上充分发挥聪明才智，修建巧夺天工的水利工程。归纳起来主要是解决水源不足，河道坡度过陡，排泄运河洪水工程，以及解决运河穿越城市、河湖和船只航行动力方面工程等。正是这些重要的水利工程，保障了大运河的顺利通航。重视中国大运河水利工程成就及其特点等方面的基础研究，对保护好、传承好、利用好大运河丰富遗产，进一步推动大运河文化带建设是十分必要的。

关键词　大运河　水利工程　运河运行

中国大运河自公元前486年吴国开邗沟沟通江淮伊始，公元前361年沟通黄河和淮河的鸿沟，到秦始皇二十八年（前219）开凿沟通长江支流湘江与珠江水系漓江的灵渠，秦汉国家实现大一统，掀起修建大运河第一次高潮。此间将原来地区性的运河连通起来，初步形成从江浙通江淮，再通过汴渠向西进入黄河，最后到达关中长安总长2000余千米的"东西大运河"。[①] 三国两晋南北朝期间，疆土分裂，大运河成为区域运河。直到隋

* 蔡蕃（1945～　），北京人，工学硕士，中国水利水电科学研究院研究员级高级工程师，主要研究方向为中国大运河史、城市水利史。裴玉娜（1979～　），山东聊城人，中国运河文化博物馆副馆长、助理馆员，主要研究方向为运河历史文献与运河考古。

① 参考姚汉源《中国水利史纲要》，中国水利电力出版社，1987，第79～84页。

代再次统一全国，用将近30年时间，修建了南起杭州西到长安的东西大运河，还利用曹操开辟的海河流域的运河建成了北达涿郡（今北京）的永济渠，史称南北大运河。隋唐的南北大运河维系近300年的国家统一和繁荣。元代结束宋辽金西夏国家的分裂局面，立刻着手修建通往新首都大都城（今北京）的京杭大运河。此后至清末的600多年间，中国的政治中心一直在北京，这条京杭大运河成为沟通中国南北的政治、经济、文化的纽带，在维系国家统一上发挥了重要作用。2014年6月联合国教科文组织第38届世界遗产委员会会议，审议通过了“中国大运河”项目列入《世界遗产名录》。“中国大运河”项目包括隋唐大运河、京杭大运河和浙东运河。

一　解决水源困难是保障大运河通航的关键

在水资源丰沛的南方，运河只需要调剂好全年水量的供应均衡问题，而在缺水的北方地区，首先就要解决水源供应的困难。其中最困难的就是北京和山东两地。

1. 北京地区元代解决通惠河水源的白浮引水工程

北京地区开凿运河有两大困难：一是水源紧缺，没有天然河流可以直接利用；二是地形坡降过大，开挖的运河没有人工控制建筑无法行船。元代郭守敬在1292年开凿通惠河时，为了解决水源困难，开凿了白浮瓮山河，引导玉泉等西北十大泉水汇入瓮山泊。经考订白浮瓮山河行经路线与20世纪60年代修建的京密引水渠路线十分接近。[①] 白浮瓮山河自白浮泉起，沿山麓向西流，最后汇入瓮山泊。这样既可以沿途汇聚更多的泉水，又避免穿过地势低洼的南、北沙河河谷，以现在的技术观点来看，仍然是最佳的选择。从渠线走向上大致可分为三段。第一段是从白浮泉至今横桥村北，渠道均在京密引水渠北岸200～300米处，高程都在海拔50米以上。第二段是从横桥至冷泉段，渠道在今京密引水渠东侧和北侧。这一段地面高程大多稍低于50米，需要填方量较多，因而也是最易被山洪冲毁地段。第三段是从冷泉至瓮山泊段，渠道在京密引水渠东侧沿山麓开凿。其渠线

① 蔡蕃：《北京古运河与城市供水研究》，北京出版社，1987，第63～70页。

测量技术要求非常高，数据精确。现在白浮泉下水池出口高程 53.4 米，而今昆明湖东堤高程 50 米，湖底高程 46 米左右。32 千米的长度高差不足 4 米，就是说河道纵坡降在万分之一左右。

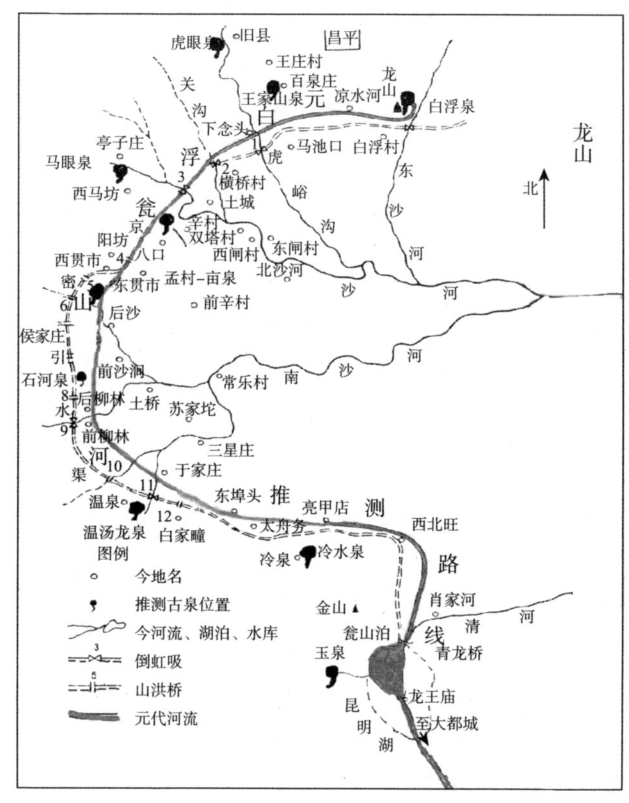

图 1　白浮瓮山河所引泉水和路线 ①

巧妙的运河与山溪交叉工程——清水口是引水渠成功运行的关键工程。郭守敬采用早年在西夏和永定河引水工程成功的经验，又汲取北方传统的水利技术，在 60 余里长的渠道上创造性修建了“清水口”工程，即在每个山溪与渠道交叉的地方，都修建专门的交叉工程。考察今天该段京密引水渠白浮村至颐和闸 37 千米河道，设置立体交叉工程山洪桥 7 座，倒洪吸 5 座，总共 12 处。而郭守敬当年所建“清水口”正好也是 12 处。这不是数字上的巧合，而是水利工程内在规律决定的。

① 论证见蔡蕃《北京古运河与城市供水研究》，北京出版社，1987，第 67 页。本文插图除属名者外均为笔者绘制。

白浮瓮山河共修建了12个“清水口”，主要集中在横桥至亮甲店之间，汛期山洪暴发，水口经常被冲毁，记载最多时一次曾冲毁11处。反之可以看出这种建筑的弊端，每年需要投入的维护费用和人工费用非常大。这是中国历史上许多水利工程建筑与管理的模式，即工程建设期大都采用一次低成本投入，而每年的维护和管理费用需要投入比较多。这在当时的社会经济和技术条件下，应该是很合理的模式。

表1　清水口与今京密引水渠工程对照

单位：米

序	建筑名称	桩号	渠底高程	建筑长度	备注
0	东沙河倒虹吸	64 + 588	48. 68		不计算
1	埝头倒虹吸	69 + 755	48. 38	112	
2	横桥倒虹吸	71 + 501. 7	48. 28	125	
3	土城倒虹吸	72 + 87. 2	48. 19	300	
4	西贯市山洪桥	77 + 200	47. 95	5	山洪桥估算5米
5	后白虎涧山洪桥	79 + 295	47. 83	5	
6	后沙涧山洪桥	80 + 354	47. 78	5	
7	前沙涧山洪桥	81 + 842. 5	47. 67	5	
8	后柳林山洪桥	83 + 181. 4	47. 60	5	
9	前柳林倒虹吸	84 + 503	47. 51	55	
10	辛庄山洪桥	87 + 133. 5	47. 36	5	
11	温泉倒虹吸	88 + 483	47. 28	30	
12	白家疃山洪桥	92 + 235	47. 06	5	

说明：本表摘自1976年北京水利水电勘测设计院工程资料。

其设计是将新建渠道的山溪入口处河堤修建很低，保证山溪来水可以直接流入渠道；而入口对面即山溪下游方向的河堤，临时性建筑物修筑而成，如用竹笼装石或荆笆编笼装石等。平时山溪或泉水可以自然流入渠道增加水量；而当山洪暴发时，洪水会将原来山溪下游，即用荆笆编笼装石修筑而成的堤岸冲毁，形成缺口，山洪会很快从原来的河床排泄到下游。山洪停止后，仅用比较少的人工，很容易将堤岸修复，渠道很快可以恢复正常通水。

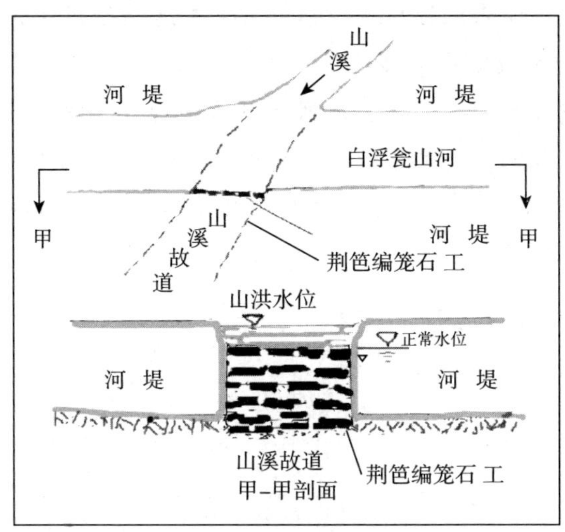

图 2 “清水口”工程结构推想

2. 山东会通河明代保障供水的戴村坝工程和引泉工程

元代任城（今山东济宁）会源闸枢纽引汶泗济运，实现了会通河跨越山东南北分水。但是，会源闸分水位置距会通河地势的最高处南旺还有 40 千米距离，高程相差约 8 米，使得这 40 千米间的航道供水难以保证，导致会通河航运不畅。

明初继续沿用会源闸枢纽，直到永乐九年（1411）工部尚书宋礼主持重开会通河，采用山东汶上县老人白英建议将分水位置北移至南旺，“筑堽城及戴村坝”，引汶水全部西南流至汶上县鹅河口入运河。汶水在南旺分流后“南流接徐沛者十之四，北流达临清者十之六。南旺地势高，决其水，南北皆注，所谓水脊也。因相地置闸，以时蓄泄”①。至此，终于解决了越岭运河段济宁以北水源不足的问题。

（1）戴村坝引水工程

自永乐九年（1411）创建戴村坝起，到万历二十一年（1593）堵堽城闸，截断汶水南流使之全河趋南旺止，会通河供水工程完善经历了 180 多年。

元代，由于供水枢纽工程位置的缺陷，运河水量不能满足需要。当时漕运量海运每年 300 万石，而通过京杭大运河山东段不过 30 万石。明代戴村坝—南旺枢纽工程建成后，会通河水源有了可靠的保障，京杭大运河很

① 《明史》卷 153《宋礼传》，中华书局，1974 年标点本，第 4204 页。

快得以全线畅通，明永乐以后由大运河北上的漕运量迅速超过了400万石。

（2）南旺配水及集中治沙

据《漕河图志》载："南旺北闸在分水河口北；南旺南闸在分水河口南，俱成化间工部郎中杨恭建议而设。"① 建闸以控制配水在戴村建坝引汶入南旺之后70多年。只有在运河分水岭段置闸之后，会通河的南北分水比例才可能实现定量控制。

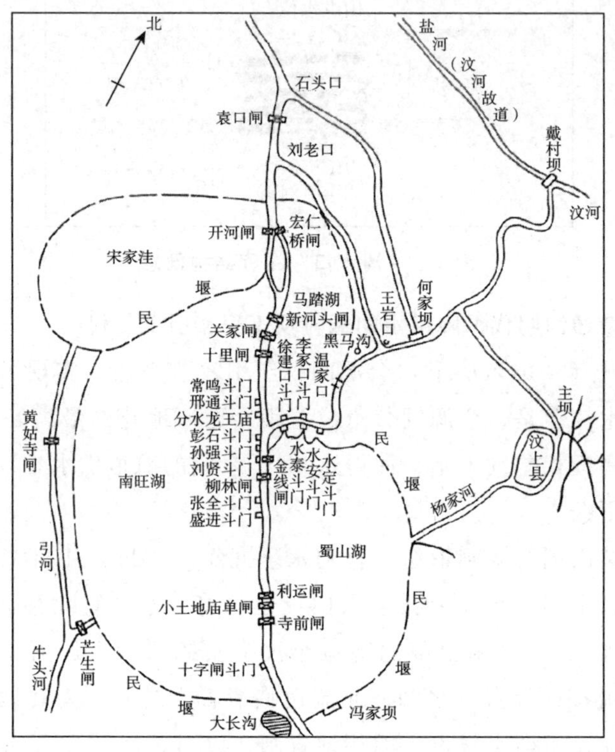

图3　明清戴村坝工程示意②

二　运河上为平稳通航建置的闸坝工程

1. 北方运河"节水行舟"的通惠河和会通河上的闸坝工程

元代建设通惠河时为了确保通航水道行船的畅通，在30余千米的运河

① 王琼著，姚汉源、谭徐明整理《漕河图志》卷1《漕河》，水利电力出版社，1990，第38页。

② 此图据姚汉源《京杭运河史》"图4-18-3"，中国水利水电出版社，1998，第199页。

上连续修建24闸，实现“节水行舟”，这是船闸应用的创举。经过以上对所有闸位置的考证，可以确定郭守敬在通惠河所建24闸的位置。同样在水源困难的会通河上，为了保证运河上的船只航行修建了31座闸。这些闸设计时都是成对建造的。通过这些船闸，不但大大节约用水，还可以使漕船逆流而上，翻越山东水脊高地，保障运河的通航。

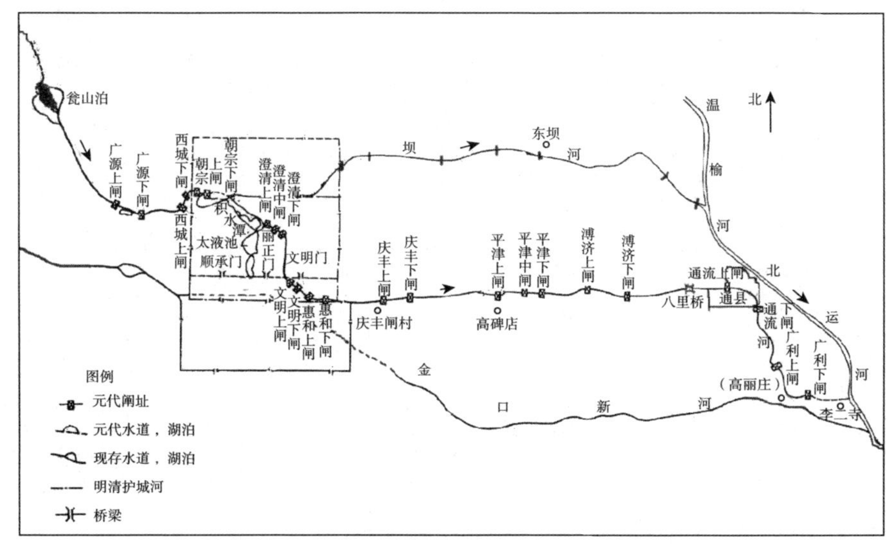

图4　元代通惠河24闸位置示意①

表2 《元史·河渠志》所列会通河上各闸②

序号（自南向北）	闸名		原在地及距北闸距离（里）	改修石闸时间			附注
	原名	改名		年代	起修（月/日）	修成（月/日）	
1	会通镇头闸	会通闸	临清县北接御河	至元三十年	正/一	十/二十九	1293年
2	会通中闸	临清闸	甚近	元贞二年 大德二年	七/二十三	三/十三	1296年 1298年
3	隘船闸		3	延祐元年	八/十五	九/二十五	创建，1314年

① 论证详见蔡蕃《北京古运河与城市供水研究》，北京出版社，1987，第94～104页。

② 本表据《元史·河渠志》，引自周魁一等《二十五史河渠志注释》，中国书店，1990，第262～265页。

续表

序号（自南向北）	闸名		原在地及距北闸距离（里）	改修石闸时间			附注
	原名	改名		年代	起修（月/日）	修成（月/日）	
4	李海务		152	元贞二年	二/二	五/二十	1296 年
5	周家店		12	大德四年	正/二十一	八/二十	1300 年
6	七级北	七级下	12	大德元年	五/一	十/六	1297 年
7	七级南	七级上	3	元贞二年	正/二十	十/五	1296 年
8	阿城北	阿城下	12	大德三年	三/五	七/二十八	1299 年
9	阿城南	阿城上	3	大德二年	正/二十五	十/一	1298 年
10	荆门北	荆门下	10	大德三年	六/一	十/二十五	1299 年，荆，一作京
11	荆门南	荆门上	2.5	大德六年	正/二十三	六/二十九	1302 年
12	寿张闸		65	至元三十一年	正/一	五/二十	1294 年
13	安山闸		8	至元二十六年			1289 年
14	开河闸		85				缺修建年月
15	济州上	分水闸	124	大德五年	三/十二	七/二十八	1301 年
16	济州中	会源闸	3	至治元年	三/一	六/六	1321 年，毕工作六/十三
17	济州下	在城闸	2	大德七年	二/十三	五/二十一	初名任城东闸
18	赵村		6	泰定四年	二/十八	五/二十	1327 年
19	石佛		7	延祐六年	二/十	四/二十九	1319 年
20	辛店		13	大德元年	正/二十八	四/一	1297 年
21	师家庄		24	大德二年	二/三	五/二十三	1298 年
22	枣庄		15	延祐五年	二/四	五/二十二	1318 年
23	孟阳泊		95	大德八年	正/四	五/十七	1304 年创建，泊，一作薄
24	金沟		90	大德十年	闰正/二十五	四/二十三	1306 年创建
25	沽头隘船闸	北隘船闸	12	延祐二年	二/六	五/十五	1315 年创建
26	沽头下闸	南闸	2，南至徐州 120	大德十一年	二/	五/十四	1307 年创建

2. 石闸的构造及其特点

照片 1　北京通惠河上庆丰闸遗址（1981 年）①

以通惠河上的庆丰闸为例，一孔石闸按其结构大体可分为闸门、闸墙、基础三部分。

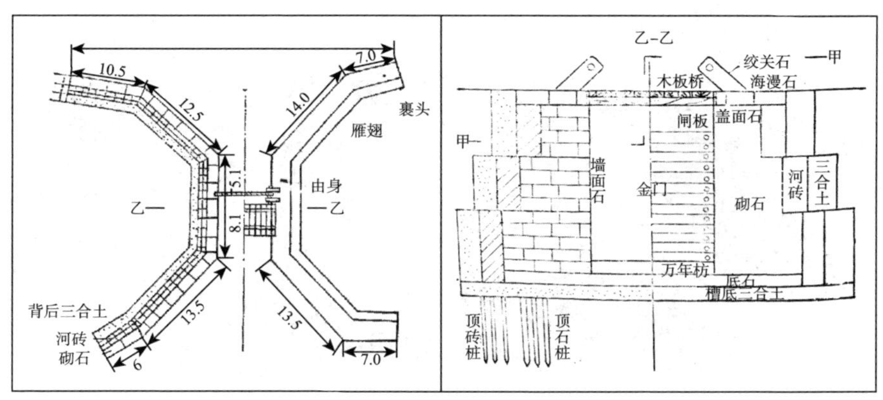

图 5　石闸结构②

（1）闸门部分：称闸口，又有金门、龙门、金口之名，一般二丈左右宽。

闸门槽，又称掐口，由条石凿槽，以纳闸板。闸板，由叠梁木组成，

---

① 本文照片除署名外，均为笔者拍摄。

② 本图据实测数据对照王璧文《清代官制石闸作法》（《营造学会会刊》1936 年第 12 期）绘制。

板侧有供起吊之用板环，一般由13～18块组成，每块长7.1米、宽和高为0.3米。

照片2　石闸金门和闸门槽①

绞关石，又称闸耳石，用厚1尺、宽2尺、长5米条石凿孔穿轴，在闸口上方，每侧二块，共四块。轴用木材的称绞关木、千金木，用铁者称铁千金，用以启闭闸板。

照片3　石闸绞关石及千金木

照片4　石闸　闸板制式

（2）闸墙部分

闸墙，又称金刚墙、金墙。按墙上各部位可分为：由身，又称正身，现在水工上称胸墙即闸口间直长的一段，在闸口照片中形成闸口的两侧墙，就叫由身。上迎水雁翅，即闸前八字墙。上裹头，又称迎水裹头。即雁翅前垂直连接河床部分。下分水燕尾，又称顺水燕尾、跌水燕尾、出水

① 照片2至照片7摘自王璧文《清代官制石闸作法》（《营造学会会刊》1936年第12期）。

燕尾，又称束水。下裹头，又称顺水裹头。

照片 5　石闸上迎水雁翅

照片 6　石闸下分水雁尾

（3）基础部分

底石，闸底满铺砌一层，靠外口立有“牙石”一路。

照片 7　石闸底石

照片 8　石闸梅花桩①

槽底三合土，底石之下，厚约半尺。三合土舌，位于底石上下游，起护坦作用。

桩工，即地丁桩。依作用又有顶石桩、顶砖桩、顶土桩、关石桩、关土桩。

铁锭，条石砌筑中，为了固结石材之间的连接，用铸铁浇铸两个三角形中间细的形状。

① 引自谭徐明等《中国大运河遗产构成及价值评估》，中国水利水电出版社，2012，第 90 页。

照片 9　连接条石的铁锭

三　运河上排泄洪水工程

1. 石础、平水堰（闸）和泄水坝（天平）

古代石础、平水堰（闸）等，即今溢洪道。当运河洪水位超高时，会自然从堰顶溢出，泄入下游河道。此外，堤岸上设置的水窦，也是一种泄水建筑。

运河上修建溢流堰闸泄洪的历史很早。西汉年间沿渭河修建的漕渠，与终南山下来的山溪交叉，修建溢流堰闸解决这一难题。文献明确记载，运河上设置溢流堰闸，是在唐代李吉甫在元和三年至六年（808～811）间任淮南节度使时，曾因“漕渠卑下，不能居水，乃筑堤阙，以防不足，泄有余，名曰平津堰”①。平津堰当是建于运河堤防上的溢流堰闸。

北宋在汴河上建石础，主要是由于汴河自黄河引水，口门没有控制进水量的设施。黄河涨水时，如果没有泄水设施，汴河堤防将难以保证安全。在运河上修建石础，是以石础顶部高程确保河道水深，并且可以自动排泄洪水调节航道水深。明正统十三年（1448）黄河决口，北面的一条支流从今张秋穿过运河入海，截断了京杭大运河。徐有贞在溢流堰上设闸门控制泄水量，确保运河水位高程。

自明朝中叶以后，由于黄河从淮阴夺淮入海，带有大量泥沙的黄河淤积运河和淮河，造成的危害日益明显，淮扬运河行船日渐困难。针对这种

① 《新唐书》卷 146《李吉甫传》，中华书局，1975 年标点本，第 469 页。

形势，万历元年（1573）总河侍郎万恭上疏请求恢复淮扬运河上的平水闸。他当年就在仪真、江都、高邮、宝应、山阴等运河沿岸，建平水闸23座。

泄水天平，位于灵渠南渠的渠首不远处，为了保持运河正常水深，修建的自流式排水工程。（其构造如图6）当进入灵渠水量超过泄水天平出水口高程，洪水自动溢流至湘江故道。

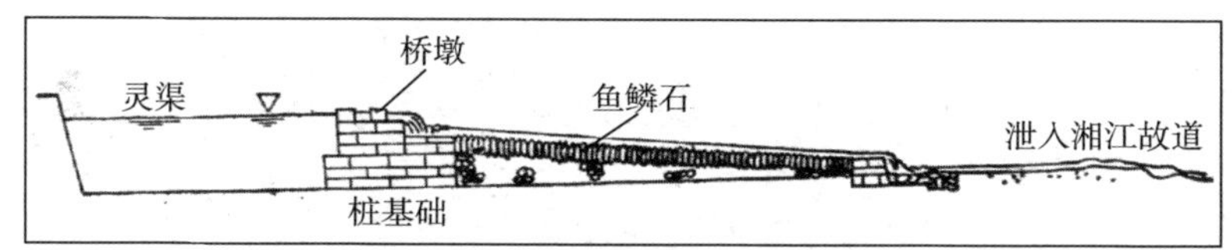

图6 灵渠泄水天平结构①

2. 减水河、月河等

运河排泄洪水除建减水坝外，也常常依靠减水河或月河将洪水引到其他河道。前面所建减水坝下游如果不能直接排入大湖或者入海，也必须开挖引河。

减水河

减水河至迟在宋代的汴渠上已经使用。南运河和北运河是由天然河道渠化改造形成的运河，主要矛盾是汛期排泄的洪水量大，需要修建一定数量的减水河，在南、北运河上的哨马营、马厂、筐儿港、河西务等处都建有减河，现在都已经成为该流域主要河道。这些都是历史上确保漕运安全而修建的排水河道。

筐儿港位于今天津武清县境内，明代筐儿港堤防就经常决溢。正统七年（1442）七月，因久雨堤岸溃决多处。清康熙三十六年（1697）、三十八年（1699），北运河连续在筐儿港多处决口，漕运受阻。三十九年（1700），康熙帝亲自视察，决定在决口处修建减水石坝，并开挖减河。四十三年（1704），员外郎牛钮疏浚治理筐儿港引河，减水坝宽20丈，杨村上下百余里河道平顺，堤防坚固。雍正四年（1726）将筐儿港减河拓宽至60丈。八年（1730）又浚宽加深。乾隆二十年（1755）再次修筑河堤。②

筐儿港减河自筐儿港北运河左岸向东开渠，再南折朱家码头、杨家河，经韩盛庄入麦子淀，由腰河入塌河淀。再穿过大堤向东，经西堤头，出宁河

---

① 本图据扬子江水利委员会水利设计队：《灵渠测勘报告》，民国二十八年（1939）五月。

② 以上均据王履泰《畿辅安澜志·白河》，中国水利水电科学研究院藏。

县七里海入蓟运河，由北塘出海。每到汛期，洪水带着泥沙泄入塌河淀，减少了北运河的淤积；春季水少时则关闭减河，保证北运河水位以利漕运。

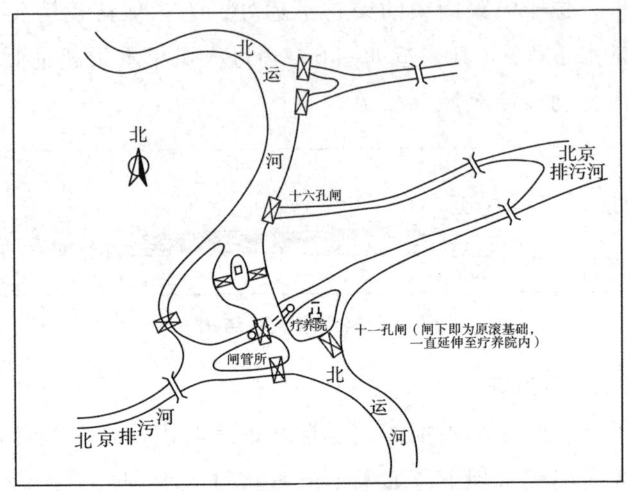

图 7　筐儿港减河石坝遗址位置

照片 10　筐儿港减河石坝遗址（下游左岸）（1984 年）①

20 世纪 30 年代筐儿港减水石坝改造成一座 8 孔闸，60 年代改造成一座 11 孔闸。至今在闸的前后还有当年滚水坝的基础木桩和条石。该闸现在坐落于北京排污河道上。

月河

运河上的月河主要的功能是关闭闸门后用以排泄洪水。月河，也作“越河”，其形状如月牙饶过闸坝。再有由于闸坝的阻水原因，在洪水时候也影响了河道的泄洪，修建月河可以解决这一矛盾。因此月河成为确保运

① 引自谭徐明等《中国大运河遗产构成及价值评估》，中国水利水电出版社，2012，第 51 页。

河洪水期安全的重要建筑。一般在月河进口开建滚水坝，出口建平水闸或者月河桥。

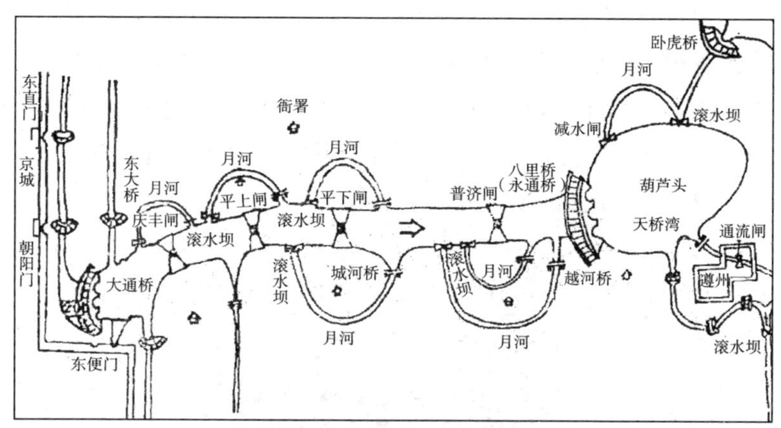

图 8　1849 年时通惠河上的月河①

四　运河与河湖交叉工程

京杭大运河连通五大流域，中间必然还要与众多的河流湖泊交叉。古代受建筑材料限制，一般多采用平面交叉方式，重要场合也要采用立体交叉工程。

1. 运河与河道立体交叉

宋太祖建隆二年（961）春，“命左领军卫上将军陈承昭率水工凿渠，引水过中牟，名曰金水河，凡百余里，抵都城西，架其水横绝于汴，设斗门，入浚沟，通城濠，东汇于五丈河。公私利焉”。当时在今开封建跨汴渠的大渡槽，向五丈河供水，渡槽是活动的，每次“舟至启槽”，漕船路过十分不便。到元丰五年（1082）三月，宋用臣言：“金水河透水槽阻碍上下汴舟，宜废撤”，得到批准。② 这个渡槽使用 100 多年后废除。宣和元年（1119）为了增加宫庭供水，重又“引索河一派，架以石渠绝汴，南北筑堤，导入天源河以助之”③。此外，熙宁五年（1072）在今河南唐河县建

① 据清《道光二十九年通惠河南北两岸岁修各工图说》摹绘。原图黄卷本，藏国家图书馆舆图部。

② 《宋史》卷 94《河渠四》，中华书局，1977 年标点本，第 2329 页。

③ 《宋会要辑稿》方域一六之二七，据《中国水利史典・综合二》，中国水利水电出版社，2013。

有跨泌水的渡槽。

元大都的金水河上明确记载修建了“跨河跳槽”工程。《元史·河渠志》记载：“金水河所经运石大河及高梁河、西河俱有跨河跳槽。”① 其中“西河”就是积水潭西岸分支出的水道，其历史十分悠久，金代是白莲潭通往中都的运河，元代仍然加以利用。这样金水河是进入大都城后东行，必须与之交叉，故需要修建一座“跨河跳槽”，就是渡槽。这类工程一般是工程尺寸不太大的情况下应用。

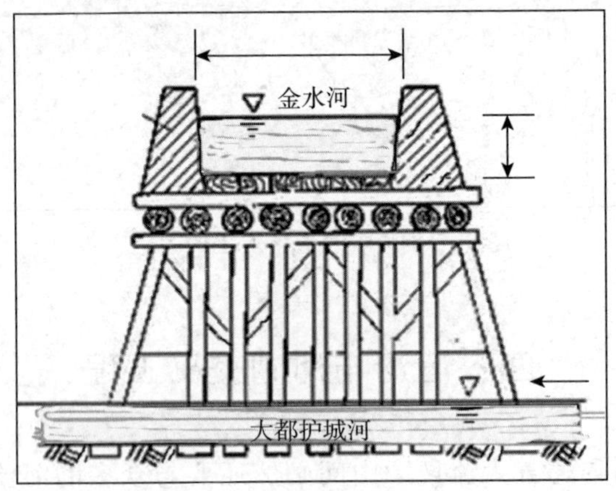

图9 跨河跳槽结构推想

照片11 飞槽建筑照片

考察民国时期宁夏传统引黄灌溉工程中，仍然保留有“飞槽”②，就是古代引渠跨过其他水道的立交工程（照片11和图9据《宁夏省水利专刊》）。

① 《元史》卷64《河渠志一》，中华书局，1976年标点本，第1591页。

② 据宁夏省建设厅编印《宁夏省水利专刊》，1936年12月。

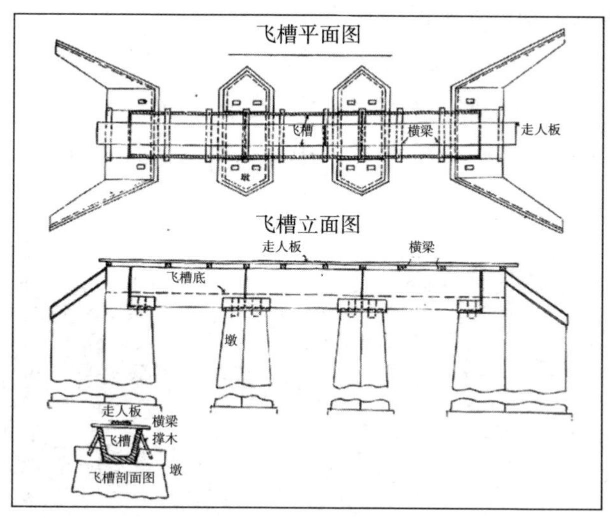

图 10　飞槽平面图

2. 运河与河道平面交叉工程

大运河从南到北几千里，连通五大流域，穿过无数的河流。其中工程最艰巨的就属过黄河工程，其次过长江等，工程艰巨。由于建筑材料的限制，凡是通过大江大河和水流湍急的河流，一般只能采用平面交叉方式；而工程与流量小一些的河流交叉可以采用立体交叉方式。

以黄河清口工程为例。实际在这里是黄、淮、运三条大河相汇。

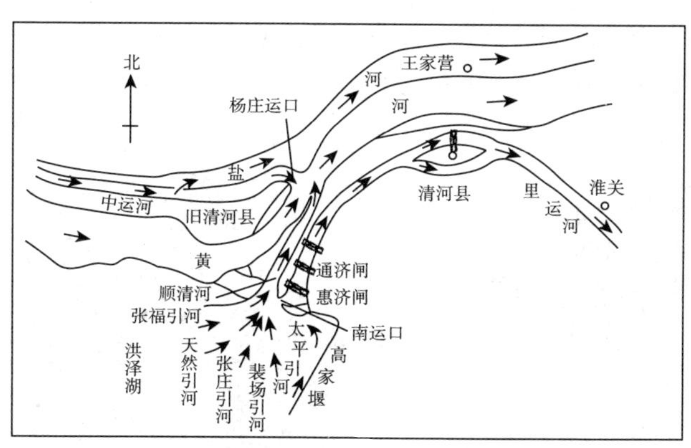

图 11　清中期京杭运河穿过黄河①

① 此图据姚汉源《京杭运河史》“图 5 - 27 - 2”，中国水利水电出版社，1998，第 448 页。

3. 运河船只过湖过坝工程

运河在水网密集的地区，经常穿越湖泊，需要翻越湖岸堤坝，一般采用斜坡滑行方式。船小时可以在斜岸上铺稻草泥巴，由几个人拖拉过去；船重时可以用牛马拖拽。“照片12”中就是用了6头牛拉船。

照片12　清末杭州地区拖船过坝

五　运河穿越城市工程

1. 运河穿越城墙的水关

古代城市都建设有高大城墙，运河穿越城市首先就遇到了交叉问题。古城苏州为此修建的水门——“盘门”，就是典型工程。它始建于春秋吴国阖闾元年（前514），历代多次改筑，至今位置基本未变。盘门是苏

照片13　苏州盘门（1987，鲍昆摄）

州仅存的古城门遗迹，其水陆城门并存在全国仅有。现在的城垣是元至正十一年（1351）所建。相传，意大利的马可·波罗曾绕城巡视，并登城楼眺望。

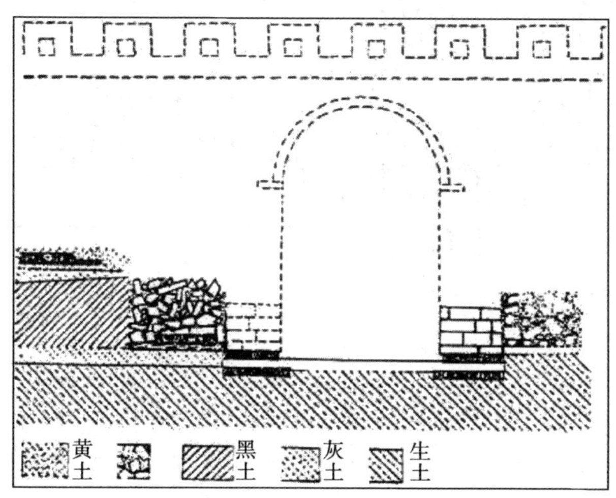

图 12　苏州齐门古水门复原

1978 年苏州发现齐门修建于宋淳熙年间（1174～1189）的水门基础。基础为三层叠压的木结构，圆木长约 8 米，直径 0.28～0.35 米。由圆木两端向上用青石对称盘砌长 11.5 米、高 1.1 米的石驳。石驳上面是砖砌的水门拱圈结顶。

笔者 1981 年考察元大都土城墙时，勘察到城墙上遗存的排水工程——水关。根据实测数据绘出水关结构图如图 13。

照片 14　元大都土城水关

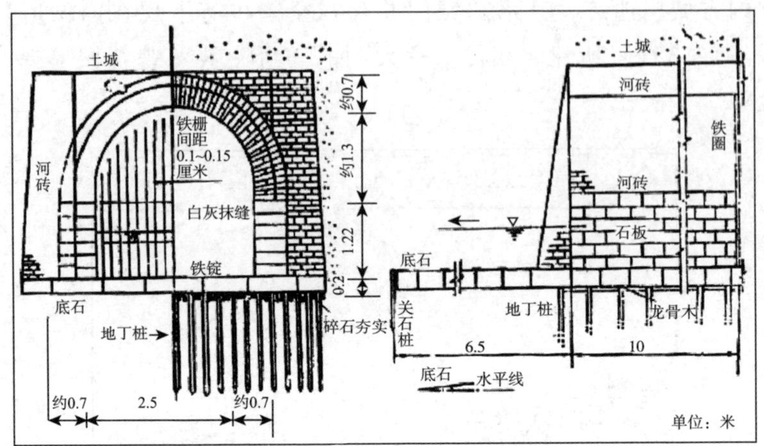

图13 大都土城水关结构复原

2. 运河上的桥梁

京杭大运河从北京到杭州历史上著名桥梁很多，有的已经不存在。如文献记载，当时元大都城内外就有桥梁156座①，大部分在通惠河上。元初建时为了速成，大部分是木桥，后来逐渐改建为石拱桥。明代起运河上修建石拱桥很普遍，如北京通惠河上的八里桥。为了通航，运河上的桥拱中间一圈要求很高，八里桥就是典型，故有“八里长桥不落桅”之说（见照片15）。另外运河南方终端标志的拱宸桥，中间起拱亦非常高（见照片16）。

照片15 通惠河上八里桥（2017）

① 宋本：《都水监事记》，苏天爵《元文类》卷31，上海商务印书馆缩印《四部丛刊》本，第321页。

照片 16　杭州拱宸桥（1987，鲍昆摄）

3. 运河码头

运河码头可以分为终点码头、转运码头、专业码头等。

照片 17　长河万寿寺前码头遗址（1982）

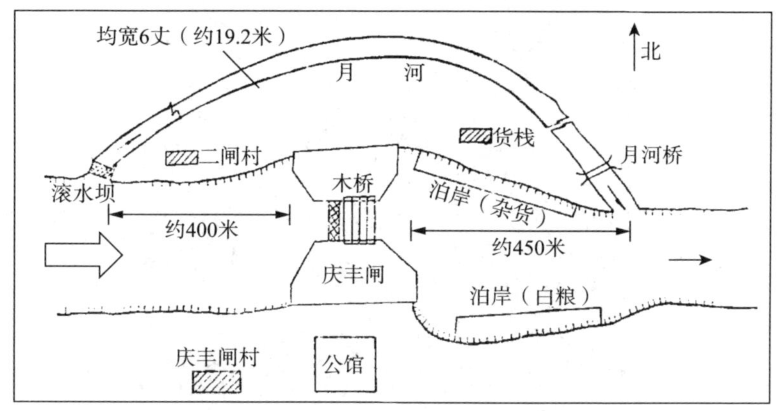

图 14　通惠河上庆丰闸两岸码头复原示意

北运河与通惠河连接的通州码头，是京杭大运河北端最大的水陆转运码头。自金代将华北粮食漕运到通州后，便开始修建转运至中都的运河。元代开通京杭大运河，北上的漕船可以沿李二寺进入通惠河直航至大都城内积水潭；也可以过通州城北进入坝河，倒运至积水潭；也可以沿温榆河、潮白河上溯昌平。通州码头运营达七八百年之久，直到漕运完全停止。明代改造通惠河后，改为在李二寺入白河而又回到通州城北入北运河，即今通惠河河口位置。但是，由于地形的关系，通惠河入北运河处一直有高差，无法直接通航。因此，明代在通惠河河口处建石坝和卧虎桥跌水，上游积水形成“葫芦头”水域，作为北运河与通惠河倒船的泊船港，一直使用到清末。

明代改造通惠河后，北运河通州码头有土坝码头和石坝两个，有明确的分工。土坝码头在通州城东北运河西岸，负责收存暂时存放在通州粮仓的漕粮。开始因其数量较少，修建的码头比较简易，没有砌石，因此称为土坝码头。现在已经完全没有历史遗迹可寻。

石坝码头在运河与通惠河的交汇处西南岸，负责接收转运至京城内皇家粮仓和暂时存放漕粮的专用码头。因为码头全部用石材砌筑，故称石坝码头。码头后面是几排工房，暂存没有运到通惠河船上的漕粮。附近有著名的通济桥和大光楼（又称石坝楼）。大光楼始建于明嘉靖七年（1528），

照片 18　通州石坝遗址与通惠河葫芦头（1987，鲍昆摄）

明清两代，户部坐粮厅官员在此验收漕粮，故又名验粮楼。[①] 光绪二十六年（1900），八国联军侵占通州时，将大光楼及众多古建烧毁。

照片19　通州燃灯塔和葫芦头（1930）[②]

六　运河古纤道与护岸工程

1. 人力拉纤与纤道——以绍兴古纤道为例

绍兴古纤道位于浙东运河绍兴段，唐以前出现，明代改用石砌，全长75千米。大体分为一面临水一面临岸和两面临水两种。前一种纤道，一般在河面不很宽阔处，路基砌石法有两种：一是用条石错缝横平砌间丁石，层层上垒；另外是"一顺一丁"砌法。其路面高出水面二尺左右，以石板横铺而成。每块石板宽二尺至三尺，长度与纤道宽度相当，约四尺半（1.5米）。两面临水纤道，多建在水深河面较宽处，其纤道建筑技术较高。它又可以分为实体纤道和石墩纤道两种。实体纤道的路基与路面砌筑法与一面临水一面临岸的纤道相同，最长达到3000米。石墩纤道，又称"铁锁桥"，这种纤道实际由连续桥组成，每隔八九尺设一桥墩，采用"一顺一丁"干砌，墩与墩之间用三根长一丈至一丈一尺石梁并列搁成。据调查，在阮社乡太平桥至湖塘乡板桥一带运河上还有两段，共800多米。[③]

① 吴仲著，段天顺、蔡蕃整理《通惠河志》卷1，中国书店，1990。

② 本照片为历史文献。

③ 周燕儿：《绍兴古纤道考查记》，《鉴湖与绍兴水利》研讨会论文集，中国书店，1991。

绍兴古纤道已于1988年列为第三批全国重点文物保护单位。

照片20 浙东运河纤道（2013）

2. 运河行船的动力

大运河行船动力主要依靠风帆、畜力、人力的使用等，河两岸平坦的情况多为畜力拉船。宋代日本和尚成寻在他写的《参天台五台山记》中，记载了江南运河有用22头牛拉船过堰情景。在元代人的诗中，通惠河上有毛驴牵引船的诗句。清代绘画都有用人力和毛驴牵引船只的画面。

照片21 黄河上的纤夫（历史照片）

照片 22 《通惠运漕图卷》中的畜力拉纤 ①

3. 运河护岸工程

通济渠（汴河）宋代改用清水为水源，即清汴工程时，汴河已经被黄河泥沙淤积成地上河。泥沙影响河床稳定，也影响航行水深。为约束河床，便于清水下泄冲砂，在清汴规划中提出："每二十里置束水一，以刍楗为之，以节湍急之势，取水一丈以通漕运。"就是采用"窄河木岸"结构。元丰三年（1080）做窄河木岸总长 30 千米，河宽 100 米。② "窄河木岸"结构，是用木材密排打入河中，连续成堤岸，约束水流于两岸之间，使原来宽浅的河道缩窄，达到刷深河床的目的。由此可知，当时人们已经认识到河流中水流速度与泥沙运动关系，用建筑物束窄河道可以增加流速，从而减少或防止泥沙淤积。这是清汴工程成功的重要原因之一。

元代白河由于是利用天然河道改造通航，其堤岸曾经用芦苇护岸。《元史·河渠志一》记载："大德二年五月，中书省札付都水监：运粮河堤自杨村至河西务三十五处，用苇一万九千一百四十束，军夫二千六百四十九名，度三十日毕。于是本监分官率濠寨至杨村历视坏堤，督巡河夫修理，以霖雨水溢，故工役倍元料，自寺洵口北至蔡村、清口、孙家务、辛庄、河西务堤，就用元料苇草，修补卑薄，创筑月堤，颇有成功。"③

河湖分离的护岸工程。以淮扬运河为典型，其次还有山东南段运河。淮扬运河自明代潘季驯筑西土堤、宝应堤、邵伯堤等。

---

① 摘自清人弘旿所绘《京畿水利图卷》，原画藏故宫博物院。

② 《宋史》卷 94《河渠四》，中华书局，1977 年标点本，第 2328 页。

③ 《元史》卷 64《河渠志一》，中华书局，1976 年标点本，第 1597 页。

从大运河以上几个方面水利工程清楚看出，历史上京杭大运河运行千百年间，其中服务于运河的各种水利工程，从不同角度发挥重要的不可替代的作用，可以清楚看出水利工程是中国大运河生命的保障。正是历代水利工程师们发挥聪明才智，数以万计的劳动者的血汗，成就了世界遗产委员会认为的中国“大运河是世界上最长的、最古老的人工水道，也是工业革命前规模最大、范围最广的工程项目，它促进了中国南北物资的交流和领土的统一管辖，反映出中国人民高超的智慧、决心和勇气，以及东方文明在水利技术和管理能力方面的杰出成就”[①]。

（责任编辑：胡克诚）

① 第 38 届世界遗产大会决议文件，参见“浙江文物网”，http://www.zjww. gov.cn/news/2014-06-22/892357620.shtml，2014-06-22。

试论秦汉财政运作与三门砥柱漕运*

张　捷**

内容提要　秦汉时期，黄河漕运是中央政权实现财政运作的重要途径。位于该运输线上的三门砥柱对关东漕运的危害极大，为了减少财政调拨过程中的损失，统治者采取了一系列措施，从避开砥柱漕运、减少砥柱漕运到凿砥柱通漕运，反映了秦汉财政与关东经济区的依存关系，有助于深化对秦汉时期黄河漕运的规律性的认识。

关键词　秦汉　财政运作　三门砥柱漕运

黄河大规模航运在春秋时已经实行，据《左传》记载，僖公十三年（前647）冬季，晋国连年遭灾，“使乞籴于秦……秦于是乎输粟于晋。自雍及绛相继，命之曰‘泛舟之役’”①。秦汉定都关中后，关中本地生产不足以供养朝廷，粟米等主要靠黄河中下游及东南富庶地区供应，黄河航运规模扩大，漕运业已形成。尤其是西汉时期，政府每年都要从关东漕运粮食西入长安，各地的税粮由黄河漕运至渭水，再由渭水溯流而上运到京城，最多时达到600万石。这种行政命令的调拨，根本不计经济得失，特别是由于黄河砥柱之险等的存在，导致河渭漕运的成本极高，所谓“一钱

* 本文为江苏省教育厅项目“秦汉时期的漕运与财政物流”（2016SJD770010）阶段性研究成果。

** 张捷（1970～　），江苏淮安人，历史学博士，淮阴师范学院运河与漕运文化研究中心副教授，主要研究方向为财政史、运河文化史。

① 孔颖达：《春秋左传正义》卷13，阮元校刻《十三经注疏》，中华书局，1980，第1803页。

之赋，数十钱之费”。[①] 目前，学界关于三门砥柱的研究集中在遗迹考证等方面[②]，本文运用历史地理学研究方法，从财政供需关系入手，考察秦汉财政运作与三门砥柱漕运关系的发展轨迹。

一　开辟新漕运线以避三门砥柱之险

秦朝定都咸阳后，就开始对关东税粮的漕运征调，而且规模较大。汉代，长安所需粮食大多从关东水运，成本极高。尤其是汉武帝时期，汉匈战争爆发后，财政需求更大。为了减少漕运损失，汉政府开辟新漕运线以避开砥柱之险。

1. 开河东渠田以改变漕粮供给来源

开河东渠田是指开发黄河、汾河滩涂的宏大计划，即通过引黄河与汾河水灌溉今河津、永济一带，增加粮食产量，加强对都城长安的财政供给，这样就无须再从三门峡以东运粮，由此可以成功地避开三门峡的航运险阻。据《史记·河渠书》记载：“河东守番系言：‘漕从山东西，岁百馀万石，更砥柱之限，败亡甚多，而亦烦费。穿渠引汾溉皮氏、汾阴下，引河溉汾阴、蒲坂下，度可得五千顷。五千顷故尽河壖弃地，民茭牧其中耳，今溉田之，度可得榖二百万石以上。榖从渭上，与关中无异，而砥柱之东可无复漕。’天子以为然，发卒数万人作渠田。数岁，河移徙，渠不利，则田者不能偿种。久之，河东渠田废，予越人，令少府以为稍入。”[③] 上文中，番系分析了当时黄河漕运弊端，认为黄河漕运由山东溯河而上，西入关中，历尽千辛万苦，一年只能运百余万石税粮。漕船在经过砥柱急流时，常常倾覆，船、粮等损失很多，财政开支很大，与其这样，不如设

① 贾谊著，王洲明、徐超校注《贾谊集校注》甲编《新书》，人民文学出版社，1996，第115～116页。

② 关于砥柱考古成果，举其要者如：中国科学院考古研究所编《三门峡漕运遗迹》，科学出版社，1959；河南省文物管理局等编《黄河小浪底水库文物考古报告集》，黄河水利出版社，1988；山西省考古研究所等：《黄河漕运遗迹（山西段）》，科学技术文献出版社，2004。关于三门漕运成果，举其要者如：张宝剑、刘福兴主编《三门峡史话》，中州古籍出版社，1993；许海星、李书谦主编，三门峡市文物考古研究所编《三门峡文物考古与研究》，燕山出版社，2003；史念海：《三门峡与古代漕运》，《史念海全集》（第三卷）人民出版社，2013。相关论文有何汝泉《唐代河南漕路续论》，《西南大学学报》（社会科学版）2010 年第 2 期，等等。

③ 司马迁：《史记》卷 29《河渠书》，中华书局，1959，第 1410 页。

法就地取粮。

番系认为黄河和汾河滩涂地区有许多土地，长期弃而不垦，茭草满地，老百姓只是在这里放牧牛羊。如果能穿渠引汾河水灌溉皮氏县（今山西河津）及汾阴县（今山西荣县）的滩涂地，引黄河水灌溉汾阴及蒲坂（今山西永济）下的滩涂地，大约增加五千顷的水田，每年能收二百万石以上粮食。更重要的是，这些粮食沿黄河、渭水上溯至长安，十分方便，漕运虽来自关外，其实与关中收粮没什么差别，也不用再冒着船毁人亡的危险从三门砥柱以东去运粮了。由于成功地避开了砥柱，可以节省大量的财政经费。番系这一开发黄河、汾河滩涂的宏大计划，很快得到汉武帝的批准。

武帝随即下令调几万兵卒，沿滩涂修造成大片的“渠田”，实际上是汉政府开垦荒地经营的官营农业。此举花费的人力、物力都很大。在开头几年，渠田的收成还可以，但是没过多久，黄河倒岸，河水干流移到西边去了。由于河道摆动不定，造成引水口的进水很困难，渠道废弃，河东滩涂无水可引，种地的人连种子的费用也补偿不上，轰轰烈烈建成的渠田终于毁废。当时，江浙两广的部族民迁居河东，政府就把渠田给了善种水田的江浙移民耕种，只收少量租税以充少府的收入。

可见，汉武帝开凿河东渠田的计划未能实现预期的目标，但是此举仍不失为解决粮食问题的一次有益尝试，并成为河东滩涂开发之先河，故后人评价说：“今永济、河津、荣河水利多本于系。”① 由于河东渠田开凿失败，通过黄河三门峡运粮的困难也并没有解决，因此汉政府转而又回到原来那种消极的漕运水路方面之改善。

2. “通褒斜道及漕” 以输汉中与关东漕粮

武帝时期，随着汉匈战争的进行与西北开发的需要，关中成了主要的后方供应基地和军事基地。为了避免砥柱漕运造成的损失，汉武帝接受了大臣建议，着手开凿褒斜道，加强漕运转输，进而通漕汉中与关东。

《汉书·沟洫志》记载：其后人有上书，欲通褒斜道及漕，事下御史大夫张汤。汤问之，言：“抵蜀从故道，故道多阪，回远。今穿褒斜道，少阪，近四百里；而褒水通沔，斜水通渭，皆可以行船漕。漕从南阳上沔

---

① 觉罗石麟修，储大文纂，雍正《山西通志》卷96《名宦》，华文书局，1969，第1894页。

入褒，褒绝水至斜，间百余里，以车转，从斜下渭。”①

上文中的“故道”即陈仓道，又称嘉陵道、陈仓故道，是从陈仓（宝鸡）沿扞水（今清姜河）经大散关上行至秦岭，又沿着嘉陵江支流下行到凤州，再经褒城到南郑（汉中），全长535千米。这条道路比较平坦，且有嘉陵江水运之便，但是路程最长，且回环绕远。因此，才有了“欲通褒斜道及漕”之议。

对于这一建议，御史大夫张汤审定后认为，通褒斜道可以缩短入蜀的路程，褒水和沔水相通，斜水和渭水相通，都可以走船运粮。当时，漕运确实成为国家的重要事业之一②，因此，汉武帝很快同意了这一方案，任命张汤的儿子张卬为汉中郡守，主持这一工程的修凿，元狩三年至六年（前120～前117），汉政府便不惜财力，发动军工数万人修建了褒斜道。

褒斜道为古代穿越秦岭的山间大道，南起褒谷口（汉中市大钟寺附近），北至斜谷口（眉县斜峪关口），沿褒斜二水行，贯穿褒斜二谷，故名褒斜道，也称斜谷路，该道连接了汉水支流褒水与渭水支流斜水。修建褒斜道，漕运便从南阳郡（治今河南南阳）溯汉水而上，一直到南郑（今陕西汉中）的褒谷口，逆褒水至褒水与斜水的分水岭，换陆路到斜水，其间有100多里，用车转运，再顺斜水往下进入渭水，然后顺流而下抵达长安。

可见，褒斜道的开凿减少了曲折回转，缩短了入蜀的路程，可以将汉中（治今陕西汉中市）的粮食漕运长安，而原来经砥柱运入关中的山东漕粮可以绕道汉江，经汉水至汉中，通过褒水，再由褒斜道转运百余里，入斜水，再由斜水入渭水。但是，褒水、斜水的河谷都过于陡峻，水道湍急多石，根本不能通漕运。不过，该通道后来还是成了川陕间最重要的陆路交通线之一。③

二　修关中水利以减砥柱漕运压力

汉武帝前期，开河东渠田、凿褒斜道等水利兴修都未实现预期的目标。为了减少关东漕运的开支与压力，实现关中经济的自给自足，武帝决

① 班固：《汉书》卷29《沟洫志》，中华书局，1962，第1681页。

② 黄耀能：《中国古代农业水利史研究》，六国出版社，1978，第135页。

③ 武汉水利电力学院、水利水电科学研究院《中国水利史稿》编写组《中国水利史稿》上册，水利电力出版社，1979，第160页。

定在关中兴建大批灌溉工程。

1. 开创新型水利工程灌溉咸卤地

随着汉匈战争的推进和西北开发的需要，加上当时内有关东大水灾等影响了粮赋的征调，关中地区就成了主要的后方供应基地和军事基地，因此汉武帝接受大臣的建议，决定引洛水灌溉农田。

《史记·河渠书》记载："其后庄熊罴言：'临晋民愿穿洛以溉重泉以东万顷故卤地。诚得水，可令亩十石'。"① 可知，临晋民希望引渭水的支流洛水灌溉重泉之地。临晋镇位于今山西省西南、黄河以东。古代的临晋在黄河以西、澄城之南，关中渭水之北，洛水与黄河两河之间，即今大荔县城一带。重泉（今蒲城东南四十里）在洛水以西，今龙阳镇一带。这一地方受到早先河东渠田开凿的影响，又因本身处于斥卤不毛之地，共有一万多顷。如果引洛水灌田成功，"可令亩十石"。若按一顷百亩而论，渠凿成之后可以收获千万石粮食。

汉武帝接受庄熊罴的建议，发动兵卒上万人，从今澄城西南引洛水向东南流，至今大荔西仍入洛水，相传开凿时掘到龙骨，故名龙首渠，即今洛惠渠的前身。但引洛水灌溉临晋平原，必须在临晋上游的征县（今澄城县）境内开渠，而在临晋与征县之间却横亘东西狭长的商颜山。由于该地区土性松疏，渠岸容易崩坏，不得已而凿井，最深的井有数十丈。由于工程艰难，十余年之后才告完成。龙首渠凿成后，4 万余公顷的盐碱地得到灌溉，变成了"亩产十石"的上等田，产量增加了 10 倍多。

龙首渠虽号称灌田万余顷，不过，其规模远小于以往的水利工程，从事修渠的人数也仅万人，与往日动辄数万人的规模不可同日而语。这是因为当时的关东发生了大水灾，并受汉匈战争的影响所致。兴修龙首渠时使用的劳动力主要是卒，即服徭役和服兵役的农民。②

不过，由于当时井渠未加衬砌，渠通水后，黄土遇水坍塌，溉田的效果并不显著，导致工程失败，所谓"作之十余岁，渠颇通，犹未得其饶"。③ 当然，龙首渠工程的技术成就远远大于灌溉成就，它开启了"竖井施工，地下行水"的先河，"井渠之法自此始"，龙首渠成为我国历史上第

① 《史记》卷 29《河渠书》，第 1412 页。

② 王书熙编著《汉武帝刘彻传》，河北人民出版社，2016，第 120 页。

③ 《史记》卷 29《河渠书》，第 1412 页。

一条地下井渠，后人认为“井渠”输水是中国人民的一个创造。

龙首渠在北周时重加修浚。至唐仅存尾闾一段，称为“干坑”。到了唐玄宗时期，基本走龙首渠而开黄渠，走长安的引镇、东戎店、大兆、鲍陂、东五村、五典坡入鸿沟而进入曲江池，以抬高曲江池之水位，使曲江池水活而减少污染。①

2. 凿六辅渠灌田以增加粮食产量

元狩四年（前 119），为了筹措对匈战争的军费，汉武帝初算缗钱即征收财产税。元狩六年（前 117），又由杨可主持告缗，没收富商上亿财产，弥补了财政的不足。而大量奴婢被没收入官府当差，政府为管理没收的土地又设立大量农官，由此汉政府的财政支出大大增加。② 为了进一步加强关中的粮食自给，元鼎六年（前 111）武帝又在关中修建六辅渠。《汉书·沟洫志》颜师古注云：“在郑国渠之里，今尚谓之辅渠，亦曰六渠也。”③

郑国渠开凿于秦王政元年（前 246），秦末大乱及楚汉相争期间，未有明确记载，可能已遭破坏。汉初文、景帝以来，一直到武帝时期，郑国渠可能大部分已恢复了灌溉农田的功能。汉武帝时期，为了灌溉郑国渠旁高地，于元鼎六年（前 111），在渭河之北，泾水之中游，即昔日郑国渠的渠源谷口附近，开凿了六辅渠。可见，六辅渠的开凿与郑国渠当有较大关系。④

六辅渠由左内史兒宽主持兴建。六辅渠的长度、灌溉面积及施工所需时间、动用人工等，史书记述过于简略。司马迁也仅在《河渠书》的结尾做了极为简单的叙述，可见六辅渠的规模似乎不大，长度、灌溉面积均较郑国渠小得多。

至于六辅渠的具体位置，历来说法各异。颜师古认为它是在郑国渠上游南岸开凿的六道支渠，以辅助灌溉郑国渠所不能达到的高地，扩大灌溉范围。常昭认为，“六辅谓京兆、冯翊、扶风、河东、河南、河内也”⑤，故六辅渠指在这六个地区内之渠道统称。颜师古注《汉书》所引有刘德更

---

① 谢长峰编《陕西名胜概览》，三秦出版社，2007，第 46 页。

② 《汉书》卷 24 下《食货志下》，第 1171 页，载：“乃分缗钱诸官，而水衡、少府、太仆、大农各置农官，往往即郡县比没入田田之。其没入奴婢，分诸苑养狗马禽兽，及与诸官。官益杂置多，徒奴婢众，而下河漕度四百万石，及官自籴乃足。”

③ 《汉书》卷 29《沟洫志》，第 1685 页。

④ 田学斌编著《中国人的经济学》，中国言实出版社，2015，第 190 页。

⑤ 《汉书》卷 58《兒宽传》，第 2630 页。

进一步地引伸解释道："于六辅界中为渠也。"[①] 如此，六辅渠的范围似乎相当大。

从地形上看，郑国渠旁的高地主要分布在北岸，又根据太始二年（前95）汉政府在郑渠之上另开白渠，且其上游在今王桥、石桥一带，郑、白二渠渠线重合了，说明六辅渠应在郑国渠以北。[②] 六辅渠的功用是"以益溉郑国旁高卬之田"[③]，而郑国渠系在渭河之北，即古之冯翊，今之泾阳县、三原县、富平县、白水县，而韦昭却解释为六个地区，刘德更说在六辅界中做渠道为六辅渠。此二说过于牵强附会，望文生义了。[④]

据文献记载和现代实地调查，六辅渠并不一定引用郑国渠或者泾水，更可能是以郑国渠以北的冶峪、清峪、浊峪等几条小河为水源来辅助灌溉。司马迁说："关中辅渠、灵轵引堵水。"[⑤] 堵水，《汉书·沟洫志》解作诸川，泛指诸川谷水，而不是专指泾水，更非指人工开凿的郑国渠。这一带确有利用这些小溪发展灌溉的古老历史，约起自今陕西淳化西南，到泾阳西北的云阳镇北。[⑥]

可见，六辅渠是指开六条小渠以辅助灌溉，规模并不大。大概是在汉代云阳、池阳两县界，即后谷口的对岸到河水之间。今云阳、三原两县界此渠尚存，乡人称为六渠，亦号辅渠。六辅渠开成后，汉武帝说："农，天下之本也。泉流灌浸，所以育五谷也。左、右内史地，名山川原甚众，细民未知其利，故为通沟渎，畜陂泽，所以备旱也。"[⑦]

为了合理用水，扩大了灌溉面积，兒宽还制定了用水法规，《汉书·兒宽传》云："宽表奏开六辅渠，定水令以广溉田。"[⑧] 这是由官府制定的管理水资源利用的法令，包括用水的规章制度。这种水令对后世关中地区灌溉用水制度的形成，也可能产生过一定的影响。也可以说，"水令"是引泾灌溉史上最早的灌溉用水法规，可惜今已失传。

---

① 《汉书》卷58《兒宽传》，第2630页。

② 叶遇春主编《泾惠渠志》，三秦出版社，1991，第48页。

③ 《汉书》卷29《沟洫志》，第1685页。

④ 黄耀能：《中国古代农业水利史研究》，六国出版社，1978，第138页。

⑤ 《史记》卷29《河渠书》，第1414页。

⑥ 袁宝华主编《中国改革大辞典》（上），海南出版社，1992，第662页。

⑦ 《汉书》卷29《沟洫志》，第1685页。

⑧ 《汉书》卷58《兒宽传》，第2630页。

3. 凿白渠以增加关中的农业收益

汉武帝后期，除了征讨匈奴，还对朝鲜、南越、西南夷、西域等连年用兵，以至国计民生陷于困苦。太始二年（前95），武帝听从白公的建议，在关中郑国渠渠首上游另开一条灌溉渠道，也称白渠。《汉书·沟洫志》记载：后十六岁，太始二年，赵中大夫白公复奏穿渠。引泾水，首起谷口，尾入栎阳，注渭中，袤二百里，溉田四千五百余顷，因名曰白渠。[①]郑国渠的引水因河床下切发生困难，下游引用其他水源灌溉部分农田，灌溉效益已大为减少。这时，白公建议从郑国渠上游谷口（今陕西礼泉东北）引泾水东流，但不是向东注入洛水，而是从郑国渠南面经今泾阳、三原以东、再经高陵（今高陵东北）、栎阳，东至下邽（今陕西渭南东北）注入渭水，全长200里，灌溉农田4500顷（合今23万多亩）。可见，白渠的渠道发源于郑国渠同处，但规模小于郑国渠。

白渠位于关中基本经济区心脏部分，这一带地势较为平坦。白渠是郑国渠后引泾工程大规模的改造，是这一时期水利方面的最大的成功。白渠的兴建合理地运用泾水，解决农田灌溉问题。其面积虽不甚广，因所引的泾水挟带了大量淤泥，故肥沃度极高，可用来壅田助长作物的发育，改善农业生态环境，提高引泾灌区的效益，对供给京师粮食的重要性较大，时人赞曰：“泾水一石，其泥数斗。且溉且粪，长我禾黍。衣食京师，亿万之口。”[②]

时人往往将白渠与郑国渠相提并论，称为“郑白渠”。班固在《西都赋》中赞扬郑白渠的显著效益，其中写道：“郑白之沃，衣食之源。提封五万，疆场绮分。沟塍刻镂，原隰龙鳞。决渠降雨，荷插成云。五谷垂颖，桑麻铺菜。”[③]“郑白之沃，衣食之源”说明郑白渠灌溉区出产的粮食和丝麻是很丰富的，也更清楚地道明了利用泾水灌溉是可以肥田茂禾的。这一时期，再加之其他引渭灌溉工程及关中漕运工程的大规模兴建，使关中成为全国最富庶的地区。

两汉以后，各代十分重视恢复关中经济，曾对白渠进行过整修或疏浚。唐代更将白渠下游进行改造，自北而南，分为太白、中白、南白三渠

---

① 《汉书》卷29《沟洫志》，第1685页。

② 《汉书》卷29《沟洫志》，第1685页。

③ 萧统编《昭明文选》（一），上海古籍出版社，1986，第10页。

等主干渠。[①] 宋元以后，渠工渐废。其上游屡有修改，如宋代凿丰利渠，元代凿王御史渠，明代凿广惠渠、通济渠，清代凿龙洞渠。清末渠身缺坏。1930 年以后，改修为泾惠渠。

三　从就近籴买以减漕到凿三门砥柱以通漕

汉昭帝以后，以经治国思想逐渐占主导地位，统治者不断放权让利，中央政府无力对较大的公共治水工程提供资金，关中地区的灌溉事业也被忽视了。尽管如此，汉政府仍然十分重视河渭漕运，加强对都城的粮食供给。

1. 就近籴谷以减省砥柱漕运压力

汉昭帝时，流民稍还，田野益辟，颇有蓄积。宣帝即位，百姓安土，岁数丰穰，谷至石五钱，农人少利，西汉经济进入平稳发展期。五凤中（前 57 ~ 前 54）宣帝同意大司农中丞耿寿昌提出的就近籴谷政策。《通典·食货》记载：五凤中，奏言："故事，岁漕关东谷四百万斛以给京师，用卒六万人。宜籴三辅、弘农、河东、上党、太原等郡谷，足供京师，可以省关东漕卒过半。"[②]

从材料可见，汉宣帝以前，西汉每年由关东漕运粮食 400 万斛，以保证京师的供应，承担水运的兵卒每年有 6 万人，加上三门砥柱之险的存在，关东漕运的成本很高，素有"一钱之赋，数十钱之费"之说。

宣帝五凤年间，风调雨顺，粮食丰收，谷价低廉。关东漕运的开支多于购买粮食的费用。为此，耿寿昌建议把以往由财政调度的 400 万斛田租收入的粮食，改为国家用赋钱在长安附近地区收购粮食以备用，这样就可以省去一半的漕卒。也就是说，耿寿昌提出了改革财政调度的方式，以减轻百姓力役负担。[③]

耿寿昌建议从三辅、弘农、河东、上党、太原诸郡等地籴粮，这说明以上地区已经成为朝廷的粮仓。再者，耿寿昌将河东、上党、太原诸郡与三辅、弘农并举，且与关东相区别，说明河东、上党、太原三郡仍属关西

---

① 李炳武总主编，徐卫民本卷主编《长安学丛书　经济卷》，三秦出版社，2009，第 76 页。

② 杜佑：《通典》卷 10《食货·漕运》，中华书局，1988，第 215 页。

③ 参阅孙文学、刘佐主编《中国赋税思想史》，中国财政经济出版社，2006，第 141 页。

地域范围。①

当然，耿寿昌主张籴粮以实关中是有前提条件的，即社会经济有了一定的发展、国家“颇有蓄积”，特别是三辅诸地产谷可满足京师消费之需，比如寿昌此议就是在京辅丰穰之年，否则是难以实现减省关东之漕的愿望的。可见，籴谷是官方贸易的重要方式，谷贱时由政府籴买入补财政，对于调节粮价波动、维持经济和社会稳定，都发挥了极其重要的作用。

需要说明的是，耿寿昌籴买政策有可能加重关中和晋南地区的负担，不过，通过改变粮食供给来源以减少关东漕运，属于用度之减省，颇符合当时的施政原则。② 这种做法对于缩短漕运路线，避开砥柱之险，起了良好的作用。但是，耿寿昌的办法并不能彻底解决困难，三门天险仍然无法回避，关东与关中的经济联系仍受到很大的限制。

汉元帝时期，翼奉曾上疏建议靠近敖仓另立新都，他说：“臣愿陛下徙都于成周，左据成皋，右阻黾池，前乡崧高，后介大河，建荥阳，扶河东，南北千里以为关，而入敖仓；地方百里者八九，足以自娱；东厌诸侯之权，西远羌胡之难，陛下共己亡为，按成周之居，兼盘庚之德，万岁之后，长为高宗。”③ 翼奉之所以这样说，在相当程度上，就是考虑到征收来的粮食运入关中十分困难。④

2. 凿砥柱、修栈道以改善黄河漕运

汉成帝即位后，荒于酒色，大权几乎全为太后一族王氏掌握。由于成帝理财无方，国家财政不足。鉴于漕运关系政府的生存，鸿嘉四年（前17）汉成帝接受了丞相史杨焉的建议，组织人工开凿三门砥柱，以通漕运。《汉书·沟洫志》记载：鸿嘉四年，“杨焉言：从河上下，患底柱隘，可镌广之。上从其言，使焉镌之。镌之裁没水中，不能去，而令水益湍怒，为害甚于故。”⑤

杨焉鉴于黄河砥柱阻碍之甚，提出凿宽三门砥柱通道，使漕路的航道深广。可见，针对褒斜道既已失败、三门之险仍钳制着汉王朝漕运的生命线这一情况，直接开凿砥柱的水旁石崖，是为拓宽漕运通道。

① 马孟龙：《西汉侯国地理》，上海古籍出版社，2013，第 324 页。

② 诸葛俊元：《西汉学术与政治权力变迁》，文津出版社，2015，第 162 页。

③ 《汉书》卷 75《翼奉传》，第 3176 页。

④ 王勇：《东周秦汉关中农业变迁研究》，岳麓书社，2004，第 111 页。

⑤ 《汉书》卷 29《沟洫志》，第 1690 页。

汉成帝接受了杨焉的建议，工程由杨焉主持。他们凿开水旁的石崖，打算加宽河身，稍为舒缓一下水流。但是，开凿后的碎石块坠入水中，无法运走，反而使水流更加湍急。结果，砥柱虽然凿短了一些，但常在水面以下，激水更大，砥柱之险对于漕运的危害甚于以往。可见，凿砥柱开广运道又是一次失败的工程。当然，三门激流形成的原因不仅仅是河道狭窄，还在于河床深度悬殊，礁石极多。再以当时的技术能力而论，要真正加宽河道也是不太可能的。

由于三门峡是黄河漕运最险要难行之处，修治此处，一方面需开通河道，便于船筏通过；另一方面也需修凿栈道，便于纤夫挽船。可以说，黄河栈道的始建时期当不晚于西汉。总而言之，由于科学技术发展的水平所限，西汉的黄河、渭河航线只能靠耗费大量的人力和物力的办法去换取数百万石粮食的运输。①

到了东汉，为了避开砥柱之险，光武帝毅然决定以洛阳为都城，这成为中国漕运史上的一大转折点。此后，山东、河北、江淮等地转漕粮食到京师，路程较近，又不需经过砥柱之险。

不过，东汉时期，黄河漕运不仅继续存在，还成为统一战争的重要财政来源，三门砥柱仍然是黄河漕运线上的一大险阻。早在东汉初期，统一全国战争的战火未息时，黄河栈道的修建工程已经展开。② 新发现的东汉建武十一年（35）题记所载千余名石匠会集今垣曲县五福涧村，显然是为修建栈道，以便漕运。此段题记与三门峡栈道岩壁上发现的东汉“和平元年”题记正可相互印证。③ 两地相距约50千米，由此表明东汉在三门峡以东的黄河两岸已大规模修建栈道。

综上所述，秦汉时期，黄河漕运一直是政府进行财政运作的重要方式。为了减轻三门砥柱对黄河漕运的阻碍，汉政府首先尝试开辟新的漕运线，以避开三门砥柱之险，比如开河东渠田就是要改变漕粮供给地，凿褒斜道的宗旨，一是通漕汉中，二是将关东漕粮绕道南阳运输。随着汉政府财政需求的不断增加，关东漕运的份额继续增大，汉政府开始重视水利兴修，发展农业生产，提高关中自给自足的水平，从根本上解决关中粮食的

---

① 武汉水利电力学院、水利水电科学研究院《中国水利史稿》编写组《中国水利史稿》上册，水利电力出版社，1979，第161页。

② 张庆捷：《民族汇聚与文明互动 北朝社会的考古学观察》，商务印书馆，2010，第554页。

③ 中国科学院考古研究所编著《三门峡漕运遗迹》，科学出版社，1959，第43、87页。

供给难题。在此期间，不论是龙首渠的开凿，还是六辅渠的兴建，特别是白渠的开凿等，都对增加关中粮食补给大有裨益。在关中等地粮食丰收之时，汉政府实行就近籴买的政策。又首次从事三门砥柱的开凿，然而，三门砥柱对关东漕运的阻碍无法真正被克服，这也是后汉选择定都洛阳的重要原因之一。不过，由于黄河漕运依旧是政府财政调拨的重要方式，故后汉政府仍然重视对三门砥柱漕运的整顿。

（责任编辑：胡克诚）

元代漕运方式选择中的环境与技术影响*

李德楠**

内容提要　环境与技术是元代漕运方式选择的重要影响因素之一。元朝初年试行多种漕运方式，在进行了河运、海运以及河海联运的尝试后，最终选择了“河海并行、海运为主”的运输方式，体现了人类征服海洋、适应环境能力的增强以及航海、造船、气象观测等技术的进步，显示了环境、技术与交通线路选择的内在联系。自然环境条件是影响漕运方式选择的重要因素，技术则是人类活动与自然关系的中介，能够弥补自然环境条件的限制。

关键词　漕运方式　河运　海运　环境影响　技术条件

漕运是利用水道调拨粮食的一种专业运输，主要有河运、海运两种方式。元代以前，漕粮运输多靠河运，如春秋战国时期的邗沟，秦汉时期的灵渠，隋唐时期以洛阳为中心的南北大运河，宋代以开封为中心的漕运四渠等。海运之法虽自汉代已有之，但主要服务于临时性的军事或赈灾需要，至于“用之以足国，则始于元焉”①。元朝定都北京后，积极尝试各种长途运输漕粮的河运、海运等方式。关于漕粮的运输问题，以往运河开发史、漕运史、海洋史、交通史、政治史以及城市史中多有涉及，尤以明清

* 本文为教育部后期资助项目“明清小冰期背景下的黄河水文与运河漕运研究”（16JHQ039）的阶段性成果。

** 李德楠（1975～　），山东临沂人，历史学博士，淮阴师范学院历史文化旅游学院教授，主要研究方向为历史地理学和生态环境史。

① 丘濬：《大学衍义补》卷34《漕挽之宜》，京华出版社，1999，第308页。

史学界的成果最为突出。[①] 比较而言，专门的元代漕运研究成果涉及漕运线路及海运管理、海运状况与海运路线、海运规制与国家兴衰、政治决策与社会影响、沿海港口与经济因素、船户和水手、海运利弊等内容。以往研究表明，元代漕粮海运属于政府行为，受政治因素的影响很大。[②] 值得注意的是，我国台湾学者杨育镁关于元代的航海科技与海道运粮的发展研究中指出，除经济、航海经验、航道变迁、海运组织及规制、人为影响等因素外，航海科技之发展与运用亦为关键性影响因素之一。[③] 但目前这方面的成果尚不多见。鉴于此，本文拟在前人研究的基础上，分析元代漕运方式的演变过程中环境与技术因素的影响。

一　元初的河陆联运、河海联运以及海运

元政权“都于燕，去江南极远，百司庶府之繁，卫士编民之众，无不仰给于江南”。[④] 早在元世祖至元十二年（1275），便开始了河运浙西漕粮。当时内陆河流未完全沟通，部分地段尚需陆运，漕粮运输采取水运为主的河陆联运方式。据《元海运志》记载，具体路线是自浙西涉江入淮，至淮安入黄河，由黄河逆流而上，至今河南封丘西南黄河北岸的中滦镇旱站卸载，然后陆运至淇水与卫河交汇处淇门（今河南浚县西南），再转入卫河水路，经临清到达北京城。因徐州至北京间没有直接的南北向水路可以利用，需绕道河南，不仅迂远曲折，逆流冒黄河之险，且黄河与卫河河道不相通，中滦至淇门间 180 里只能靠陆运，水陆转徙，“河运弗便”。[⑤] 为加强此线路的管理，至元十九年（1282）十二月设江淮、京畿两个都漕运司，其中江淮漕运司负责瓜洲至中滦的漕运，京畿漕运司负责中滦至河西务的漕运，中滦至淇门以及河西务至大都的陆运另设提举司管辖。但效果仍不理想，该线路最初每年运送漕粮 200 万石，至元二十六年（1289）以

---

① 代表性论著如吴缉华《明代海运及运河的研究》、鲍彦邦《明代漕运研究》、黄仁宇《明代的漕运》、李文治、江太新《清代漕运》、倪玉平《清代漕粮海运与社会变迁》、樊铧《政治决策与明代海运》等。

② 孟繁清《元代海运与河运研究综述》一文中有详细叙述（参见孟繁清《元代海运与河运研究综述》，《中国史研究动态》2009 年第 9 期）。

③ 杨育镁：《元代的航海科技与海道运粮的发展》，《淡江学报》1990 年第 8 期。

④ 危素：《元海运志》，中华书局，1985，第 1 页。

⑤ 《元史》卷 166《罗璧传》，中华书局，1976 年标点本，第 3895 页。

后，由于其他运输方式的同时进行，仅承担运送30万石的任务。[①]

在实施河陆联运的同一时间，为避免远涉重洋之险阻，元政府也在尝试河海联运，先后在山东地区动工开挖了胶莱河和济州河。

胶莱河位于山东半岛胶潍河谷，地势低洼，有小河道可以利用，至元十七年（1280）兴工开凿，以避山东半岛成山之险，缩短海程。成山又称神山，“山斗入海，旁多椒岛”，被视为“海道极险处”[②]。根据姚演的建议，元世祖派阿八赤督兵万人开挖胶莱新河，一年后初步开通，当年运粮2万余石。新河自胶西县以东的陈村海口起，西北达胶河，中间为制高点，自此南北分流，南流至胶州麻湾口入海，北流经平度州至掖县海仓口入海。但因新河地势中段高，需借助潮水提高水位，以至海口常遭遇沙壅、潮灾之险，“新河候潮以入，船多损坏，民亦苦之”。而且维持胶莱河运作需用大量的人力物力，水手军人多达2万，船只1000艘，“劳费不赀，卒无成效”[③]。根据至元二十年（1283）八月的统计，十九年初试海运以及借助胶莱河、济州河、黄河的漕运，共计运粮28万石[④]。故朝廷多数人持反对态度，认为阿八赤所开河“益少损多，不便转漕”，如此多人力物力如用于海运，效果或许会更好，“漕海舟疾且便”，每年应该可运100万石。[⑤]恰在此时，有大臣忙古解奏报海运漕粮全部到达，于是皇帝决定停罢阿八赤所开的最费人力物力的胶莱河运道，转而加强对济州河的利用。

至元二十二年（1285）二月，朝廷最终决定“罢新开河，颇事海运”，设立两个万户府，以朱清为中万户，张瑄为千户，忙古解为万户府达鲁花赤。并将胶莱河所属军士、水手、船舶分派到扬州、平泺两地，其中军人5000人、水手5000人以及船只1000艘派到扬州教习水手运粮，另10000名水手军人驾平泺船从利津海道运粮。河海联运的胶莱河因“劳费不赀，卒无成效”而停止，此后又转向“用军验试海运”[⑥]。二十二年（1285），以运军10000人载江淮米泛海北上，由利津达于京师，又命漕运江淮米100万石，泛海储于高丽之合浦。二十三年（1286），以昭勇大将军张瑄、

---

① 赵世延、揭傒斯撰，胡敬编《大元海运记》卷上，台北广文书局，1972，第35页。

② 顾炎武：《肇域志》第二册，上海古籍出版社，2004，第647页。

③ 危素：《元海运志》，中华书局，1985，第1页。

④ 赵世延、揭傒斯撰，胡敬编《大元海运记》卷上，台北广文书局，1972，第36页。

⑤ 《元史》卷65《河渠志二》，中华书局，1976年标点本，第1626页。

⑥ 《元史》卷65《河渠志二》，中华书局，1976年标点本，第2364页；《元史》卷93《食货志一》，中华书局，1976标点本，第1627页。

明威将军朱清并为海道运粮万户府。

济州河因位于济州（今山东济宁）而得名，是自济州往北至大清河之间开挖的河道，济州以南至徐州则利用泗水河道。至元十八年（1281）九月，中书丞相火鲁火孙等奏报大臣集议的结果，“以为一岁民赋虽多，较之官给佣直，行之甚便”。十月，丞相火鲁火孙等又奏称：屯田官阿八失在济州所开河旁边还有一河，傍有民田，开之甚便。于是至元十九年（1282）十二月，元世祖下令开挖济州河，差奥鲁赤、刘都水以及一名精通算数者前往济州，测算开河所需夫役，令大名、卫州新附军前往助工。次年八月完工，自济州至须城安山全长 150 余里。济州河开通后，漕船可由淮安循黄河北上至徐州，然后经泗水、济州河转入安山旁的大清河，沿大清河行至利津出河入海，无须再绕道河南。至元二十二年（1285）二月，参政不鲁迷失海牙等奏称，每年从江淮地区运往京城的 100 万石漕米中，海道运 10 万石，胶莱新河运 60 万石，济州河运 30 万石。这一数字是朝廷讨论罢弃胶莱河时，大臣的辩护之词。此时的胶莱河虽然运粮尚多，但代价太大，而济州河道因船只不足，没有发挥出应有的潜力。于是一方面命江西、江淮、湖广三省增造漕船 3000 艘，征派役夫 12000 人；另一方面针对济州河“水浅舟大，恒不能达”的情况，改以装运百石的小船，每船用 4 人，实施济州河运与海运接力进行的方式，“万人载江淮米，泛海由利津达于京师”①。但该线路不久便因大清河入海口沙壅而放弃，遂改由济州河与大清河交汇处对岸的东阿旱站舍舟登陆，征发民夫 13276 户，陆运 200 里至临清入御河。但这种济州河运与陆运接力的方式存在很多问题，自东阿经茌平至临清间地势低洼，一到夏秋雨季，“牛偾幅脱，艰阻万状。或使驿旁午，贡献相望，负戴底滞，晦暝呼警，行居骚然。公私以为病久矣”②。于是至元二十四年（1287）采纳平章薛彻干等人的建议，“罢东平河运粮”③。

尝试河陆联运及河海联运的同时，元政府也在积极探索漕粮海运。其海运经验的积累可溯至元初，开创者是海盗出身的张瑄与朱清。丞相伯颜平定江南时，曾命熟悉江浙地区海运线路的张瑄、朱清等人满载南宋府库

① 《元史》卷 13《世祖纪十》，中华书局，1976 年标点本，第 274 页。

② 杨文郁：《开会通河功成之碑》，载杨宏、谢纯《漕运通志》，方志出版社，2006，第 253 页。

③ 危素：《元海运志》，中华书局，1985，第 1 页。

所藏图籍，自上海崇明州出发，从海道载入京师。但正式的“初通海道”发生在至元二十一年（1284）。据《大元海运记》等记载，至元十九年（1282）因“里河之攒运粮斛，前后劳费不赀，而未见成效”，丞相伯颜追忆此前由海道载运南宋图籍之事，上奏朝廷请求试行海运。该年，朝廷命上海总管罗璧及朱清、张瑄等造平底海船60艘，招募水工，与官军一起运粮46000余石，从海道至京城。此次海运路线是：自平江路刘家港（今江苏太仓北）出长江口入海，经扬州路通州海门县黄连沙头，然后过北面的万里长滩开洋，沿海岸山屿而行，抵达淮安路盐城县，经西海州、海宁府、东海县、密州、胶州界，放灵山洋（今山东青岛南海域），向东北方向行驶。其间因“路多浅沙”，航行一个多月才抵达成山角，自上海至杨村码头共计水程13350里。当年不能抵岸，不得不在山东刘家岛过冬，40000多石漕粮直至二十年（1283）三月才由登州放莱州洋，到达直沽。又因内河浅涩，遂于直沽交卸[①]。此次航运，船只参差不齐，“大者不过千石，小者三百石”，再加上线路不熟，迂绕辽远，费时费力，“创行海洋，沿山求屿，风信失时”[②]。总体而言，当时“犹未专于海道”[③]，朝廷未尝到海运的好处，初次海运总体上以失败告终。

二　会通河的开挖及海运线路的调整

元初关于漕运方式的尝试，无论是河陆联运、河海联运还是单独的海运，均未达到理想效果。至元二十三年（1286）出现了漕粮运输的严重损失，该年应运漕粮578530石，实际运达433905石，损失漕粮144614石，损失率高达25%，是整个元代损失率最高的一次。[④] 此后，进行了一系列制度建设，同时加强了对运河河道的经营以及海运线路的调整。至元二十四年（1287）设立行泉府司，“专掌海运”，再增置两个万户府，加上此前设置的两个，共为四府。二十五年（1288），根据丞相桑哥等人的建议，海运漕粮数由70万石增至100万石。不久，又自京畿运司分立内外两个都漕运分司，外司称都漕运使司，设于河西务，负责海运事宜；内司称京畿

① 赵世延、揭傒斯撰，胡敬编《大元海运记》卷上，台北广文书局，1972，第34页。

② 危素：《元海运志》，中华书局，1985，第2页。

③ 《元史》卷93《食货志一》，中华书局，1976年标点本，第2364页。

④ 赵世延、揭傒斯撰，胡敬编《大元海运记》卷下，台北广文书局，1972，第79页。

都漕运使司，设于临清，负责河运事宜。

会通河的开挖，是加强运河河道经营的关键一环。至元二十六年（1289），寿张县尹韩仲晖、太史院令史边源相继建议在济州河以北开挖新运河，设置闸座，引汶河水到达临清御河，以方便公私漕贩。朝廷派漕运副使马之贞与边源等人勘察沿线地势，预算用工用料费用，绘制地图上奏，考察结果充分肯定了方案的可行性。于是朝廷下诏，拨楮币1500000缗、米40000石、盐50000斤，作为征派人夫、置备器具的费用，派遣断事官忙速儿、礼部尚书张孔孙、兵部尚书李处巽等负责施工。同年正月兴工，历时六个月完成，起于东昌路须城县西南，由寿张西北至东昌（今山东聊城），又西北至临清，达于卫河，长约250里，中间建闸26座，共享工2510748个，朝廷下诏赐名会通河。①

会通河是整个南北大运河中最长的一段人工河，几乎完全平地开挖，标志着京杭大运河全线贯通，堪称河工开发史上的创举。但因时间仓促，会通河水源不足。至元二十一年（1284），在兖州城东门外五里的泗水之上改建旧堰，遏泗水入府河，至济州城会洸水入运。至元二十七年（1290）后，进一步修理疏浚，增设夫役，增建堽城坝，拦截汶水入洸河济运。但由于所选的分水地点非全线制高点，分水入运的效果不理想，运河水源不足的问题未能根本解决。

由于水源以及分水地点等原因，会通河开凿之初的运量有限，海运承担了相当多的漕运任务。据《元史·食货志》记载，会通河开成后的至元二十六至三十一年间（1289～1294），每年海运漕粮数分别为935000石、1595000石、1527250石、1407400石，908000石、514533石。大德初年至泰定初年，多次对会通河河道进行治理，故大德元年（1297）以后新增加的漕粮基本全由海运承担。但至元十九年（1282）朱清、张瑄开辟的海运线路并不顺畅，道路艰险、风信失时且船只较小，因而至元二十八年（1291）漕粮损失较大，应运漕粮1527250石，实际运达1281615石，损失漕粮245635石，损失率高达16%。② 于是元政府合并了此前设置的四府为一个都漕运万户府，由朱清、张瑄掌管，下设千户、百户等官，以督漕运，并派人探寻“径直之道”。海上漕运航线因此经历了多次变更。

① 《元史》卷64《河渠志一》，中华书局，1976年标点本，第1608页。

② 赵世延、揭傒斯撰，胡敬编《大元海运记》卷下，台北广文书局，1972，第80页。

至元二十九年（1292），鉴于至元十九年（1282）所开航路险恶，为提高运粮效率，朱清等人着手规划新航路：自刘家港开入深水大洋，借助东南来的洋流，一日可至撑脚沙；于此处守候西南便风，借风转过沙觜，一日可至三沙、扬子江；再借助西南风，一日可至匾担沙、大洪；然后探洪行驾，一日可过万里长滩，到深水处始放大洋。再利用西南顺风，一昼夜可行一千里，至青水洋；再得东南风，三昼夜可过黑水洋，望见延津岛、大山；再得东南风，一昼夜可至成山角，然后一昼夜至刘岛，又一昼夜至芝罘岛，再一昼夜至沙门岛；守候东南便风，放莱州大洋，三天三夜后抵界河口。[①] 此线路前后均系利用便风，较前更加顺直，由长江口直航山东半岛东北端，避免经行沿岸浅滩，半个月即可到达，比往年并无折耗。

第二年，又进一步改进，自刘家港开洋，过黄连沙转西行，至胶西后直接投东北，往成山方向，但效果仍不理想。鉴于此，千户殷明略又开新航道，从刘家港至崇明州三沙放洋，向东驶入黑水大洋，往成山行驶一段后再转西，至刘家岛，又至登州沙门岛，于莱州大洋入界河。船只借助风信，自浙西至京师，不过十天左右。由于此线路更加远离海岸，避开了清水洋浅滩水域之险，且充分利用风信，较“前二道为更便”[②]。海运遂成为元代漕运的主要方式，海运漕粮数量呈增长的趋势，由至元二十年（1283）的 4 万石增加至天历年间的 300 万石。据记载，元贞元年（1295）海运漕粮 30 万石，大德元年（1297）增为 65 万石，大德二年（1298）增为 70 万石，大德五年（1301）增为 110 万石，随后固定为 145 万石。至大三年（1310），以朱清的儿子朱虎、张瑄的儿子张文龙治理海漕，当年运江浙漕粮 300 万石[③]。大德元年（1297）以后，漕运数量总体上呈现出持续增长的趋势（见表 1）。从此，京师内外官府、大小官员以及平民百姓“无不仰给于此”。延祐元年（1314）以后又大造海船，大者八九千石，小者二千余石。至元朝末年，漕运“专仰海运矣”[④]，形成了海运为主、河运为辅的漕粮运输方式，海运“视河漕之费，则其所得盖多矣”[⑤]，故“终元

---

① 赵世延、揭傒斯撰，胡敬编《大元海运记》卷下，台北广文书局，1972，第 97 页。

② 危素：《元海运志》，中华书局，1985，第 2 页。

③ 赵世延、揭傒斯撰，胡敬编《大元海运记》卷下，台北广文书局，1972，第 80 ~ 83 页。

④ 杨宏、谢纯撰，荀德麟等点校：《漕运通志》卷 9，方志出版社，2006，第 234 页。

⑤ 危素：《元海运志》，中华书局，1985，第 2 ~ 3 页。

之世，海运不废"①。

表 1　元代岁运漕粮数量

年代	应运漕粮（石）	运到漕粮（石）	事故漕粮（石）	事故率（%）
至元二十年	46050	42172	877	0.019
至元二十一年	290500	275600	14890	0.051
至元二十二年	100000	90771	9228	0.092
至元二十三年	578530	433905	144614	0.25
至元二十四年	300000	297546	2453	0.082
至元二十五年	400000	397655	2344	0.059
至元二十六年	935000	919943	15057	0.016
至元二十七年	1595000	1513856	81143	0.051
至元二十八年	1527250	1281615	245635	0.161
至元二十九年	1407400	1361513	45886	0.033
至元三十年	908000	887591	20408	0.225
至元三十一年	514533	503534	10999	0.021
元贞元年	340500	340500	0	0
元贞二年	340500	337026	3473	0.102
大德元年	658300	648136	10163	0.154
大德二年	742751	705954	36796	0.05
大德三年	794500	794500	0	0
大德四年	795500	788918	6581	0.008
大德五年	796528	769650	26878	0.034
大德六年	1383883	1329148	54735	0.04
大德七年	1659491	1628508	30982	0.019
大德八年	1672909	1663313	9596	0.006
大德九年	1843003	1795347	47656	0.026
大德十年	1808199	1797078	11121	0.006
大德十一年	1665422	1644679	20743	0.012
至大元年	1240148	1202503	37645	0.03
至大二年	2464204	2386300	77904	0.032
至大三年	2926533	2716913	209619	0.072

① 丘濬：《大学衍义补》卷 34《漕挽之宜》，京华出版社，1999，第 309 页。

续表

年代	应运漕粮（石）	运到漕粮（石）	事故漕粮（石）	事故率（%）
至大四年	2873212	2773166	99945	0.035
皇庆元年	2083505	2067672	15832	0.008
皇庆二年	2317228	2158685	158543	0.068
延祐元年	2403264	2356606	46658	0.019
延祐二年	2435685	2422500	13180	0.005
延祐三年	2458514	2437741	10773	0.004
延祐四年	2375345	2368119	7225	0.003
延祐五年	2553714	2543611	10102	0.004
延祐六年	3021585	2986717	34891	0.012
延祐七年	3264605	3247928	16078	0.005
至治元年	3269451	3238765	30685	0.009
至治二年	3270082	3246483	23599	0.007
至治三年	2811786	2798613	13172	0.005
泰定元年	2087231	2077278	9953	0.005
泰定二年	2671184	2637751	33432	0.013
泰定三年	3375784	3351362	24421	0.007
泰定四年	3152820	3137532	15287	0.005
天历元年	3255220	3215424	39796	0.012
天历二年	3522163	3340306	181856	0.052

资料来源：赵世延、揭傒斯撰，胡敬编《大元海运记》卷下，台北广文书局，1972。

三　漕运方式选择中的环境与技术因素

元初同时试验了多种漕运方式，经历了河运、海运以及河海联运的多种尝试后，最终选择了“河海并行、海运为主”的运输方式，这一过程伴随着诸多环境的影响与技术的制约。河运虽然安全系数高，但有转输之劳以及淤塞挑浚之烦，而且面临水源和分水地点选择的困扰。例如胶莱河的开凿，没有对当地的地质条件进行科学的勘探，分水岭马壕因顽石嶙峋而难于开凿，大沽河、小沽河因多流沙而易于壅堵。对海洋潮汐等因素了解不充分，马湾海沧口因潮沙流动而屡浚屡塞。来自东西各丘陵山地的水流与胶莱河垂直交角，高处带来的冲积物很容易沉积于河道内，不能形成固定的航道。又如，会通河沿线由于“河流改道、淤废，湖泊逐渐消失，造成了极为复杂的地形，给元代以后山东运河的开凿和通航带来种种不利的因素”[①]。济宁以北为汶、泗等河流冲积而成高耸地带，新开的运河必须越过这一高地，对技术提出了很高的要求。元政府采取了遏汶入会通河、改建堽城坝、改建滚水石坝、筑金口坝等一系列水源工程措施，但所选分水地点济宁非全河制高点，不利于南北分流。河道规格偏低，不适于大船航行，“岸狭水浅，不能重负”，而且一些地势低洼地段经常面临严重的排涝问题，常遭受黄河的侵淤。

与陆运、河运相比，海运不存在水源问题，运量大、费用低，避免了运军水手的沿途扰民，“河漕视陆运之费，省什三四；海运视陆运之费，省什七八”[②]，“民无挽输之劳，国有储蓄之富”[③]，“漕海，舟疾且便”[④]。诚如元代程端礼《重修灵慈庙记》所言，“前代无敢绝大海而漕者……惟国朝都燕，圣谟独断，创为海漕，万斛之舟，祥飙送帆，瞬息千里，不浃旬而毕至京畿”。但元代的海运常面临后果极为严重的“漂溺之患”，不仅粮米漂没，载米之舟、驾舟之卒、管卒之官均不能幸免。据记载，至元二十八年（1291）海运漂没漕米245600石，至大二年（1309）漂没漕米290600石[⑤]。

海运中飓风、大浪、礁石等风险带来的滩礁险阻、风涛不测、粮船漂溺之患，对环境与技术都提出了更高的要求，以便能够应对与帆船、季风、洋流、暗礁、浅滩等相关的威胁。首先，船只的质量与承载量决定着漕运规模及抵抗灾害的能力。“三代以下，国用之资莫大于漕运，漕运之器莫大于舟楫”[⑥]，因对海洋不甚了解，初试行海运时所用平底船只，承载量在300~1000石之间，难以抵挡大风浪。其后平底沙船逐渐被遮洋海船替代，质量也更加坚固，最大的海船可运粮近万石，小的也有2000石。至大四年（1311），朝廷派官到江浙地区勘察海运事宜，发现江东宁国、池州、上饶、建康等地运粮，全部由海船沿长江逆流而上，但“江水湍急，

① 邹逸麟：《山东运河历史地理问题初探》，《历史地理》创刊号，人民出版社，1982，第95页。

② 丘濬：《大学衍义补》卷33《漕挽之宜》，京华出版社，1999，第309页。

③ 危素：《元海运志》，中华书局，1985，第1页。

④ 《元史》卷65《河渠志二》，中华书局，1976年标点本，第1626页。

⑤ 陈梦雷：《古今图书集成》第69册《经济汇编·食货典·河运海运总论》，中华书局，1985，第83923页。

⑥ 杨宏、谢纯撰，荀德麟等点校《漕运通志》卷5《漕船表》，方志出版社，2006，第93页。

又多石矶，走沙涨浅，粮船俱坏，岁岁有之”。而湖广、江西来的漕船，至真州泊入海船，但海船“船大底小，亦非江中所宜”，于是实施了弃远就近的办法，运输嘉兴、松江的秋粮以及江淮、江浙岁办的税粮，“海漕之利，盖至是博矣”①。其次，海运线路因距离海岸远近不同、受洋流、风信等影响不同，表现为快慢、夷险之差别，对潮汛、风信、洋流规律的掌握决定着漕船能否安全到达。漕粮从江南起运，“常以春三月、夏五月上旬之吉，开樯刘家港，乘便风，不兼旬达直沽口”②。沿途充分利用了季风与洋流等自然因素的力量，“必以夏至为期，风力高兢，其乃有济”③，“四五月南风至，起运，得便风，十数日即抵直沽交卸”④，从而保证了运粮的期限。再次，具备了指示航线、避开暗礁的技术与设施，且“屡验皆应”。当时的海中航行普遍采用罗盘导航，指南针非常精确，“万里海洋，渺无际崖，阴晴风雨，出于不测，惟凭针路定向行船，仰观天象以辨明晦”。为便于海船识别方向，在山东半岛成山角设立航标，“于龙山庙前高筑土堆，四傍石砌，以布为幡，每年四月十五日为始，有司差夫添力竖起，日间于上悬挂布幡，夜则悬点火灯，庶几运粮海船得以瞻望”⑤。至大年间根据常熟船户苏显的建议，又在长江口设标指浅。延祐年间，又于龙山庙立望标。通过采取一系列的技术应对措施，元代海运数量逐年增加，自大德三年（1299）以后，漕粮漂失的事故率大大减少，并长期稳定在较低的水平上。

但是自然环境的力量是巨大的，当时的技术水平不足以完全解决，故元代海运中仍存在诸多环境方面的制约，“然风涛不测，粮船漂溺者无岁无之，间亦有船坏而弃其米者”⑥。一个明显的例子，就是沿海地区天妃庙的兴建以及天妃信仰的盛行。为祈求海运过程的平安，对天妃等海神的信奉与膜拜达到了无以复加的程度，江浙、天津、通州等沿海地区不但建有规模宏大的天妃宫，而且朝廷对天妃的封赠也屡加升格。至元十八年（1281）天妃的封号是“护国明着天妃”，大德三年（1299）再封为“护

---

① 危素：《元海运志》，中华书局，1985，第2页。

② 蒋维锬、朱合浦主编《湄洲妈祖志》，方志出版社，2011，第177页。

③ 任士林：《平章政事赛音迪延齐荣禄公世美之碑》，载《中国回族金石录》，宁夏人民出版社，2001，第588页。

④ 叶子奇：《草木子》卷3《杂制篇》，上海古籍出版社，2012，第52页。

⑤ 赵世延、揭傒斯撰，胡敬编《大元海运记》卷下，台北广文书局，1972，第102页。

⑥ 危素：《元海运志》，中华书局，1985，第2页。

国庇民明着天妃”，延祐元年（1314）的封号达到了十个字，为“护国庇民广济明着天妃”。官府提倡外，从事海运的官兵水手也不断神化天妃等海洋神灵，天历二年（1329）漕运副万户八十监运舟至三沙，“飓风七日，遥呼于神，夜见神光四明，风恬浪静，运舟悉济”。至顺三年（1332）又有运粮海船至莱州洋，“风大作，祷之，夜半见神象，转逆以顺，是岁运舟无虞。其随感而应类此”①。上述情况反映了海运的迅猛发展，也表明了航海技术的局限和对海洋的畏惧，不得不借助海神天妃以求得心理上的慰藉。

综上所述，环境与技术是元代漕运方式选择中的重要影响因素之一。元朝初年，多种漕运方式同时试验进行，“始而河，继而陆，已而海”②。在经历了河运、海运以及河海联运的多种尝试后，最终选择了“河海并行、海运为主”的运输方式，体现了人类征服海洋、适应环境能力的增强以及航海、造船、气象观测等技术的进步，显示了环境、技术与交通线路选择的内在联系。“连系元代政治与经济两大重心的重要交通是海运，由于海运连系的成功，却支持了元代的强大，这是地理环境的关系。”③ 自然环境条件是影响漕运方式选择的重要因素，技术则是人类活动与自然关系的中介，是环境压力下人类趋利避害的适应手段，能够弥补和改善自然环境条件带来的限制。

（责任编辑：胡克诚）

---

① 蒋维锬、朱合浦主编《湄洲妈祖志》，方志出版社，2011，第 452 页。

② 陈梦雷：《古今图书集成》第 69 册《经济汇编·食货典·河运海运总论》，中华书局，1985，第 83923 页。

③ 吴缉华：《明代海运及运河的研究》，台北中研院历史语言研究所，1961，第 2 页。

东平湖变迁对大运河会通河段沿革的影响*

陈诗越　吴金甲　侯战方**

内容提要　历史上会通河是大运河南北通航的关键河段，东平湖的前身——安山湖曾是会通河北段最大的调蓄湖和重要的水柜。历史时期黄河泛滥导致安山湖不断变迁，并淤塞会通河，这种自然力量在和历代政府人为疏浚的矛盾运动中共同影响着大运河的南北通航。本文在参阅历史文献资料的基础上，从地理学的视角分析了东平湖变迁对会通河沿革的影响，以期为大运河复航工作提供一些有益借鉴。

关键词　东平湖　安山湖　会通河

会通河地处山东西部，是京杭大运河海拔最高的河段，地势北高南低，无法自流，元朝虽在济州（今济宁）设分水闸，但并未解决水源问题。明朝改为南旺分水，并设运河水柜蓄水济运，以确保会通河的通畅。①

---

* 本文为国家自然科学基金面上项目“2 万年以来黄河下游季风演变及洪水与河道变迁机制研究”（41672345）、国家自然科学基金青年科学基金项目“历史时期黄河下游安山湖湿地演变及其与黄河—运河关系的研究”（41792373）的阶段性成果。

** 陈诗越（1969～　），江苏南京人，理学博士，江苏师范大学地理测绘与城乡规划学院教授，主要研究方向湖泊湿地环境演变过程及机制；吴金甲（1987～　），山东嘉祥人，兰州大学资源环境学院西部环境教育部重点实验室博士生，主要从事气候变化与资源环境相关方面的研究；侯战方（1984～　），山东菏泽人，理学博士，聊城大学环境与规划学院讲师，主要从事湖泊沉积与气候变化、古洪水方面的研究。

① 孟艳霞：《明代会通河水源补给问题初探》，《河南大学学报》（社会科学版）2008 年第 4 期；王守功：《大运河的开凿治理》，《中国文化遗产》2006 年第 2 期。

会通河的开通是大运河南北完全贯通的标志①，其中安山湖作为会通河北段最大的调蓄湖，对大运河的通畅起着关键的保障作用。东平湖是古大野泽和其后梁山泊、安山湖的遗迹②，是现今鲁西地区的最大湖泊。历史上，东平湖（安山湖）由于黄河泛滥改道发生变迁，并进而影响会通河的通航。本文基于历史文献资料记载和前人的研究成果，从地理学视角探讨东平湖演变过程及其对会通河沿革的影响，以期为大运河全线复航研究提供参考。

一 东平湖的演变史

东平湖位于今山东省境内，古称大野泽，是新构造运动、古地理环境变迁、黄河改道和人类活动等各种作用综合形成的。③ 这一范围内的运河全长40多千米，是京杭大运河会通河段的重要组成部分。目前，东平湖作为大运河山东段较大的湖泊遗存及国家南水北调东线工程重要的调蓄站，对当今运河的南北畅通乃至复航具有重要影响。

《尚书·禹贡》所云"大野既潴，东原底平"，描述了上古时期大禹治理大野泽，开发今东平湖流域的活动。据此，东平又被一些研究人员称为"东原"。据唐代《元和郡县志》：大野泽在巨野县东五里，南北三百里，东西百余里。这说明至少在唐代，大野泽应包括今日巨野、嘉祥、东平等地区，水域面积较大。此后的五代及北宋年间，黄河在大野泽附近数度决口，夺淮泗及大清河入海，导致原大野泽附近的洼淀区由于黄河淤泥的注入逐渐淤塞，其位置也逐渐向北移动④（见图1）。《水浒传》中所描绘的梁山泊之名可能始于宋代⑤，继此之后的安山湖取代了原大野泽及巨野泽。

元世祖统一中国，开济州河、会通河，运河改道山东境内，经由东平湖北上，不再折道洛阳。《元史·河渠志》记载，元至正四年（1344）"夏五月，黄河暴溢，水平地深二丈许，北决白茅堤。六月，又北决金堤。……水

① 刘德岑：《元明时代会通河的沿革》，《西南师范学院学报》1957年第6期。

② 喻宗仁、窦素珍、赵培才、刘桂成、张成、裴放：《山东东平湖的变迁与黄河改道的关系》，《古地理学报》2004年第4期。

③ 邵时雄主编《中国黄淮海平原第四纪地质图》，地质出版社，1989，第37页。

④ 尤宝良主编《东平湖与黄河文化》，黄河水利出版社，2009。

⑤ 《东平县志》，中华书局，2006，第125~126页。

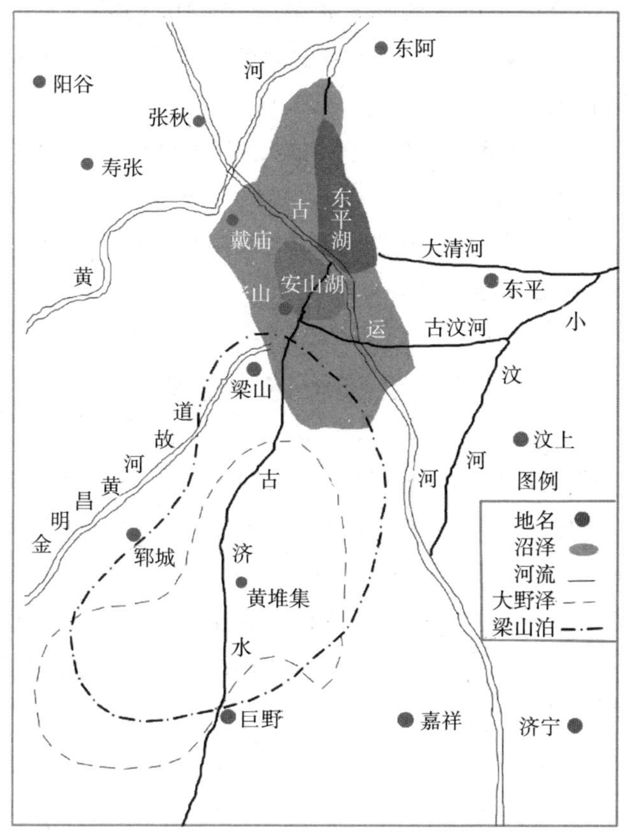

图 1　东平湖演变示意（改绘自《东平湖志》）

势北侵安山，沿入会通运河，延袤济南、河间”①；《明史·地理志》载：“东平州西南有安山，亦曰安民山，下有积水湖，一名安山湖。”② 这说明梁山泊可能是在元末及明初之际受多次决口的黄河所影响，逐渐淤塞并形成数个湖泊，此时的安山湖即今日东平湖的前身，也已出现在安民山脚下，并作为北五湖之一成为保障运河会通河段畅通的水柜而存在。

与此同时，人口的增加使得人地矛盾逐渐凸显，在漕运的通畅与停罢中，安山湖也在水柜湖田的矛盾运动中演变。③ 为保证运河水源，政府既拦蓄汶河、泗河河水，又严禁附近居民盗水及对安山湖进行垦殖耕种。但农业的生存空间不仅是农民的需要，也被地方官吏及豪强地主所争取，私

① 《元史》卷 66《河渠三·黄河》，中华书局，1976 年标点本，第 1623 页。

② 《明史》卷 41《地理志二·山东山西》，中华书局，1974 年标点本，第 4 页。

③ 卞师军、郭孟良：《试析明清运河之水柜湖田的成因》，《齐鲁学刊》1990 年第 6 期。

自开发湖田，并筑堤保田。截至清光绪二十七年（1901），津浦铁路通车使运河的漕运地位急剧下降，大运河漕运彻底停止，安山湖作为运河水柜的功能也逐渐丧失了。

“东平湖”一名大致于民国年间出现，中国共产党在 1939 年为号召群众抗日，设立了东平湖西办事处[①]，名称沿用至今，但今日之东平湖与安山湖并非完全一致。今日东平湖总面积约为 627 平方公里，其中新湖区 418 平方公里、老湖区 209 平方公里。

二　会通河的沿革史

大运河开挖于隋朝，在元朝截弯取直时利用天然河道和湖泊，开挖了“济州河”和“会通河”，并在明清之际不断挑浚、疏通，并发挥其漕运的作用。会通河地处山东，元明清时期，北接京师，南控富庶的江南地区，其开通得益于国家统一，对加强南北地区联系和经济大发展起到重要的推动作用；它不仅是重要的水上通道，还具有防洪、灌溉等功能。

我国经济重心的南移是从魏晋时期开始，到南宋时期完成，当时有句谚语“苏湖熟，天下足”，这说明南宋时期我国经济重心已经完全转移到了江南地区。元朝统一后，定都大都，元初为转运江南粮食及南宋政府所遗留财物，多由海路运往北方。然而，便利低廉的海运受自然环境影响较大，海上运输多有损耗。于是在元至元二十年（1283）开挖济宁至东平的济州河，其中一路经大清河到达利津，然后入海，由海上到直沽后再到达大都；另一路为水陆联运，由东阿陆运至临清，再改由御河水运至大都。但是由于大清河不能通航大吨位船舶，且利津港经常有淤塞的困扰；而水陆联运的茌平段道路多艰，中转耗费巨大，“陆运官粮，岁若千万，民不胜其悴”[②]，于是会通河的开通迫在眉睫。至元二十五年（1288），元政府开通了寿张经聊城至临清，全长 250 余里的运河，元世祖亲自赐名“会通河”。会通河开通后，由于地势及北方大气候环境的因素，水源问题始终是困扰运河畅通的重要因素。此外，由于海运的优势，会通河并未充分发

① 张芹、陈诗越、孙卫波、陈影影：《东平湖水质现状与可持续旅游开发》，《人民黄河》2012 年第 1 期。

② 《元史》卷 64《河渠一・通惠河》，中华书局，1976 年标点本，第 1590 页。

挥其黄金水道的作用。

元末明初黄河决口，淤塞了会通河，及此后朱元璋建都南京，无须大量运输粮食和赋税至北方，直至朱棣迁都北京，经济中心与政治中心的分离使其决定重新开挖及疏浚元朝运河。明清时期政府较重视漕运，对会通河的疏浚及维护促使会通河上舳舻相继，沿岸城市如济宁、聊城、临清、德州等也得以繁荣数百年。① 明朝时期工部尚书宋礼在主持重开会通河时，采用汶上老人白英的建议，将分水口从济宁移至南旺，形成了“七分朝天子，三分下江南”的景观。② 宋礼还开设了运河水柜的先例，设安山湖、南旺湖、马场湖、昭阳湖为水柜，“漕河水涨则入湖，水涸则放水入河，各建闸坝，以时启闭”③。运河水柜的修建，进一步完善了会通河的水源调节，保障了运河的畅通。清朝基本延续了明朝的运河体系，至康乾盛世之时，会通河的漕运也达到了顶峰。此后的咸丰五年（1855），黄河在铜瓦厢决口，袭夺大清河河道入海，导致会通河段缺少水源补给而逐渐淤塞。至光绪二十七年（1901），津浦铁路开通，漕运停罢，会通河也失去了沟通南北的作用。

三　东平湖（安山湖）变迁对会通河沿革的影响

东平湖的前身——安山湖是作为大运河的水柜而与会通河段相联系的④，其历史变迁对于会通河的沿革具有重要的影响，对于保障运河畅通，促进南北经济、政治、文化交流具有重要意义。

1. 漕运畅通

元朝重新疏浚大运河，由于定都北京，运河截弯取直不再经由洛阳，先挖济州河，后“引汶绝济”开通会通河联通南北漕运。开挖会通河“引汶绝济”使济水与汶水交汇于东平安山脚下，并在此形成了后来被称为“北五湖”之一的安山湖。济州河与会通河的交汇，解决了运河山东段甚

① 王玻：《明清时期南北大运河山东段沿岸的城市》，中国社会科学院研究生院硕士学位论文，2003。

② 陈陆、白英：《构想“运河都江堰”的汶上老人》，《中国三峡》2012 年第 12 期。

③ 傅泽洪：《行水金鉴》卷 116，商务印书馆，1937 年标点本，第 8 册，第 137 ~ 148 页。

④ 陈诗越、吴金甲：《运河水柜——南四湖与北五湖的历史与变迁》，《聊城大学学报》（社会科学版）2014 年第 4 期。

至整个运河南北通畅的问题。其中，为补充水源所建设的济宁水利枢纽之堽城坝及众多船闸，对于保障航运畅通及运输安全起到了一定的作用。但纵观整个元朝，运河水源依旧是困扰会通河的决定性因素，安山湖的水柜作用并未得以充分发挥。因此，终元朝一代，海运所占比例较大。元末黄河决口，会通河被淤塞废弃。①

明清之际是京杭大运河贯通定型的时期，也是会通河繁荣的时代，亦是安山湖之于会通河段具有重要影响的时代。明代治理会通河，水源依旧是决定性因素，重开会通河，“闸槽”“泉河”的别称皆由会通河之水源问题而来。宋礼重开会通河，引泗、汶河水济运，使汶水不再注入安山湖。②以安山等湖作为水柜济运，“水涨则泄漕水入湖，水涸则出湖水入漕”③，使安山湖调节了旱涝季节对会通河的影响。但是由于人口的增长，安山湖在保漕运与围湖造田的矛盾运动中不断地变迁。年久失修的安山湖水柜不断淤积，便成了附近豪强与流民开垦的对象。④ 明清之际，黄河在张秋附近溃堤，淤塞了安山湖，附近居民争相垦殖，虽然政府不断严令禁垦与疏浚，但湖泊不断淤废及围垦的现实迫使政府逐渐放任。尤其是清末，政治腐败，疏浚不利，运河堵塞，导致安山湖面积骤减，北五湖的其他四湖也面临消失的危险。

作为运河水柜的安山湖湖面缩减，使得其为运河调剂水源的功能不断削弱。此外，修缮大堤及疏浚湖底淤泥，虽对维系湖泊及会通河的畅通起到一定的作用，但终不是治本之策，人口问题才是围湖造田的根源。并且这种人与湖泊的矛盾在自然灾害、吏治腐败，政府积弱等因素叠加的时期就有可能被激化，晚清时期所爆发的大规模的湖团冲突⑤，正是矛盾激化的表现。在这一矛盾冲突之中，不仅损害了运河的畅通，还不利于经济的正常沟通及沿岸的繁荣。

---

① 安作璋：《中国运河文化史·中册》，山东教育出版社，2001，第 687～689 页。

② 高元杰：《明清山东运河区域水环境变迁及其对农业的影响研究》，聊城大学硕士学位论文，2013。

③ 陈诗越、吴金甲：《运河水柜——南四湖与北五湖的历史与变迁》，《聊城大学学报》（社会科学版）2014 年第 4 期。

④ 吴琦、杨露春：《保水济运与民田灌溉——利益冲突下的清代山东漕河水利之争》，《东岳论丛》2009 年第 2 期。

⑤ 马同军：《明清时期山东运河沿线湖泊变迁及相关历史地理问题研究》，暨南大学硕士学位论文，2012。

2. 社会经济繁荣

漕运的发达极大地促进了会通河沿线社会经济的发展。为保障会通河段的畅通，沿河设置了许多船闸，以节制水量：元代开河闸、安山闸、寿张闸，明清袁家口闸、靳家口闸等皆是其中的代表。由于会通河段船闸众多，又被称为“闸河”。船闸密度过大，在一定程度上造成了船舶通行的困难，但是只运用自然河道必然无法保障运河水源，为最大限度利用汶河、泗河及东平湖的水源，各船闸启闭规定严格，且船只需结伴通行。船闸的设置虽然增加了通行人员的等待时间，但也推动了沿岸市镇商业和服务业的发展，客观上促进了两岸经济的繁荣。

明清之际，安山湖作为运河水柜补给会通河，在相当程度上缓解了大运河的水源问题，促进了大运河南北的漕运畅通。济宁、聊城、临清等城市因为交通位置优越，成为会通河沿岸重要的漕运码头，周边集聚了大量的商贾，成为南北货物中转的物流基地。① 明代聊城的经济作物如棉花、水果等种植面积广泛，商人通过转运获利颇丰。

清朝中期，由于社会稳定，运河修缮通畅，商业环境大为改善，不仅商铺林立，聊城还出现了用来密切乡情和贸易交流的山陕会馆。各种文化与信仰在沿岸交融，涉及儒、释、道三教，还有相关的庙会，大量的商人和当地百姓交流贸易。清末黄河夺运，政府失于修缮，运道淤塞后，沿岸城市也失去了发展的动力而逐渐衰落。

结　语

东平湖（安山湖）与大运河会通河段共同构成运河的关键一段，它曾是南北运河沟通的纽带，也是明清时期横贯山东西部运输和贸易的载体，是区域经济活动的主要动力之一。由于清末运河漕运的废止，会通河逐渐淤废。1949 年以后，在安山湖基础上形成的东平湖被改造为黄河下游最大的调蓄湖。近年来，随着对内河水运的关注，大运河全线复航的呼吁日甚，虽然困难重重，但运河运输功能重新得到高度重视。作为南北运河通航的关键环节，会通河段的重新疏浚和改造必须考虑其与东平湖的关系，

① 孙竞昊：《明清北方运河地区城市化途径与城市形态探析：以济宁为个案的研究》，《中国史研究》2016 年第 3 期。

充分发挥其水柜功能，从整体着手，协调沿岸及流域的社会经济发展，确保京杭运河会通河段的航运通畅。打造运河文化、运河水利、运河旅游和生态运河经济也是需要综合考虑的。

（责任编辑：胡克诚）

被“建构”的堤堰：高家堰的称谓与明代治河[*]

王聪明[**]

内容提要 高家堰，亦名高加堰，是我国第四大淡水湖洪泽湖的东岸堤防。传统观点认为，高家堰始筑于东汉建安年间，其依据是广陵太守陈登所筑的陈登塘，即为高家堰前身。本文通过爬梳文献，论证这一观点的形成过程，并对此提出质疑，认为“陈公塘为高家堰前身”的说法并不妥帖。明代中期开始出现高家堰的记载，并将之与陈公塘对接，这种观点可能与当时的治河活动有关，即潘季驯等人需要借助陈登、陈瑄等治水名臣的事迹，为高堰修筑提供合理性，因而胡应恩等人的“陈公塘为高家堰前身”的观点，为此提供了一定的支撑作用。

关键词 高家堰 陈公塘 明代治河

有“水上长城”之誉的高家堰，是我国第四大淡水湖洪泽湖的东岸堤防，它的修筑与运行，对于明清漕运、河道治理、生态环境及淮扬民生安全，均产生了不容忽视的影响，诚如李春芳所谓：“黄、淮、漕河之利害，莫重高堰”①，因而在中国水利史与灾害史研究中占据重要的地位。目前学

---

* 本文为江苏省社会科学基金项目“明清苏北漕河交通与城镇聚落变迁研究”（16LSC001）的阶段性成果。

** 王聪明（1988～ ），江苏宿迁人，历史学博士，淮阴师范学院运河与漕运文化研究中心讲师，主要研究方向为历史地理学、运河史。

① 李春芳：《高堰定议序》，《李文定公贻安堂集》卷5，《四库全书存目丛书》，齐鲁书社，1997年影印本，集部，第113册，第151～152页。

术界对高家堰的研究主要集中于两个层面：其一，从防洪救灾的角度，展述高家堰的修筑过程与历史影响[①]；其二，从建筑技术史的角度，考察高家堰大堤的修筑材料、结构设计及坦坡、涵洞、减水坝等附属设施。[②] 本文主要关注高家堰称谓的演变问题，有观点认为，高家堰最早可以追溯至东汉建安时期广陵太守陈登所筑的陈公塘，这种观点颇具影响力，明清时期治河名臣与其他学者表示赞同。不过也有部分学者提出异议，范以煦曾引述史料说：

> 相传高加堰即陈公塘，《县志·陈登传》及此，云出《三国志》，今检无此文。据《唐书·食货志》：扬州疏太子港、陈登塘。《宋史·河渠志》：淳熙九年，钱冲之言："真州东二十里有陈公塘，汉陈登浚"；又熙宁九年，刘瑾言："高邮陈公塘可济运。"是陈公塘在仪征，非此地也。惟《宋史·李孟传传》有"修复陈公塘"语，在为楚州司户下。然《孟传修陈公塘记》云："真州扬子县有塘曰陈公，汉陈登筑，全隶扬子，惟东北接江都"。是李所修，亦非此地也。[③]

虽然范以煦存在认识上的误区，如认为李孟传曾重修陈公塘等，不过他以唐宋文献记载的陈公塘在今扬州境内为由，直接否认淮安境内建有陈公塘，从而得出"陈公塘非高堰"的结论。因此，对照这两种截然相反的观点，必须追问的是，高家堰可追溯至东汉这一论断是如何形成与发生的？高家堰与陈公塘究竟是否存在关联性？假若不存在关联性的话，为何会出现"陈公塘为高家堰前身"的观点？本文尝试从明代中后期潘季驯等人加筑高家堰治河的角度进行阐释，并探究胡应恩等人的地方意见是否发挥作用？希望通过对高家堰与陈公塘关系演变逻辑的爬梳，可以深化对明清治河理论与实践的认识。

---

① 袁飞：《士绅、地域与国家：明万历年间治淮活动中的利益冲突》，《社会科学辑刊》2008年第3期；唐其中、朱兴华：《洪泽湖大堤小史》，《江苏水利》2009年第9期；彭安玉：《洪泽湖大坝的建成及其影响》，《淮阴师范学院学报》（哲学社会科学版）2012年第2期。

② 卢勇、沈志忠：《明清时期洪泽湖高家堰大堤的建筑成就》，《安徽史学》2011年第6期。

③ 范以煦：《淮壖小记》卷1《陈公塘非高堰》，清咸丰五年（1855）刻本。

一　与高家堰修筑有关的名臣
——陈登与陈瑄

有人认为：高家堰，又名高加堰，“俗云高家，似乎姓名误矣”。[①] 就其堤防功能而言，“堰以捍淮，名曰高加者，为护运道、邑井，宜加高而名之也”[②]，通过增加堤堰高度，来抵御淮水，据此称其为高加堰似更为妥帖。就目前所获文献来看，尽管高家堰的称谓源于何处尚难确知，不过很显然它更为众所熟知。目前，关于高家堰的起源主要有三种说法：大禹创筑高家堰说、北宋高怀德族裔筑堰说、东汉陈登修筑高家堰说。其中，以第三种说法影响较广，在明清文献中多有记载，李春芳《重筑高家堰记》中载：“高家堰者，在山阳西北四十里，创自汉陈登，所以障淮也。”[③] 潘季驯《河防一览》中云：“汉陈登筑堰御淮。”[④] 阎若璩《潜邱札记》中记载：高家堰“为汉建安五年广陵太守陈登所筑。”[⑤] 靳辅《治河方略》中记载：“汉末，陈登为广陵守，大兴水利，首建高堰，障其东而使之北，淮南千余里地无沮洳，后世治水者皆守其旧而不变。”[⑥] 可见，包括潘季驯、靳辅等治河名臣在内的学者，多认为高家堰乃东汉建安年间陈登任广陵太守期间所筑。不过，经查目前尚未见到陈登筑高家堰的直接证据，《三国志》引《先贤行状》曰：陈登“年二十五，举孝廉，除东阳长，养耆育孤，视民如伤。是时，世荒民饥，州牧陶谦表登为典农校尉，乃巡土田之宜，尽凿溉之利，粳稻丰积。奉使到许，太祖以登为广陵太守”。[⑦] 此处陈登为了救济饥民，锐意发展农业，兴修农田水利，乃当然之事，不过并未言及高家堰的修筑。

---

① 胡应恩：《淮南水利考》卷下，《续修四库全书》，上海古籍出版社，2002 年影印本，史部政书类，第 851 册，第 304 页。

② 天启《淮安府志》卷 2《舆地志·山川》，方志出版社，2009 年点校本，第 90 页。

③ 李春芳：《重筑高家堰记》，《李文定公贻安堂集》卷 3，第 85 页。

④ 潘季驯：《河议辨惑》，《河防一览》卷 2，台湾学生书局，1965，第 197 页。

⑤ 阎若璩：《释地余论》，《潜邱札记》卷 2，《文渊阁四库全书》，台湾商务印书馆，1986 年影印本，子部，第 859 册，第 460 页。

⑥ 靳辅：《治纪中·高家堰》，《治河方略》卷 2，清嘉庆四年（1799）安澜堂刻本，第 1 页。

⑦ 陈寿：《三国志》卷 7《魏书·吕布臧洪传附陈登传》，中华书局，1982 年标点本，第 230 页。

在既往的认识中，明初亦是高家堰修筑的关键时期，这主要指的是平江伯陈瑄亦曾增修高家堰。对此，各种水利文献及地方志书均加以反复记载。潘季驯《河防一览》中记载：“至永乐年间，平江伯陈瑄始堤管家诸湖，通淮河为运道，然虑淮水涨溢，东侵淮郡也，故筑高家堰堤以捍之。”① 李春芳《重筑高家堰记》中载：“高家堰愈益重，陈恭襄瑄则增筑之。”② 天启《淮安府志》中载：陈瑄“虑南河涨溢，则北侵漕河”，“于是筑漕南之高家堰”。③《明史》中亦记载：“初，淮自安东云梯关入海，无旁溢患。迨与黄会，黄水势盛，夺淮入海之路，淮不能与黄敌，往往避而东。陈瑄凿清江浦，因筑高家堰旧堤以障之。”④ 从礼部侍郎杨士奇为陈瑄撰写的墓志铭文可知，他确实曾修筑多处沿河堤防设施，不过未言及高家堰⑤，而且参稽《明太宗文皇帝实录》等文献，亦没有发现陈瑄修高家堰的记载。马俊亚曾辨析道：“陈登与陈瑄筑高家堰之说，均为明万历以后之人所言，于前史无征。高家堰下有‘阜陵’等湖，三国、唐时在此亦有修堤工程，但这些工程主要是灌溉工程。即使明初平江伯陈瑄修筑过此堰，其规模也不会太大，尤为重要的是，陈瑄修筑高家堰的目的，仍在于‘阻障淮水，使不得东入漕渠以灌下河田地’。”⑥ 此处表达的主要意思是，质疑陈登、陈瑄修筑高家堰的说法。此外即便陈瑄修筑高家堰，那他的目的也与三国（如邓艾等人）、唐代的目的截然相反，前者是阻水东下，后者是引水东下。

虽然对于陈登、陈瑄修筑高家堰，以上史料均见有记载，不过需要强调的是，高家堰或高堰等名称，最早见于嘉靖（1521～1566）年间的史料中。据《明世宗实录》中载：“又三里沟新河口，此旧口水高六尺，若开旧口，虽有沙淤之患，而为害稍轻，其开新口未免淹没之虞，而漕舟颇便，宜将新口暂闭，建置闸座，及将高家堰增筑长堤，原建新庄等闸加石

---

① 潘季驯：《两河经略疏》，《河防一览》卷7，第515页。

② 李春芳：《重筑高家堰记》，《李文定公贻安堂集》卷3，第85页。

③ 天启《淮安府志》卷13《河防志》，第570页。

④ 《明史》卷87《河渠志五》，中华书局，1974年标点本，第2120页。

⑤ 杨士奇：《奉天翊卫推诚宣力武臣特进荣禄大夫柱国追封平江侯谥恭襄陈公神道碑铭》，《东里文集》卷13，中华书局，1998年点校本，第189～193页。

⑥ 马俊亚：《区域社会发展与社会冲突比较研究：以江南淮北为中心（1680～1949）》，南京大学出版社，2014，第65页。

修砌以遏横流。”[①] 姚汉源先生亦曾指出：高家堰直至“明嘉靖中始见记载”[②]。必须追问为何嘉靖年间始见记载的高家堰，其修筑史会被上溯至明永乐年间，乃至东汉末年？这需从高家堰与陈公塘的关系加以探究。

二　“陈公塘为高家堰前身”之辨识

前述关于高家堰起源的说法，以东汉陈登修筑一说最为众所知，其主要依据在于陈登修筑陂塘，兴灌溉之利，故名陈公塘，而陈公塘即为高家堰的前身。说到陈公塘，明代以前的文献记载颇多，不过多指的是今扬州境内的陂塘设施。《舆地纪胜》载：“陈公塘，《广陵志》云魏广陵太守陈登所浚也。”[③] 陈公塘又名陈登塘、爱敬陂，《太平寰宇记》载：“爱敬陂，在县西十五里。魏陈登为广陵太守，初开此陂，百姓爱而敬之，因以为名。亦号陈登塘。”[④] 唐宋时期，随着长江下游滩洲的增长，及水流偏向南徙的变化，旧有河道严重淤塞，潮水不入扬州城内，需要借助塘水以济运，即“岁藉此塘灌注长河，流通漕运”[⑤]，所以唐宋扬州境内的陈公塘成为朝廷通漕运粮的水源取给地。

南宋绍兴四年（1134），为抗御金兵侵袭，使运河不为敌人所用，“毁拆真、扬堰闸及真州陈公塘”。迨战局稳定之后，宋廷恢复利用塘水济运的措施，淳熙九年（1182）淮南运判钱冲之对陈公塘加以大修，李孟传撰《重修陈公塘记》曰：

> 今敷文钱公既以郡最褒擢，督漕于此，适当连岁旱歉之余，以谓真之为郡，处得地所，枕江带河，东而会之，以达于淮，意其间殆有遗利而未复者。先是距真州扬子县二十里，有塘曰“陈公”，汉建安中广陵太守陈登所凿，周广九十余里，西南所至，全隶扬子，唯东北

① 《明世宗实录》卷393，嘉靖三十二年正月，台北中研院历史语言研究所，1962年影印本，第6897页。

② 姚汉源：《中国水利史纲要》，水利电力出版社，1987，第493页。

③ 王象之《舆地纪胜》卷37《淮南东路·扬州·古迹》，中华书局，2003年影印本，第1577页。

④ 乐史著，王文楚等点校《太平寰宇记》卷123《淮南道一·扬州·江都县》，中华书局，2007，第2446页。

⑤ 《宋史》卷97《河渠志·东南诸水下》，中华书局，1977年标点本，第2394页。

> 接扬之江都者，仅十之二。[①]

李孟传交代陈公塘的具体方位和行政归属，即真州扬子县东二十里，扬子县与江都县共管陈公塘水域，扬子县居十之八，江都县占十之二，这印证了前文《太平寰宇记》中将陈公塘亦记于“江都县”条目之下的合理性。凡此均在在证明，扬州境内的陈公塘，始建于东汉建安年间，唐宋时期它仍然在发挥重要的作用。明嘉靖以后，陈公塘堤渐决，塘遂亦遭废置。[②]

吊诡的是，与高家堰的始见记载时段相似，关于淮安境内的陈公塘，在明代以前的历史文献中也罕有记载，而多出现于明代中期以后。出现后，即将高家堰与陈公塘对接起来，从而形成“陈公塘为高家堰前身”这样的观点。较早述及“淮安境内的陈公塘”的是胡应恩，他在《淮南水利考》中记载曰：

> 汉献帝建安四年，下邳陈登为广陵太守，治山阳，筑塘为田，民享其利，号曰陈公塘。按史：登有威名，性兼文武，其所筑岂止于真州，凡淮扬之塘堰，必皆其遗惠也。[③]

广陵太守一度以山阳为治所，胡应恩认为陈登在此期间，曾实施“筑塘为田”的计划，径称其为陈公塘。他还特地提及真州境内的陈公塘，且反问道“其所筑岂止于真州”，由此可判断当时有不少人只识真州陈公塘，而不知“淮安境内的陈公塘”。同书同卷胡应恩援引前述李孟传《修塘记》全文后说：

> （陈公塘）宋因南渡而废，今修复之宜也。记中乃云趋拘挛之见，岂当时亦有异议邪？记中所言修筑之法，在淮扬为必用，岂独兹塘哉？按旧志，孟传为楚州司户参军，修境内陈公塘，则山阳之高加堰邪？非邪？[④]

---

① 李孟传：《修塘记》，《全宋文》卷5844，上海辞书出版社、安徽教育出版社，2006，第260册，第64页。

② 王士性：《广志绎》卷2《两都》，中华书局，1997年点校本，第28页。

③ 胡应恩：《淮南水利考》卷上，第281页。

④ 胡应恩：《淮南水利考》卷上，第292页。

此处胡应恩的“岂独兹塘哉”之语，看似巧妙地将真州陈公塘的修筑技法推广适用于整个淮扬区域，与前引“凡淮扬之塘堰，必皆其遗惠也”如出一辙。更重要的是，他依据“旧志”中“孟传为楚州司户参军，修境内陈公塘”的记载，将陈公塘与“山阳之高加堰”进行对接，形成了“陈公塘为高家堰前身”的最初表达。所谓“旧志”，可能指正德《淮安府志》或《明一统志》，这些志书中确有相关记载，不过这在《宋史·李孟传传》中已见记载，曰：“徐积墓在境内，芜没既久，加葺之。修复陈公塘，有灌溉之利。”① 《宋史》中的这则材料，在李孟传家乡的地方志以及李氏族谱等文献中被转引。②

著名地理考据学家阎若璩，是另一位论述“陈公塘为高家堰前身”的重要学者。他曾不无疑虑地说：

> 当时广陵太守《江表传》以为治射阳，则堰尤其密迩，为登筑复奚疑？独怪自建安五年至明永乐平江伯陈瑄治时，凡一千二百十五六年，中间并无有人云及高家堰者，岂湮废无迹与？抑堰止受洪泽诸湖，黄淮尚未合，而不闻其有溃决之患与？③

此处阎若璩既承认东汉建安年间筑高家堰，也指出明永乐年间陈瑄主管漕运时，对高家堰加以增修，只是对这“一千二百十五六年”期间，“并无有人云即高家堰”产生质疑。不过等到他读到《宋史·李孟传传》的时候，心中疑惑随之消解，曰：

> 及读《宋史》楚州司户参军李孟传加葺境内徐积墓，修复陈公塘，有灌溉之利。陈公塘即今高堰也，堰固不乏修治，第史文不备耳。同时，真州东有陈公塘，一名爱敬陂，漕臣钱冲之修复，门下李道传为作记。何一时而并举与？予于此别自有感矣。史称陈元龙才兼

---

① 《宋史》卷 401《李孟传传》，第 12176 页。

② 《上虞县志校续》卷 7《传目三·人物》，《中国方志丛书·华中地方》，台北成文出版社，1975 年影印本，第 201 号，第 614 页；《山阴天乐李氏宗谱》卷 10《行传·兴宗共上虞派》，清同治九年芳庆堂木刻活字印本。

③ 阎若璩：《释地余论》，《潜邱札记》卷 2，第 460 ~461 页。

> 文武，志在济民，其时吴寇压境，盖岌岌矣，乃能兴屯强兵，保障江淮，一南一北，水利永赖。①

可见，阎若璩也是借由《宋史·李孟传传》的记载，直接做出“陈公塘为高家堰前身”的判断，且认为高家堰自汉代建成以来，不乏修治，只是史料阙载而已。阎若璩还说到，东汉末年，魏国仍面临吴国发动的战争骚扰，江淮地区成为其边防重地，所以陈登大兴屯垦，发展农田水利，以加强军事战斗力，陈公塘的创建适时而生，这似亦合乎情理。不过需要强调的是，《宋史》中的记载应该是有误的，身为楚州司户参军的李孟传，确曾为钱冲之撰写重修真州陈公塘的记文，并未见及李孟传修陈公塘之事，更未提及“淮安境内的陈公塘”，《宋史·李孟传传》误将二者混为一谈。所以胡应恩、阎若璩所谓的“陈公塘为高家堰前身”的观点，其立论依据根本不能成立。另外，前文阎若璩说撰写钱冲之修复陈公塘一事记文的作者，是真州知州李道传，这也是错误的。结合淳熙九年（1182）钱冲之重修陈公塘以及李道传生卒年（1170～1217）、李孟传生卒年（1140～1223），可知撰写记文者为李孟传，而且记文末处曰：“于是州部之氓暨僚吏，咸愿纪公之成绩，皆以属孟传曰：‘子于公门下士，记事之成，惟子为宜书’。”② 由此亦可确知李孟传为钱冲之门人，撰写重修陈公塘记文为当然之事。

总体来说，对于扬州境内的陈公塘，在《三国志》等文献中虽未见及相关记载，不过唐宋文献中则有大量论述。而“淮安境内的陈公塘”，胡应恩、阎若璩等人均是依据《宋史·李孟传传》中的记载，首先依靠这一条孤证史料，就证明淮安境内建有陈公塘的史实，在论据层面是不充分的。更重要的是，《宋史·李孟传传》的记载本身存在错误，所以“陈公塘为高家堰前身”的观点根本不能成立，“淮安境内的陈公塘”纯属子虚乌有之事。退一步讲，即便淮安境内建有陈公塘，何以证明陈公塘就是高家堰的前身呢？陈公塘的具体位置在哪里，这样的问题胡应恩、阎若璩等人，均没有做出必要的阐述。本文认为东汉建安年间，陈登任广陵太守时，可能在今淮安境内确曾兴修水利，以便灌溉，不过当时并没有陈公塘的称谓。

---

① 阎若璩：《释地余论》，《潜邱札记》卷 2，第 461 页。

② 李孟传：《修塘记》，《全宋文》卷 5844，第 260 册，第 64 页。

三　高家堰与明代治河方略

依循陈公塘并非高家堰前身的理路，进一步追问为何会出现“陈公塘为高家堰前身”的观点，或许这从明代治河活动的展开与争议，可以粗窥其端倪。历史上，黄河素以“善淤、善决、善徙”的特性著称于世，自金明昌五年（1194）在河南阳武境内决口，开始了它南流夺淮入海的历史。黄河南流破坏了淮河流域原有的自然水系，极大改变了其所经之地的生态环境。元代以至明代前期，“黄河下游分成数股在今黄河以南、淮河以北、贾鲁河颍河以东、大运河以西的黄淮平原上不断泛滥、决口和改道”，不过黄河干流基本上维持在今开封、商丘、徐州一线，因为当时“黄河干流两岸地势南高北低”，极易出现北决阻塞运道的情况。[①] 至弘治年间，刘大夏修筑太行堤，黄河被人为固定地逼向淮河流域，以至于黄河南部区域的河道分流现象更加明显，淤塞与溃决的情况逐渐增多。诚所谓“淮、邳上下毒遭全河之害”[②]，淮安等地逐渐成为黄河水患最集中的地区。

嘉靖六年（1527）以后，“河流益南”，水流分三条岔道“入清河口”，此处清河口指的是大清口。随着黄河来沙的增加，清河口一带严重淤塞，桃源县境三义口亦淤塞不畅。自三义口淤塞之后，“河流南徙于清河县前，与淮水交会于小清口”[③]，“黄淮转折，直射清浦，淮南之患始殷”[④]，由于“黄强淮弱，横截河口，于是淤湖、淤运，百病丛出矣”。[⑤] 这种黄淮河患趋向严重的生态环境变迁，除了造成河患治理区域的重心转移，即由鲁南、徐邳转向淮安地区，同时亦直接导致了治河方略之间的往复博弈，主要集中于分黄导淮与筑堤束水攻沙的争论。

万历三年（1575），“河决砀山及邵家口、曹家庄、韩登家口而北，淮亦决高家堰而东，徐、邳、淮南北漂没千里。自此桃、清上下河道淤塞，漕艘梗阻者数年，淮、扬多水患矣。总河都御史傅希挚改筑砀山月堤，暂

① 邹逸麟：《黄河下游河道变迁及其影响概述》，《复旦学报》（社会科学版）1980 年第 S1 期。

② 顾炎武：《天下郡国利病书·山东备录上》，《顾炎武全集》，上海古籍出版社，2011 年点校本，第 14 册，第 1597 页。

③ 麟庆：《黄运河口古今图说》不分卷，《四库未收书辑刊》，北京出版社，1997 年影印本，第 9 辑第 6 册，第 4 页。

④ 潘季驯：《祖陵当护疏》，《河防一览》卷 14，第 1648 页。

⑤ 麟庆：《黄运河口古今图说》不分卷，第 4 页。

留三口为泄水之路。其东，并塞之”[①]。可见，对于黄淮水患的治理，傅希挚认为应该加筑堤防，增强抵御洪灾的能力。督漕侍郎吴桂芳则奏请：“另设水利佥事一员，专疏海道，而以淮安管河通判改为水利同知，令其审度地宜，讲求捷径，如草湾及老黄河，皆可趣海，何必专事云梯？”[②] 吴桂芳建议朝廷水利专员，治理黄河入海水道，主要通过新开或疏浚河道如草湾与老黄河故道，实现分黄入海的目的。在执行开河还是筑堤的问题上，诸位河漕大臣展开激烈的辩论。当时张居正主持朝政，起初试图协调两方意见，他说：“河、漕意见不同，此中亦闻之。窃谓河、漕如左右手，当同心协力。”[③] 不过治河问题仍得不到解决，最终朝廷裁撤总河都御史一职，任命吴桂芳统管河、漕，将二者合而为一，可见在这一轮辩论中，以吴桂芳为代表的开河一派占据上风。

不过分黄导淮之策确有弊端，接替吴桂芳任河漕尚书的潘季驯，曾直陈曰：“谓之老黄河故道，殊不知大河口去见行清口，仅五里许，至此复与黄会，何能遽杀清浦、泗州水势？若如近议，欲改从叶家冲、周伏三庄、瓦子滩，入颜加河，则自渔沟而北，又非老黄河故道矣深阔。”[④] 潘季驯认为，若开凿黄河入海新道，“必须深阔相类，方可注放”，若施以人力挑浚的话难度很大，不过借助水力自然可以冲刷泥沙入海，即以水治水。[⑤] 所以潘季驯督理治河后，大力推行他的筑堤束水攻沙之策，并提出著名的“治河六议”。万历六年（1578），潘季驯与江一麟等人组织大筑高家堰，筑成后“堰高一丈五尺，厚五丈，基厚十五丈”[⑥]，总堤长六十里，并在“堰中段大、小涧口一带，筑石工长三千丈”，“于旧堤以南接筑土堤，通长几及百里”。[⑦] 潘季驯在治理河患的过程中，不断积累经验，形成了“修堤束水、使之归槽、用水刷沙、以水攻水”相对成熟的思路，并且“通过修筑缕堤、遥堤和与之辅助的月堤、格堤的手段”，“找到了相对科学的治

---

① 《明史》卷 84《河渠二·黄河下》，第 2047～2048 页。

② 《明神宗实录》卷 47，万历四年二月癸未，台北中研院历史语言研究所，1962 年校勘本，第 98 册，第 1071 页。

③ 张居正：《答河漕傅后川》，《新刻张太岳先生文集》卷 29，齐鲁书社，1997 年影印本，第 201 页。

④ 潘季驯：《河议辨惑》，《河防一览》卷 2，第 221 页。

⑤ 《明史》卷 84《河渠二·黄河下》，第 2051 页。

⑥ 李春芳：《重筑高家堰记》，《李文定公贻安堂集》卷 3，第 86 页。

⑦ 武同举：《江苏水利全书》卷 5《淮一》，南京水利实验处，1950，第 1 页。

理途径，使随修随淤的问题得到了一定程度的缓解”。[①] 这些治河思想在明后期至清前期，在淮安地区河道治理与堤防建设中，得到较为系统的执行和实践。以今视昔，潘季驯无疑是明代中后期国家治河中的核心人物，从嘉靖四十四年（1565）到万历二十年（1592），他先后四次出任总河大臣，其间他经历了人生的起落浮沉，在万历六年（1578）三任总河时，形成了筑堤、束水、攻沙的治河思想，而高家堰无疑也成为其治河思想的核心载体。换句话说，是潘季驯造就了明代中期以后的高家堰，使它在中国河工水利史中占据重要的地位。

回到为何出现“陈公塘为高家堰前身”的问题上：假如东汉年间陈登确实没有修筑高家堰，或者即使筑有堤堰，而并非高家堰，为何明万历以后会将这一功绩转接于陈登身上？同理，平江伯陈瑄修筑高家堰，亦可作如是想。拿将之转接于陈瑄身上来说，这可能正是朝廷关于治河方略博弈与争论的侧面写照，即到底是分流还是筑堤？潘季驯等人肯定是筑堤的代表，那么高家堰自然成为其治水观点最恰当的表达，它的地位在逐步地被提升与拔高。诚然，高家堰的修筑在短期内具有一定的效果，不过也造成了泗州城的安全问题，“自有高堰以来，泗人之苦于水患极矣”[②]，泗州籍官员常三省先后联合其他乡宦，上疏奏呈泗州城被灾的具体情形，不过起初并未引起朝廷的重视。从地方的视角来看，高家堰大修后初期，水灾主要危害以泗州为中心的上河地区，随着泥沙逐渐淤积、河身逐渐抬高，高家堰对淮安、扬州等下河地区同样构成威胁，因此对于是修筑高家堰还是疏浚周桥等河道、建置闸坝等措施，淮河流域的上河地区与下河地区也存在较大争议，各地从各自的利益和立场出发提出治河方略。更重要的是，这些治河方略的博弈与争论，并不仅仅停留于地方利益层面，涉及祖陵与运道的安全时，常三省等人与潘季驯等人必然就展开事关国家利益的争论。[③]

而这些都是由大力修筑高家堰引致的结果，为此潘季驯等人必须做出必要的应对之策。此时潘季驯等人可能正好想寻求一位重要的治水名家，

---

① 牛建强：《明代黄河下游的河道治理与河神信仰》，《史学月刊》2011 年第 9 期。

② 光绪《泗虹合志》卷 16《艺文志》，《中国方志丛书·华中地方·安徽省 2》，台北成文出版社，1985，第 935 页。

③ 相关研究参见袁飞《士绅、地域与国家：明万历年间治淮活动中的利益冲突》，《社会科学辑刊》2008 年第 3 期；马俊亚《治水政治与淮河下游地区的社会冲突（1579～1949）》，《淮阴师范学院学报》（哲学社会科学版）2011 年第 5 期。

来宣扬与支持自己的观点，因而便找到了陈瑄，陈瑄在运河与漕运史上的地位无疑是极为显赫的，借此潘季驯等人意在说明高家堰在明初即已修筑，而且取得的效果是显著的，这对于朝堂之上与地方社会的治水争论是有重大益处的。所以，将高家堰修筑的事实，嫁接到陈瑄身上亦可以理解。至于陈登始筑陈公塘更具说服力，以此将高家堰的修筑历史追溯到东汉建安年间，说明筑堤防洪这种措施早已有之。虽然有学者指出即便陈登修筑陈公塘，当时仅仅是修堤工程，用于农田灌溉，并非“蓄水冲淤”①，不过这似乎无关宏旨，只要能说明东汉已筑有陈公塘即可，并以此来为当时修筑高家堰提供历史依据。

四　不应忽视的地方言论

修筑高家堰，除了是官员治河的主要策略，也是淮安城抵御洪水的必然需要。地方士民纷纷建言献策，表达保护城市与生民安居的诉求。明代中后期，黄淮水患对山阳城形成巨大威胁，“运渠卑隘，最易沙淤，淮地低洼，最易盈溢”②，一旦遇到水位暴涨，极易出现河“势与城垛平”的危情。③嘉靖三十年（1551），河淮大涨，新庄运口严重淤塞，后任河南巡抚的淮安人潘埙曾著《河防议》，其中有曰：“黄河自徐而来，逼近新庄闸口，黄沙易入，欲于福兴闸上下穿渠而南，又折而西，迂回稍远，开新口以引清淮，多置闸座启闭，庶隔沙淤。”潘埙建议在福兴闸附近开新运口，置设闸座，利用新河运输漕粮，不过这一建议并没有为大家所接受，“都御史唐龙、都督周于德用水平法准量新口地势，高于淮城，不可开。都御史王昶亦令山阳知县庄莅民勘议，庄议如周，且为宣达录言，将来若开此口，必无淮城矣。参政李元闻而是之，曰此河防正议也”④。可见从总河都御史和山阳知县，到以周于德和李元为代表的地方士绅，都不赞成在福兴闸开凿新口通漕，他们主要考虑的仍然是淮安城的民生安全问题。

取得代之的是，嘉靖三十一年（1552），都御史应槚开凿自新庄运口

① 马俊亚：《区域社会发展与社会冲突比较研究：以江南淮北为中心（1680～1949）》，第65页。

② 潘季驯：《查复旧规疏》，《河防一览》卷8，第629页。

③ 天启《淮安府志》卷13《河防志》，第580页。

④ 胡应恩：《淮南水利考》卷下，第310页。

至三里沟的新河以济运，并在三里沟新运口置设通济闸，以避黄水倒灌之患。不过“嘉靖以来，黄河经常夺涡入淮”[①]，三里沟新河仍遭受黄水倒灌，运口淤塞不通。隆庆四年（1570），淮河决高家堰，“淮湖之水涔洞东注，合白马、泛光诸湖，决黄浦、八浅，而山阳、高、宝、兴、盐诸邑汇为巨浸”。[②] 隆庆五年（1571），都御史王宗沐大力增修高家堰，并作记文曰：

> 郡地专受淮，故称淮安。势自西南，历清河而去，与南湖仅隔拳土。故高家堰有堤不治，而淮辄入湖，几受其半，淮、扬两郡皆困。终不治，则且妨漕。余惕焉，按之信然。乃檄守文烛，以军饷六千余金，致乡先生周君于德、君表，胡君效谟、君应恩筑焉。[③]

从这段材料可知，隆庆五年，王宗沐主持修筑高家堰，离不开当地士绅的参与。也就是说，诸如周于德、胡效谟、胡应恩等人，不仅对国家治河修筑工事提出建议，他们亦积极参与工程修筑的实践。毫无疑问，隆、万之际，治河官员包括地方知府、知县，以及致仕在乡的士绅，都一致赞成修筑高家堰，维护淮安城不受洪水冲击。这应该是整个里下河地区的士民声音，泰州人陈应芳的看法颇具代表性，他说：“隆庆三年，洪水大发，高堰决而淮黄之水入灌高、宝，以致黄土成淤，湖底益高，迄今为害二十年。职此之故，夫高堰方患其决，而可开周家桥以引之使入乎？则隆庆三年之害将复见于今。而前人护高家堰以防淮水之入者，岂虚设耶？”[④] 可见，修筑高家堰成为当时苏北淮、扬两府的共同愿望，这种愿望在王宗沐及万历年间潘季驯治河的过程，得到较大程度的实现。

这里需要重点关注的人，就是胡应恩。胡应恩，祖籍沭阳县，客居于淮安府城，号西畹，嘉靖年间贡生，官至广西合浦知县。系南津先生胡琏之长孙，家学渊源深厚，多留心致用之学，对农业水利知识尤为酷好。留存至今的著述，即为《淮南水利考》，该书辑录历代河渠志书中关于淮南

---

① 邹逸麟：《淮河下游南北运口的变迁和城镇兴衰》，《历史地理》第6辑，1988。

② 潘季驯：《河议辨惑》，《河防一览》卷2，第197页。

③ 王宗沐：《淮郡二堤记》，天启《淮安府志》卷21《艺文志一》，第856页。

④ 陈应芳：《与王盐法文轩》，《敬止集》卷3，《文渊阁四库全书》，台湾商务印书馆，1987年影印本，集部别集类，第577册，第60页。

水利的论述，依照编年方式编写，资料翔实，且对之加以评议，富有创见，为顾炎武《天下郡国利病书》悉数抄录。该书纪事年代止于万历五年(1577)，当时正值黄淮水患严重之际，包括胡应恩在内的淮安地方士绅，参与了王宗沐等人修筑高家堰等堤防工程的事务。《淮南水利考》中的内容应是他平时搜集水利史料，再融合个人水利知识与治水经验而成。对于黄淮灾害的治理，胡应恩无疑是主张修筑堤防的意见，高家堰自然成为他重点关注的对象。作为地方士绅代表的淮安人胡应恩，势必会抱持自己的地方立场，即对修筑高家堰大力支持，并以文字的形式加以阐述，由此形成了前文引述的《淮南水利考》中关于“陈公塘为高家堰前身”的最初表达。起初，这一观点可能并不具有充足的说服力，不过胡应恩恰好在《宋史》中，找到了宋代楚州司户参军李孟传修筑陈公塘的记载。虽然经过考证，这一记载有误，不过可以设想，当时胡应恩的这一论点，应该为筑堤一派注入强大的支撑力，其后万历年间潘季驯大修高家堰，以达到蓄清刷黄、束水攻沙的治河观点，也随之增加了更有力的依据。

结　论

高家堰是我国第四大淡水湖洪泽湖的东岸堤防，关于它的起源大致有三种传说，其中以东汉广陵太守陈登修筑高家堰说的传播度最广，接受度也最高；明初亦是高家堰修筑的关键时期，这主要指的是平江伯陈瑄曾增修之，凡此均有不少文献可资佐证，不过这些记载多出现于明代中期以后，尚未发现陈登、陈瑄修筑高家堰的一手资料。陈登确曾修筑陂塘，兴农田灌溉之利，史称陈公塘或陈登塘，不过这指的都是今扬州境内的陂塘设施，唐宋时期文献对此颇多记载。所谓“淮安境内的陈公塘”，被视作高家堰的前身，这种观点较早地出自胡应恩，他主要依据《宋史》中“楚州司户参军李孟传”“修复陈公塘”的这则记载，阎若璩同样依据《宋史·李孟传传》中的记载，直接得出“陈公塘为高家堰前身”的结论。首先，这一立论依据属于孤证史料，更重要的是《宋史》的记载应该有误，也就是说，李孟传曾为钱冲之撰写重修真州陈公塘记文，而《宋史》将之与李孟传重修陈公塘混为一谈，因此“淮安境内的陈公塘”纯属子虚乌有之事。

之所以会出现“陈公塘为高家堰前身”的记载，并将高家堰的修筑定位在东汉末年与明代初年两个关键节点，可能与明代中后期的治河方略有关。明嘉靖以后，高家堰所在的淮安府境成为黄淮水患最为严重的地区之一，在治河问题上各方意见杂陈，反复博弈，主要集中在分黄导淮与筑堤束水攻沙两派。吴桂芳等人主张疏凿旧河道、开辟新河道，达到分黄导淮的目的。潘季驯等人则主张筑堤束水、蓄水冲淤的策略。高家堰的修筑与否，无疑成为两派争论的主要问题。高家堰的修筑短期内取得重要效果，同时也造成了泗州以及淮安、扬州等州、府的水患问题。其时潘季驯等人希望借助明代漕运功臣陈瑄的威望，宣称他曾修筑高家堰，并取得了重要成效，为关于治河方略的争议增加话语权，属情理中事。而将高家堰修筑的历史，追溯至东汉陈登身上，亦可以作如是想。在这一问题上，还需要关注明中后期治河的地方立场，以周于德、胡效谟、胡应恩等人为代表的淮安地方士绅，不仅为国家治河活动提出策略建议，更直接参与了筑堤修防等工程的实践，他们的意见一定程度上影响了治河官员的决断。尤为重要的是，撰写《淮南水利考》的胡应恩，为较早论述“陈公塘为高家堰前身”的地方士绅，他的这一观点应该为明代治河中的筑堤一派提供了充分的历史依据。

（责任编辑：胡克诚）

庙堂与河工：嘉靖七年运河之议探微*

胡克诚**

内容提要 嘉靖七年，通惠河修浚与新河改道同时倡议、兴工，引发朝野广泛争论。结果前者“浚方四月，费才七千（两）”即克功成，而后者在完成工程量大半的情况下却被强令中止。此运河工程史上同归殊途的两段公案，命运迥异，发人深省。时任内阁首辅杨一清全面参与了“两河”工程之政治决策，并在其中发挥了重要作用。其存世文集中收录的奏疏、密疏等一手资料，对于重新审视两河工程的高层决策细节具有相当价值。

关键词 运河 通惠河 新河 杨一清

有明一代“国家财赋仰给于东南”，为了维持每年四百万石漕粮北运京师，明廷投入大量人力物力于漕河治理。其中嘉靖七年（1528）是明代运河工程史上的关键历史节点，通惠河疏浚与新河改道同时倡议、兴工，引发朝野广泛争论。结果前者“浚方四月，费才七千（两）”即克功成，而后者在完成工程量大半的情况下被强令中止，倡议人和主持人总河盛应期罢职闲住、郁郁而终，直到近40年后才再度启动、最终告成。此同归殊途的两段公案，命运迥异，发人深省。以往史家对两河工程的研究多系于河道工程本身及其倡议人、主持人的相关史迹，而对河工实施的政治背

* 本文为教育部人文社会科学研究青年项目“逋赋治理与明代江南财赋管理体制的变迁”（15YJC770013）的阶段性成果。

** 胡克诚（1981～ ），辽宁沈阳人，历史学博士，聊城大学运河学研究院副教授，主要研究方向为明清史。

景，特别是庙堂决策与河工进展的关系缺乏关注。① 值得注意的是，嘉靖初年时任内阁首辅的杨一清曾通过票拟、密议、奏对等方式，直接参与了“两河”工程之决策，并在其中起到了至关重要的作用。其存世文集中收录的奏疏、密疏等一手资料，对于重新审视两河工程的高层决策细节具有相当价值。

一 “大礼”与“新政”：嘉靖初年运河兴工的政治背景

高寿仙曾指出：“明世宗自外藩入继皇位，大力革故鼎新，为修复通惠河创造了机会。”② 此论言简意赅地归纳出嘉靖初年两大运河工程得以实施的深刻政治背景。

大礼议是嘉靖朝的头等大事，也是影响明嘉靖以降百余年间政治文化与政局走向的关键，历来受到学界关注。嘉靖七年的两河工程发生在大礼议两个关键历史节点——“左顺门事件”与《明伦大典》的颁布之间，当时“杨廷和派”前朝旧臣正遭到打击清算，被清出朝堂，支持世宗议礼观念的臣僚迅速占据要职。由此引发的明廷人事变动和“革新”契机同时出现。③

首先，已取得议礼关键性胜利的明世宗，作为由外藩入继大统的新帝，极力想表现自己不凡的执政能力，而地近京畿，自永乐以来，特别是成化、弘治、正德三朝始终悬而未决的通惠河修浚问题，正是其自我实现的试金石。是故世宗对该工程表现出了极大的兴趣和明确的支持态度。嘉靖七年五月二十七日，世宗降旨表彰吴仲等人开河之功时明确指出：“开浚通惠河，先朝屡经勘议、修理，未得成功。吴仲、何栋、尹嗣忠、陈璠等不出三四个月，工程就绪，粮运通行，勤劳可嘉！”④ 换言之，通惠河

① 目前学界相关研究中，只有胡吉勋的《通惠河的修浚及争议——兼论明代朝廷决策中的利益权衡》（《古代文明》2015 年第 2 期）一文曾以明廷政治决策的视角考察了明代通惠河修浚问题。

② 高寿仙：《奸豪阻挠抑或技术障碍——明代修复通惠河的曲折过程》，中国社会科学院历史研究所明史研究室编《明史研究论丛》第 11 辑，故宫出版社，2013，第 21 页。

③ 参见田澍、胡吉勋、王剑等学者关于“大礼议”的相关研究。

④ 吴仲：《通惠河志》卷下《奏疏·为计处国储以永图治安事》，载王云、李泉主编《中国大运河历史文献集成 44》，国家图书馆出版社，2014，第 246 页。

能否成功疏浚的“政治含义”要大于其实际带来的节省运费成本等经济效益。

其次，明廷中央高层经过“大礼”“大狱”的风潮洗礼，至嘉靖六年(1527)基本实现了“大换血”——包括内阁大学士杨一清（首辅）、张璁（次辅）、“七卿”桂萼、方献夫、李承勋、胡世宁及詹事府詹事霍滔、少詹事黄绾等直接或间接支持世宗议礼观念的大小臣僚全面占据高位。这套中央领导班子，或为公认的实干派元老重臣，或为年富力强的“议礼新贵”，特别是后者多为“骤贵”，作为当时廷议决策的中坚力量，希望实现“革故鼎新”的政治抱负，摆脱“幸进”的恶名，而两河工程恰逢其时。特别是嘉靖六年十月，世宗赐予内阁大学士杨一清、张璁、翟銮和吏部尚书桂萼“银图书”各二枚，许四人“密疏言事”，这种新型君臣沟通形式，在军国大事的最终决策过程中，往往具有决定性意义。于是，在这段“君臣相得”的融洽时光里，诸如修筑边墙（长城）及疏浚、改道运河等重大国家工程得以顺利启动。

二　“辅臣赞其议”：嘉靖七年通惠河修浚之议

通惠河位于京杭运河的最北端，主要指元代水利专家郭守敬于至元三十年（1293）主持开凿的沟通京、通水路交通的局部运河。但实际上，通惠河自元末明初以来长期处于淤废状态，明前期漕粮沿运抵通州后，需依靠车载陆运才能将其中部分送达京师。关于通惠河修浚之议，自永乐以来，特别是成化、弘治、正德三朝不断有人提出，甚至数次兴工，一度疏浚，但终因各种原因未果。直到嘉靖六年九月，由时任巡仓御史吴仲再次提议开河，经廷议批准，于次年二月兴工，六月告成。此次修复成功后，通惠河作为通州至京城间的漕运干线，一直沿用至清末。①

嘉靖九年（1530），因功升任处州知府的吴仲将所撰《通惠河志》上

① 目前学界关于明代通惠河的研究主要有蔡蕃《北京古运河与城市供水研究》（北京出版社，1987）、〔日〕新宫学：《通州・北京间の物流と在地社会—嘉靖年间の通惠河改修问题をてがかりに》（山本英史编《伝统中国の地域像》，庆応义塾大学地域研究センター丛书，单行本，2000，第11～49页）、高寿仙《奸豪阻挠抑或技术障碍——明代修复通惠河的曲折过程》、胡吉勋《通惠河的修浚及争议——兼论明代朝廷决策中的利益权衡》、金子灵《明代中前期京通地区漕运脚费初探》（《学术研究》2017年第5期）等论著。

报朝廷，经世宗批示，收入《会典》。[①] 是书刊载了嘉靖元年（1522）以来包括吴仲本人在内的御史言官所上关于通惠河修浚之议的奏疏及户、工二部覆奏和勘查报告，是明清以来研究通惠河历史的重要材料。但该志缺乏对当时明廷最高决策细节的记载。吴仲本人考述河工经过时称："嘉靖丁亥，臣巡视通仓，往来相度，因见水势陡峻，直达艰难，踵御史向信之言，为搬剥之说。恭遇皇上神明，言入即悟，贤宰相实力赞之，随命臣暨工部郎中何栋、户部郎中尹嗣忠、参将陈璠同往修之。"[②] 另外，是书卷首所载嘉靖三十七年（1558）明人汪一中所撰《通惠河志叙》中亦云："嘉靖初，我皇上赫然中兴，议礼制度，诸物咸备，旷代经济之略，尤所留心。乃有宪臣上疏言其事，辅臣赞其议，于是上命部臣以董其役。"[③] 这里提到的"贤宰相实力赞之""辅臣赞其议"，乃强调时任内阁首辅杨一清、次辅张璁等人的参赞决策之功。而杨一清等人文集中载有当时君臣之间的"密谕—密疏"原文，可补《通惠河志》之缺，也有助于我们更为清晰地观察通惠河修浚之议的政治决策过程，及其中一些鲜为人知的重要细节。

经过嘉靖六年九、十月间吴仲倡议，户、工二部勘查回奏并拟定了工程实施方案，世宗正式批准令春暖后兴工。可到十一月初却出现了一个"小插曲"——时任礼部尚书桂萼上疏对修浚方案提出质疑，建议放弃通惠河故道而另开同样在成化年间兴工未果的三里河：

> 惟正阳门外东偏有古三里河一道，东有南泉寺，西有玉泉庵，至今基下俱有泉脉，由三里河绕出慈源寺、八里庄、五箕花园一带，直抵张家湾烟墩港，地势低下，故道俱存，冬夏水脉不竭，见今天坛北芦苇园草场、九条巷，其地下者俱河身也，高者即旧码头，明白易见，不假经画，稍加修治，即可复也。但附近势家庄园，故成化六年（杨）茂虽尝建议而不敢尽言，但请置坝而已，后亦竟沮不行。成化十二年亦踏勘，而势家买通钦天监，以为地居京师子午方位为说，不知三里河乃在都城巽巳，实非子午也！今若诚按此修浚，则公私大船

① 《明世宗实录》卷116，嘉靖九年八月丙子，台北中研院历史语言研究所1962年影印本。

② 吴仲：《通惠河志》卷上《通惠河志考略》，第218页。

③ 吴仲：《通惠河志·叙（汪一中撰）》，第211页。

> 俱可抵三里河，不但便般剥而已！[①]

世宗随即以密谕将桂疏转发首辅杨一清和次辅张璁咨询。杨一清在密疏回复中明确否定了桂萼的意见，指出“其论若善，而实不可行也！”杨一清以亲历者身份向世宗介绍了成化年间朝廷修浚通惠河的成败往事：

> 成化十二年，平江伯陈锐修浚（通惠河）已通，粮船俱至庆丰闸下。京城士女尝见舡者，皆携持酒具，相约往视，道途络绎不绝。沿河两岸，都城内外人民，争先占地，搭盖铺面，以图贸易。臣时在朝为从臣，盖亲见之。今之论者，皆生于数十年之后，道听途说，以求立异于人，非真有所见也。使陈锐之策相继而行，则至今将为伟观矣。奈何张家湾、通州之人，恐失店房买卖之利，又以车脚为生者恐失驼载之利。彼皆多与势要相通，偶因时有黑眚之出，遂鼓其说以动摇国是，乃至中止，识者惜之。其后，任事之臣屡请修复，皆为异议所阻。

杨一清认为桂萼标新立异之说，“盖亦为营利之人所惑，故欲为此不可成之役，以阻今可为之事而已”。随后，杨一清逐条驳斥了桂萼奏疏中的观点，认为全长五十里的通惠河分摊京、通间的五十尺高差，所谓“高屋建瓴”的影响实际微乎其微；而改开三里河与修浚通惠河故道相比，无论在经费成本还是河工难度上，都较后者高出“不止二十余倍”；此外，新开三里河道，还有“都城方隅之忌，天坛逼近之妨，损人园田，破人庐舍”等弊端，因此强烈建议世宗“坚持前说，使异议自消”，并强调“张璁之意论，盖与臣合”。世宗回复：“览卿密疏，具见忠爱。朕居深宫，外面事情何由得知？卿辅导元臣，正当直说，庶不失了政事。萼所奏，必有撼言，伊则听信，不但误了朝廷事，亦失了大臣谋国之意。彼疏朕看数遍，亦知不可。欲直拒之，非待大臣之意，故于卿等票来行，意在其中矣。”[②]

与此同时，次辅张璁的密疏回奏也与杨一清意见基本一致，他还特别

---

① 桂萼：《文襄公奏议》卷2《论开浚河道疏》，《四库全书存目丛书》史部·第60册，齐鲁书社1997年影印本，第72~73页。

② 杨一清：《杨一清集·密谕录》卷7《政谕下·论开浚河道奏对》，中华书局，2001，第1048~1051页。

从历史经验和军事防御角度强调了修浚通惠河的必要性："臣闻积储天下之大命，今京师半在通州，甚非所宜也！尝闻正统十四年北虏入寇，迫近京师，彼时户部尚书金濂、于谦以通州储积米多，虑为北虏所据，令军民搬运入京，首一日令运得二石者，以一石入官，一石入已，次日令运得者俱入已，又次日搬运不及纵火并积草焚之，使虏无所得，此通州已然之明患也！"[①] 进一步坚定了世宗维持前议的决心。《明史·河渠志》关于这段往事亦有如下记录：

> 嘉靖六年，御史吴仲言："通惠河屡经修复，皆为权势所挠。顾通流等八闸遗迹俱存，因而成之，为力甚易，岁可省车费赀二十余万。且历代漕运皆达京师，未有贮国储于五十里外者。"帝心以为然，命侍郎王軏、何诏及仲偕相度。軏等言："大通桥地形高白河六丈余，若浚至七丈，引白河达京城，诸闸可尽罢，然未易议也。计独浚治河闸，但通流闸在通州旧城中，经二水门，南浦、土桥、广利三闸皆阛阓衢市，不便转挽。惟白河滨旧小河废坝西，不一里至堰水小坝，宜修筑之，使通普济闸，可省四闸两关转搬力。"而尚书桂萼言不便，请改修三里河。帝下其疏于大学士杨一清、张璁。一清言："因旧闸行转搬法，省运军劳费，宜断行之。"璁亦言："此一劳永逸之计，萼所论费广功难。"帝乃却萼议。[②]

可见，正是在杨、张两位大学士的推动下，世宗最终否定了桂萼的新提案，使得通惠河修浚工程得以顺利开展。此即时人强调的"辅臣赞其议"之谓。

除此之外，学界关于通惠河研究的一个重要争议，即明初至嘉靖七年的百余年间，通惠河何以屡修不成？对此，日本学者新宫学认为主要来自把持京通陆运的既得利益集团，包括盘踞通州张家湾的"车户"等"在地社会"及其背后的宦官、勋戚和京师豪强的暗中阻挠。[③] 胡吉勋在此基础

① 张璁：《谕对录》卷2《谕张尚书·看票庶吉士疏及修浚河道》、《谕张尚书·改录修浚三里河》，《四库全书存目丛书》史部·第57册，齐鲁书社，1997年影印本，第72~73页。

② 《明史》卷86《河渠志四·运河下》，中华书局，1974年标点本，第2111~2112页。

③ 〔日〕新宫学：《通州・北京间の物流と在地社会—嘉靖年间の通惠河改修问题をてがかりに》，第11~49页。

上提出，明代通惠河修浚维护牵涉到地方与朝廷的矛盾，朝廷内部各部门之间的冲突与协调，以及皇权与文官系统的矛盾和博弈。因此相关的决策，实为多种利益权衡之后的结果。[①] 高寿仙则将明清以来的主要观点归纳为"奸豪阻挠"与"技术障碍"，强调前者仅仅是一种"权威表述"，后者才是本质原因。[②] 上述观点各富创见，一定程度上勾勒出了明代通惠河修浚之议的复杂轮廓。本文在此基础上更换一种思考角度，即探究嘉靖七年由吴仲倡议主持的修浚工程何以能够取得成功？

笔者认为，除了本文第一部分指出的嘉靖初年深刻的政治背景——大礼议与嘉靖新政，一定程度上扫除了阻挠修浚的"奸豪"或其政治靠山之外，还有一个重要因素向为学界所忽视，即通惠河修浚工程的倡议人和主持人吴仲背后实际存在一位重要的政治靠山——内阁首辅杨一清。

通过对比杨、吴二人在嘉靖初年的政治履历可知：杨一清于嘉靖五年五月由三边总制还朝入阁，吴仲恰于同年六月由知县选授为御史[③]；六年二月杨一清升任内阁首辅，同年九月吴仲授命巡视京通仓储并正式提出修浚通惠河之议。除了仕途履历的同步交集外，二人在嘉靖五至八年政坛上也确实存在数次默契"配合"的实例：

首先，在嘉靖六年十一月，除上文提到的杨一清通过密疏驳斥桂萼改开三里河之议为吴仲保驾护航之外，杨一清门下的另一位重要代言人——工科给事中陆粲[④]亦曾上疏极力支持吴仲之议[⑤]。

其次，嘉靖七、八年间，杨一清等人正积极策划整顿京军团营，其中一项重要内容是将蠹政害民的提督团营武臣郭勋清出团营[⑥]，而就在通惠河修浚工程即将启动的前夕，身为监察御史的吴仲恰于嘉靖七年正月第一个上疏弹劾郭勋京营诸不法事，"且言勋借口'大礼''大狱'益骄纵自

① 胡吉勋：《通惠河的修浚及争议——兼论明代朝廷决策中的利益权衡》，《古代文明》2015年第2期。

② 高寿仙：《奸豪阻挠抑或技术障碍——明代修复通惠河的曲折过程》，第16～31页。

③ 《明世宗实录》卷65，嘉靖五年六月甲寅。

④ 按，关于杨一清与陆粲的关系，参见胡克诚《嘉靖八年内阁之争发微》，《辽宁师范大学学报》（社会科学版）2014年第3期。

⑤ 陆粲：《诏修浚通州闸河议》，陈子龙等《明经世文编》卷290，中华书局，1962，第3065～3066页。

⑥ 参见胡克诚《杨一清与嘉靖年间清理团营风波》，《兰台世界》2013年2月下旬。

恣，举朝无敢议之者，请解勋兵柄按治其罪”①。明人唐顺之曾将弹劾郭勋之奸与请开通惠河之议归纳为吴仲担任御史期间最为重要的两大功绩：“始，柄臣掌营兵，怙势为奸利，士大夫以为隐忧，而公慨然上疏攻之，其言明白切痛，多人之所难言，已而相继攻之者益众，然或过激不足取信，而柄臣益恣不悛。后天子亦自烛其奸，下之狱以死。盖去公上疏时十五六年，而公之言验矣！”② 吴仲这次弹劾是否为配合杨一清清理团营的行动虽尚难确证，但当时吴仲虽被世宗指责为“因假大礼、大狱倾陷勋臣”，却并未获罪，仍得以主持河工，其背后则很可能有杨一清等重臣的暗中保护。

再次，嘉靖七年（1528）七、八月间，杨一清与张璁的内阁首辅之争逐渐走向明朗化，双方及其支持者开始互相攻讦。③ 当年九月，吴仲突然上书“引疾请告回籍”，结果“上以其有所推避，不许”。④ 此时距离吴仲修浚通惠河功成仅两月，他因何请辞？果真有疾？而嘉靖帝指责其“有所推避”又具体何指？是否是因其“杨党”身份卷入首辅之争的旋涡难以自拔，不得已试图退出朝堂以求自保？

到嘉靖八年（1529）八月，在杨一清与张璁、桂萼的内阁之争的关键时刻，吴仲又紧随陆粲之后上疏弹劾包括杨一清政敌王琼、黄绾在内的“张、桂党羽”数十人。九月，局势逆转，杨一清被迫致仕，曾弹劾张、桂者均遭到不同程度的清算，其中陆粲被贬官为贵州都镇驿丞，吴仲亦被罚俸三月。⑤ 九年（1530），杨一清病逝家中，吴仲随即遭外调——“升任”浙江处州知府；十二年（1533）升湖广布政使司左参政，次年又升南京太仆寺少卿，直到致仕也未能再回朝为官。对此，明人王穉登曾指出：“敝邑吴太仆（仲）先生，当世庙时为御史，建议开通惠河，河成，岁省国储十余万，绩甚伟。以忤权相，出刺栝（处州），栝人至今思之，如郑民之爱国乔也。”⑥ 明言吴仲升处州知府实为“忤权相（张、桂）”的结

---

① 《明世宗实录》卷84，嘉靖七年正月辛巳。

② 唐顺之：《荆川集》卷6《剑泉奏议集序》，《影印文渊阁四库全书》，台湾商务印书馆，1986，第1276册。

③ 参见胡克诚《嘉靖八年内阁之争发微》。

④ 《明世宗实录》卷92，嘉靖七年九月甲午。

⑤ 参见胡克诚《嘉靖八年内阁之争发微》。

⑥ 康熙《通州志》卷1《建置志·祠庙·通惠祠》，《中国地方志集成·北京府县志辑6》，上海书店出版社，2002，第624页。

果。嘉靖四十五年（1566），通州官民为纪念吴仲开河之功，建通惠祠祭祀，北直隶提学颜鲸撰《通惠祠碑记略》云："公（吴仲）之发（开通惠河）议也，犯诸权贵所畏恶而不以为惧，持衡中坚，事集论定，成百代之伟绩而不以为德，劳苦功高，身竟外补，再官太仆，早已挂冠，而不以为悔。"① 亦是对以吴仲开河之功却遭外调，明升暗降，早早致仕而鸣不平。

综上所述，笔者推测，吴仲在嘉靖六、七年间倡议并主持修浚通惠河能够成功的重要原因之一，正是依靠内阁首辅杨一清在背后的大力支持。吴仲是名副其实的"杨党"成员，其仕途成败与嘉靖七年前后的内阁党争息息相关。

三　"修省"与"停工"：嘉靖七年新河之议

"新河"是相对于元代以来位于昭阳湖以西的沛县旧运道而言，其主体工程是从鱼台县南阳镇至沛县留城间的一百六十里河道，故又称"留城新河"或"南阳新河"，因其南端经过的沛县夏镇（夏村）很快发展成新的漕运重镇，故新河又被称为"夏镇漕渠"。明中期的新河之议源自嘉靖初年的（黄）河坏运道。嘉靖五年（1526）秋，黄河决口，淤塞沛县运道，时任总理河道工部侍郎章拯及管河郎中丘茂中、李煌等人一面奉命疏浚运道，一面责令漕船暂借昭阳湖行运。但历时一年，耗费大量人力物力而疏浚贯通的运道却在嘉靖六年六月再次因黄河决口而淤塞，"沛县地方沙泥淤填七八里，粮船三千余只阻不能进"。巡仓御史吴仲、给事中张嵩遂对章拯等人的治河理念和实施效果提出质疑与弹劾，建议换将。工部亦覆请"举大臣才望素著者一人总其事，河南山东守臣及藩臬等俱听节制，复选郎中主事各一人为之协理"②。于是当年七月，朝廷升致仕工部右侍郎盛应期为都察院右都御史，总理河道。③ 十月，廷臣围绕治河保运方略展开广泛讨论，时任光禄寺少卿黄绾、詹事府詹事霍滔、方献夫、刑部尚书李承勋、左都御史胡世宁等各抒己见，"言人人殊"。其中胡世宁、李承勋提出，与其事倍功半地反复疏浚旧河道，不如于昭阳湖东岸高地开凿新

① 康熙《通州志》卷 12《艺文志·通惠祠碑记略》，第 462 页。

② 《明世宗实录》卷 81，嘉靖六年十月壬申。

③ 《明世宗实录》卷 78，嘉靖六年七月壬寅。

河，避黄行运，一劳永逸。[1] 世宗心动，令户、工二部及新任总河盛应期勘查回报。七年正月，盛应期正式上疏力赞新河之议，并立下用夫六万五千人，银二十万两，工期六个月的“军令状”。此议得到世宗君臣一致认同，新河工程正式启动。[2] 然而，此役在兴工四个月、已完成计划工程目标大半的情况下，却突然被朝廷叫停：

> 是时，总理河道都御史盛应期疏浚昭阳湖东一带新河，工已及半，会旱灾修省，言者多为新河之开非计，诏罢其役，并罢诸治河官。应期请俟秋深，果旧河通流则已，如仍有阻碍，须终新河之功，为经久利。户部请从之，且言河道总理官不可罢。得旨：应期回京别用，另选忠诚才望大臣代之。竟罢新河之役。[3]

查相关资料可知，嘉靖七年四月初九日，世宗以“比岁灾异屡见，欲求弭除之方”，令中外臣工各自“修省”，于是吏部等衙门尚书桂萼等以修省会议条陈十二事，其中有一条“边墙运河”，即建议暂停长城、运河两大工程：

> 臣会议得，近该大臣、言官因河运浅塞，边报紧急，议遣大臣提督，改造兴修（边墙），皆为国远谋，甚盛举也。但当时议拟未及会计，所费及今，行之颇觉烦劳，山东、河南、陕西之民有不堪命。合无先敕兵部取回，见差勘处，行边左侍郎王廷相，将应议事宜转委该边守、巡等官，勘计奏请，待年丰时暇，次第行之。运河一事，则祖宗计处，行之已久，累遭决塞，不过仍旧修筑，未闻遂至误事。今闻所浚之地，旧日积沙已为泉水冲去，而黄河泥淤亦已支流减杀，运河已大通矣！合无行令见差管河都御史盛应期，且将坏河堤加筑坚实，新般泥土量移远地，而黄河支流如孙家渡等处，亦令河南守巡等官仍旧加功，则所省百倍而成功尤速矣！即今盛应期亦言旧河已通，此可以验其实矣。然两省之夫当尽散归农，不令有妨穑事乃可。臣等又议

① 《明世宗实录》卷81，嘉靖六年十月壬申。

② 《明世宗实录》卷84，嘉靖七年正月乙酉。

③ 《明世宗实录》卷90，嘉靖七年七月壬午。

> 得，河南、山东四都司，春秋二季京操官兵共将及四五万人，合无审非灾伤地方，不免京操者，暂借一季，免其来京，就令各营管操人员押送二处，悉付二省都御史分遣修筑，仍将见在官钱量给工价，则公家于河道易通，军士于荒岁易度，而两省小民一旦按堵矣。①

随后，世宗对此奏批示："灾异迭见，委因百姓不安所致，卿等所言俱见体国恤民至意，俱令所司议行。"② 但随后竟演变为停工罢役、遣散民夫，及将盛应期等取回、罢官的结果。

除上述文献介绍的新河停工事件大体经过之外，我们从杨一清的文集中所载嘉靖七年的三道奏对③中，亦可窥见当时世宗君臣的主要观点、实施细节和决策过程。

首先，杨一清三道奏对的背景正是当年四月吏部等衙门"停工一修省"提议后，世宗令户、工二部行总河、总漕等一线官员讨论新河工程应否暂停。不久，总漕都御史唐龙、漕运总兵官杨宏及总河盛应期应诏回复，提出为宽恤民力，可以暂停河工，将调到夫役散令及时务农。但世宗批示："这修河工程即便停止，夫役都着放回，各官取回改用。"作为内阁首辅，杨一清对这种"一刀切"的做法并不认同，强调如此处理，"以为恤民，诚善矣，为漕运计，则不可不熟虑也！"进而提出两条建议：一是撤柯留盛，"仍责成总河盛应期督同分理南北河道郎中并山东、河南原委二司官员，将沛县旧河增筑渠堤，务要坚厚，挑浚水道，务要深阔，并杀上流、遏傍冲等项悉心整理，必使军民粮运进鲜等项船只通行无阻，不止目前无虞，务使日后足恃"。二是暂且搁置改道争议，待到秋汛再依据实际情况随机应变："到于八九月间，若黄河仍前横决，渠堤复冲，运道又塞，仍会同漕运都御史、总兵等官，或依其所拟，查调河南、山东等都司并淮、扬各卫京操官军免其赴班，委官督令赴工，或仍催调原起各该地方夫役接续前工，务臻成绩。先期会奏，上请施行。"但世宗仍一意孤行。君臣间的争议主要围绕以下两点展开。

其一是对河工主持人盛应期和柯维熊二人的认识和处理。杨一清认为

---

① 桂萼：《文襄公奏议》卷3《修省十二事疏》，第89页。

② 《明世宗实录》卷87，嘉靖七年四月庚午。

③ 杨一清：《杨一清集·阁谕录》卷2《论漕运开河奏对（一）、（二）、（三）》，第859～867页。

盛应期的主要问题是用人失误，欲速不达："又委用柯维熊等，专务严急，以求速效。明知盛暑将临，不将人夫暂为疎放，以致物议沸腾，怨声载道。比因修省，廷臣会议首及此事。柯维熊恐责将归己，乃开具揭帖，投送各衙门，归咎他人，以掩己过。不知首建此议者推欤？督工敛怨者谁欤？"[①] 明确指出苛政害民的主要责任人乃是反复无常的柯维熊，因此建议撤柯留盛。此外，杨一清还强调，新河改道是当初廷议的集体决策，如胡世宁、李承勋、霍滔、黄绾等高层都是重要支持者，因此不应把过失全部加在工程主持人盛应期身上。其后，为保盛应期，胡世宁也上疏控诉柯维熊是"反复变诈，阴陷大臣，私误国事"的罪人，并不惜以新河"首倡人"名义自弹揽过。[②] 杨一清对此则明确表示赞同："而臣等所见，略与之合"，并进一步指出此举"非欲为盛应期之地，实恐沮将来任事之志，且以为它日运河国计缓急之谋耳！"[③] 但世宗不为所动，更倾向于听信柯维熊对盛应期"恣纵自肆"的控诉，一定要将盛、柯二人一并取回、罢官。不久又令盛应期"以恩诏复职致仕"[④]，算是对胡、杨等人意见的部分认可。

其二是针对总督河道官职的置废。世宗强调"总督河道官原非定制，又非祖宗成法，不过暂设，岂可相继？"主张将其归并于总漕。但杨一清认为总河之职自弘治以来常设不缀，沿袭已久，与总漕各职有所专，不能因人废职。如一定要撤回盛应期，也应选派其他大臣接任。"故新河之役可止而旧河不能一日不用工，新差郎中可以取回而提督堂上官似不可缺。盛应期不堪，易用其人可也，废其官则不可也。一时之劳费不足惜，而百年之运道为可忧。"最终，世宗还是听从了杨一清的建议，另差工部右侍郎潘希曾兼都察院左佥都御史，继任总河。[⑤]

综上所述，嘉靖七年新河之议之所以出现反复，归根结底是世宗君臣对疏浚旧河还是改道新河仍犹豫不决。同通惠河修复之议相比，新河工程的"政治内含"要弱得多，主要基于当时突发的黄河决口导致的漕运危机考虑。而中央高层对沛县运河的重视程度实际高于通惠河。如桂萼在建议开三里河代替修浚通惠河时曾明确指出："窃以为，运河之浚，有缓有急，

① 杨一清：《杨一清集·阁谕录》卷2《论漕运开河奏对（二）》，第864页。

② 《明世宗实录》卷92，嘉靖七年九月己卯。

③ 杨一清：《杨一清集·阁谕录》卷2《论漕运开河奏对（三）》，第867页。

④ 《明世宗实录》卷188，嘉靖十五年六月丙午。

⑤ 《明世宗实录》卷90，嘉靖七年七月辛卯。

方今所急，沛河为最，白河次之，三里河又次之。合无先急沛河之工，次开白河之浅，次及三里河，以直达京师，尤为得缓急之宜者！”[①] 杨一清对此亦表示赞同，在密疏中指出：“萼谓‘今河议以沛河为先’，以论确是！陛下已命大臣经理，但近日论说不一，使人无所持循，要在付之提督者，听其审处而力行之可也。”[②] 相对于河道、闸座俱存，长度仅五十里的通惠河来说，全长一百六十里以上的新河工程，无论在用工量、经费成本，还是影响范围上，都远非前者可比。当时旧河道已经疏通，改道并非维持漕运的唯一选择，因此新河工程的主持人与中央决策者所承担的政治风险和遭遇的阻力要远高于前者。[③] 故《明实录》赞曰：“留城新河之浚，实漕道永利，应期创议而挠于浮言，功无成而败，盖首事之难如此！”[④] 胡吉勋在总结明朝通惠河疏浚争议时强调，其背后牵涉到朝廷内部以及朝廷与地方势力的角逐，“这种类型的角力使得古代中国的公共工程的成本和效益并不是按照最优化的方向进行配置，而在很大程度上受到各种利益博弈的影响”。[⑤] 嘉靖七年的两河工程正是在此影响之下走向了曲折的殊途。

（责任编辑：朱年志）

---

① 桂萼：《文襄公奏议》卷2《论开浚河道疏》，第73页。

② 杨一清：《杨一清集·密谕录》卷7《政谕下·论开浚河道奏对》，第1050页。

③ 近四十年后嘉、隆之际，由时任工部尚书朱衡成功主持了第二次新河之议，在施工过程中同样遇到了诸多阻力，屡遭弹劾，最终侥幸成功（参见《明史·河渠志》《朱衡传》等资料）。

④ 《明世宗实录》卷188，嘉靖十五年六月丙午。

⑤ 胡吉勋：《通惠河的修浚及争议——兼论明代朝廷决策中的利益权衡》，《古代文明》2015年第2期。

储才与备用：清代河工效力制度研究*

王玉朋**

内容提要 河工效力制度起于康熙中后期，雍正年间获得推广，乾隆年间渐趋完善。该制度对效力人员的政治出身要求并不严，但要求身家殷实。针对升迁壅滞问题，清廷将效力人员数额定额化，并进行严格筛选和考察。为防止浮冒钱粮，特别规定效力人员不能经手钱粮事务，起备用差遣的作用。

关键词 河工　治河官　效力制度

清代河政参与者包括有正式官职的现任官和没有官职的效力人员。① 学界较多关注河政体制中有正式官职的在籍官员，对扮演重要角色的效力人员及相关运作机制，至今无人深入研究。②

---

* 本文为山东省社科规划项目“清代山东河工经费研究”（项目编号：16DLSJ03）的阶段性成果。

** 王玉朋（1986～ ），山东肥城人，历史学博士，聊城大学运河学研究院讲师，主要研究方向为明清史、运河区域史。

① 文献中多处提及河工效力人员。如《世宗宪皇帝硃批谕旨》卷30载：“桃汛在即，一切工程事宜，有嵇曾筠亲督印河各官、效力人员办理，无烦睿虑。”同书卷174：“目前正当夏汛，于现任及效力各员中，求其能胜任此任者，实鲜其人。”

② 涉及河工河政研究的成果有：卢勇、王思明：《明清时期黄淮河防管理体系研究》，《中国经济史研究》2010年第3期；贾国静：《清代河政体制演变略论》，《清史研究》2011年第3期；江晓成：《清前期河工体制变革考》，《社会科学辑刊》2015年第3期。以上成果均未对效力制度有深入研究。

一　效力制度目的与沿革

弥补实职河务官不足是效力制度直接出发点。黄河、运河两岸堤工绵亘数千里，汛远工多，名色繁多，工程浩大，修守防险，纷繁复杂。大汛经临，修防更为吃紧，需充足人力，投身防险，奔走效劳，方不致贻误。然而，领取俸禄的实职河务官，南河89缺，东河113缺[①]，凭这些力量无法开展大规模河工，亟须人员补充。副总河嵇曾筠深有感触：河南境黄河“南北两岸，堤长一千三百余里，其间工程遥远，河务浩繁，固非臣所能独办，亦非寥寥十数河员，便能分理，一应奔走往来，不得不收效力微员，以供驱使，以资防护”。[②] 黄、运河工修防繁重，治河人员须掌握水利知识，娴习治河技术，才能胜任。然而，科举取才导向下，读书人娴熟儒家经典，多不习水利知识、治河技术。吸纳读书人效力河工，参与河工修防，掌握治河技能，也是效力制度推行初衷。概言之，“河工效力人员，重在储材备用”。[③]

康熙中后期，河道总督开始使用效力人员协助治河。此举最初是河道总督私人行为，后逐渐获朝廷认可，并予推广。康熙三十九年（1700），康熙帝巡视永定河工，见工程浩大，倚赖现有河务人员，难以竣工，遂下旨准许革职官员等投工效力，公开推行效力之制。[④] 此后，永定河大工，效力人员自愿捐资，赴工出力，未动国库帑金。后经费不足，难以竣工，康熙帝特下谕旨，免除效力人员赔补的责罚。在康熙帝允准下，效力人员数额越来越大。四十二年（1703），永定河两岸，除分司二员、正笔帖式十八员、副笔帖式十八员等正额官职外，情愿在工效力之人数额庞大，超

---

① 《南河成案》卷5，《中华山水志丛刊·水志》第26册，线装书局，2004，第216页。南、东、北三河实职官额数后有所变动。乾隆年间，南河额设厅、汛佐杂各官100缺，东河104缺，北河87缺（《题为甄别留工效力人员以重河防事》，中国第一历史档案馆藏档案，档案号02-01-03-05129-015）。

② 嵇曾筠：《奏请造就河工人材折》，《雍正朝汉文朱批奏折汇编》第3册，江苏古籍出版社，1991，第461页。

③ 康基田：《河渠纪闻》卷18，《四库未收书辑刊》第1辑第29册，北京出版社，1997，第494页。

④ 《仁皇帝圣训》卷35《治河三》，《景印文渊阁四库全书》史部第411册，台湾商务印书馆，1986，第561页。

过正额官职，渐呈冗滥之势。[①] 效力人员冗滥，导致“缺少人多”，题补正缺越来越难，竟有人提议效力人员通过掣签方式，“各听天命”，题补正额官职。[②]

雍正登基后，继续在河工中扩大使用效力人员，并逐步规范相关效力程序。雍正元年（1723）六月，雍正帝特下谕旨，“八旗汉军、现任官员、捐纳候选及诖误革职官员”，有情愿效力河工者，可尽速递呈工部审核，工部负责将其中家道殷实人员挑选十余人进行引见，之后交总河、副总河带往工地使用。[③] 在此，效力人员涵盖旗人、捐纳候选官、现任官及革职官员，还开始实行引见制度。

雍正年间，针对河工效力人员出台一项基本限定条件——身家殷实。效力人员是否科考出身，要求并不严格，“多有捐职、考职，本属虚衔，原以河务需人，不拘资格，准其收录”[④]，但对身家要求极严。原因是河工差繁费重，遇紧要工程，效力人员不仅没俸禄，还要捐部分家资资助河工，分段承办部分工程，完成稍不如意，就要被罚参赔，数额比较浩大。这种负担远非一般家庭所能承受，因此家境殷实是基本要求。况且效力人员一旦选用河工，有时经手钱粮，“若非身家殷实之人，难免亏挪，及工程不固之弊”[⑤]。为确保效力人员出自殷实家庭，清廷出台了严格措施。雍正年间规定，效力人员在部选环节，须出具同乡中主事以上的京官担保身家殷实的印结，审核通过才能赴河工效力。到任后，上司官员还要继续审核，“将果否家道殷实之处，行文移查本籍地方”，实力盘查。若查明存在舞弊造假，将本人及出结之同乡官，一并革职；若有贿赂等情况，严厉审明，按律治罪。[⑥]

乾隆年间，效力制度最显著变革——效力人员定额。最初，对效力人

---

① 李光地：《榕村集》卷27《请汰河工冗员疏》，《景印文渊阁四库全书》集部第1324册，台湾商务印书馆，1986，第902页。

② 傅泽洪：《行水金鉴》卷169，《景印文渊阁四库全书》史部第582册，台湾商务印书馆，1986，第614页。

③ 《世宗宪皇帝上谕内阁卷》卷8，《景印文渊阁四库全书》史部第414册，台湾商务印书馆，1986，第83页。

④ 《清高宗实录》卷117，乾隆五年五月丙辰，中华书局，1985，第700页。

⑤ 孔毓珣：《奏请拣发曾经出任候补人员并降调河工效力折》，《雍正朝汉文朱批奏折汇编》第17册，江苏古籍出版社，1991，第435页。

⑥ 《清世宗实录》卷79，雍正七年三月丁巳，中华书局，1985，第30页。

员没有严格的数额限制，河督多据当年汛期河工规模，酌量征聘一批人员效力，人数较为随意，缺少限制，后来开始呈泛滥之势。总河齐苏勒在雍正二年（1724）前，拣选题留210员后，又陆续留工或70余员，或40、50余员，随意性很强。[①] 南河总督孔毓珣也直言效力人员，“河臣每次酌量保题，原无定额”。[②]

效力人员大量壅滞导致补缺差遣遥遥无期，效率低下。针对此问题，乾隆五年（1740），吏部左侍郎蒋溥上奏朝廷，建议皇帝下旨，饬令河道总督就所在河工规模，设定需用人员的数额，并将此数额予以固定。同时，他还建议对现在河工效力人员，仔细甄别，剔除不合格人员。今后，容留效力人员，只能照确定数额收录，不得于额外滥收。[③] 此折上达后，朝廷高度重视，经数月讨论，南河总督高晋、东河总督白钟山等各据河工情形，确定南河以150员、东河60员、北河70员为定额，经吏部议覆，最终固定下来。乾隆十八年（1753），进一步裁员，河工效力人员最终定额为南河60员、北河35员、东河30员，幅度很大。[④]

二 效力人员的出身和选任

地方府州县的各类候补候选官是效力官员主要来源。[⑤] 雍正八年（1730），汛期吃紧，河东总督田文镜请“于候选候补同知、通判、知州、知县内拣发十员，赴北河效力”[⑥]。乾隆七年（1742），吏部强调“于候补候选人员内拣选才具精明、身家殷实者，带领引见，命往河工，以备修防之用”[⑦]。这些候补候选官，多非科甲正途出身，通过捐纳、荫叙及就读国

① 《南河成案》卷5《请定河工效力文员额数停止武职投效缘由》，《中华山水志丛刊·水志》第26册，第216页。

② 孔毓珣：《奏请将夏建寅焦育龙与程峦三员留工委用折》，《雍正朝汉文朱批奏折汇编》第17册，第919页。

③ 蒋溥：《请定河员额数疏》，《皇清奏议》卷36，《续修四库全书》史部第473册，上海古籍出版社，2002，第300页。

④ 《清高宗实录》卷450，乾隆十八年十一月庚午，第859页。

⑤ 包括府属同知、通判，直隶州州同、州判，州属州同、州判，县属县丞、主簿等。候补官员群体代表研究，参见肖宗志《候补文官群体与晚清政治》，巴蜀书社，2007。

⑥ 《世宗宪皇帝硃批谕旨》卷126，《景印文渊阁四库全书》第421册，第633页。

⑦ 《题为遵议东河总督白钟山题请补额河工效力人员事》，中国第一历史档案馆藏档案，档案号02-01-03-03986-006，乾隆七年九月初四日。

子监等途径获得官员身份，未授实职，升迁途径有限，向上难度较大，遂投效河工，有更大把握早日补授实职。雍正八年（1730）规定，拣发河工效力人员，于候补、候选人员内，由三品以上京官，“保其才可办事，身家殷实者，送部引见候简”。此后，挑选河工效力人员基本照此例行事。乾隆元年（1736），河东河道总督白钟山于候选州县同知、通判中挑选10员发往河工效力，很快得到吏部核议准许。[①] 浙江钱塘人监生王林，于康熙五十五年（1716）得授候补州同，后于康熙六十年（1721）捐纳，得补授实职。雍正二年（1724）自荐，最终得效力河工。[②]

八旗子弟投效河工，令人瞩目。一些科甲不顺的八旗子弟，常规方式进入仕途，难度较大。效力河工，积累经验，表现卓异，几年后进入官场，也为不错选择。不少子弟自幼随父兄外任地方，生活优渥，安逸游荡，多荒废无成，败坏八旗声名，影响恶劣。对此，雍正帝专下谕旨规定，年满十八岁的旗人外官子弟，“悉令归旗，或读书肄业，或披甲食粮，使之各有成就，不致荒废”[③]。为逃避归旗，部分旗人子弟选择效力河工，学习河务，逐步进入仕途。东河总督朱藻（汉军镶白旗人）建议简化旗人效力河工程序，认为汉军旗人“多以官为家，凡有人口，俱随任养赡，在京置产者甚少，其家道是否殷实，本旗无由察知，是以不便出结”，简化程序，不必出具殷实印结。[④]

革职官员效力河工，也不容忽视。清中后期，大工频兴，事故频发，负责官员备受牵连，动辄被处罚。遭革职官员，多有治河经历，累积丰富治河经验。朝廷遂将其免于流放，发往河工，戴罪立功。此举既能发挥其治河专长，让其感念皇上“破格施恩，自应感激愧奋，力图报效”。[⑤] 革职官员效力河工相当普遍，仅革职河道总督中，就有姚立德、李亨特、康基田、徐端、叶观潮等。一些地方大员，曾参与河工，革职后，也被发往河工效力，如直隶总督姜晟、山东巡抚陈世倌、山西巡抚同兴等。除督抚大员外，革职管河道员及佐杂等官，发往河工，也甚为普遍。

---

① 《清高宗实录》卷11，乾隆元年正月癸亥，第346页。

② 《王林》，《雍正朝汉文朱批奏折汇编》第34册，第94页。

③ 鄂弥达：《署广东巡抚鄂弥达奏缴朱批折》，《雍正朝汉文朱批奏折汇编》第23册，第316页。

④ 朱藻：《奏请恩准旗员白树屏等人留工效力等事折》，《雍正朝汉文朱批奏折汇编》第24册，第89页。朱藻子候选州同朱腾龙，就是南河效力人员。

⑤ 《清仁宗实录》卷289，嘉庆十九年夏四月庚午，中华书局，1985，第945页。

革职官效力河工，意味政治生命未完全终结，表现卓异，仍有机会重返仕途，甚至官复原职。如嘉庆十二年（1807）三月，王营减坝大工合龙，皇帝闻之欣喜，将革职效力的兵部侍郎江兰等人重任要职。[①] 革职官效力表现决定今后能否重入仕途，故而积极性很高。雍正三年（1725）四月，革职官胡期恒"蒙皇上天高地厚之恩"，发往河南堤工效力，到工后，就将随身盘缠4000两，悉数交与河库道。此举引来河东总督田文镜关注，并将期恒表现上报，以求嘉奖。[②]

挑选效力人员的途径，大致可分为三类——总河题留、吏部拣选、皇帝命往。

第一类，总河题留。[③] 制度实行初期，在选用效力人员上，总河有较多自主性，每年视河工难易程度，及在工人员多寡，酌情录用效力人员。雍正初年规定，总河须查明效力人员身家是否殷实，是否熟悉河工，酌量选用合格人员，同时须详开效力人员履历，将当年留工人员名数、信息造册，送与吏部存案，待今后题补正缺，再次核查。总河上报殷实印结、捐册、考册后，吏部加以审核，若事实相符，一般不会驳斥；如与吏部存案矛盾，吏部发回重审，乃至否定总河决定。

康熙雍正年间，总河选用效力人员无额数限制，以致出现人员壅滞，补缺遥遥无期。乾隆五年（1740）定额化改革后，总河自主题留效力人员开始受到一定限制。然而，在既定额数内，如有丁忧等项事故以及不肯实心办事被驱逐，总河少人差遣，"若仍等待汇题，则额缺日久，差遣乏人，若收录一员，即行具题，又不免繁渎"。改革后，总河题留效力人员的具体程序改为："嗣后额设效力人员内，遇有丁忧等项事故缺额，随时补录，一面即造具履历清册，咨部存案，仍于年底汇疏具题，似觉妥便。"[④]

总的来看，总河题留的效力人员，多谙习河务，能收臂指之效。不足在于，这部分人出身鱼龙混杂，"俱系不应选用之人"，冀图效力题补

① 《清仁宗实录》卷176，嘉庆十二年三月戊申，第303页。

② 田文镜：《奏请指示胡期恒如何在堤工效力以赎罪折》，《雍正朝汉文朱批奏折汇编》第4册，第835页。

③ 运河沿线地方督抚，从乾隆年间开始不断深度介入河工事宜，直接就治河发表意见，随之也具部分题留权。但题留效力人员，主要由总河掌握。请参见刘凤云《两江总督与江南河务——兼论18世纪行政官僚向技术官僚的转变》，《清史研究》2010年第4期。

④ 《题为核实朱万斛等由部拣发河工效力人员定额以慎河防》，中国第一历史档案馆藏档案，档案号02-01-03-04365-006，乾隆十年十二月十九日。

正缺。[①]

第二类，吏部拣选。吏部最初主要负责审核总河题留人员的履历名册，将不合格者予以除名，部分限制总河权力。[②] 从乾隆年间开始，吏部逐步参与到拣选效力人员，甚至权重于总河。[③]

拣选程序：首先，总河上报效力官职衔品级；其次，吏部从候补候选官员内拣选符合要求的官员发往河工。乾隆五十九年（1794）十一月，南河总督兰第锡上奏南河缺人，请求吏部于候补候选佐杂人员内拣选七品官四员、八品官四员、九品以下十二员，引见后发往河工。[④] 这些愿往河工效力的官员，需提前取得本籍地方官开具的身家殷实印结，赴吏部投递验看，合格后于吏部注册，以备拣选。此法与旗员一体办理。[⑤] 吏部拣选对效力人员官品针对性强，为之后题补官职提供了便利。

乾隆三十年（1765）五月，南河总督李弘曾对吏部拣选与总河题留两种途径的优劣做了总结。他讲，效力人员报效河工，最初由总河保题留工，“嗣因投效人员过滥，改为由部拣选引见”，但是吏部拣选的官员，“多系地省候补候选人员，并未到工，不知防水事务”，导致总河难收臂指之效。[⑥] 吏部拣选人员，多为正途出身，但多不谙河务，需耗时间去学习培养，地方督抚一时不能得力使用。乾隆五十六年（1791），兼管北河的直隶总督梁肯堂就抱怨部选官员初到河工，不谙河务，就上奏推荐跟随自己十余年的捐职主簿吴兆熊发往直隶河工效力。[⑦]

---

① 《奏为遵旨核议酌减南河效力人员定额等情事》，中国第一历史档案馆藏档案，档案号04－01－12－0058－081，乾隆十三年四月十七日。

② 雍正年间，吏部拣选尚未普遍，雍正帝在谕旨中，将效力人员分为“无论命往（皇帝命往）及在彼处拣选（总河题留）”两类，未曾提及吏部拣选（《题为核议效力人员事》，中国第一历史档案馆所藏档案，档案号02－01－03－03832－001，乾隆五月四月初三日）。

③ 据中国第一历史档案馆所藏档案统计，南河自乾隆五十四年至嘉庆二年，共四次拣选效力人员，其中三次均为吏部拣选；东河自乾隆五十八年至嘉庆二年，共三次拣选效力人员，均为吏部拣选，总河未参与。

④ 《奏请饬部拣发河工效力人员事》，中国第一历史档案馆藏档案，档案号04－01－13－0096－013，乾隆五十九年十一月二十九日。

⑤ 《题为河工效用人员宜核实定额以慎河防以重名器事》，中国第一历史档案馆藏档案，档案号02－01－03－04611－013，乾隆十三年十一月十一日。

⑥ 《奏请河工效力人员仍照例在外拣选事》，中国第一历史档案馆藏档案，档案号03－0115－036，乾隆三是年五月。

⑦ 《奏请将吴兆熊赏发直隶河工效力事》，中国第一历史档案馆藏档案，档案号04－01－13－0088－024，乾隆五十六年九月二十四日。

第三类，皇帝命往。皇帝亲下谕旨特命官员前赴河工效力，此举多见于革职官员效力上，上文已涉及，不再详述。皇帝也通过此举赏赐功臣、宠臣，让官员家属赴河工效力。雍正初年，湖南辰沅靖道王柔身荷经营西南重任。雍正帝特下旨将王柔弟王机发往河工效力，给予入仕机会。获悉此事，王柔将其视作家族荣耀，特上奏叩谢天恩。①

三　效力人员的职责和上升途径

最初，河工效力人员分到的差使多样，有“查料防险”、“催漕防汛”、“承修承办工程”，甚至捕蝗等项杂差②，且不乏“经手钱粮工程”的核心事务。效力人员虽家境殷实，但毕竟没薪俸，有时为好好表现获得升迁，甚至自掏腰包捐助河工。受利益驱使，经手钱粮，“势必竞事欺朦，指平为险，惟冀添筑工程，恣其浮冒”。雍正四年（1726）就发生候选知州郎逵侵蚀帑银，捏报被窃案件。③ 一些官员意识到这点，认为效力人员掌握河工钱粮事务，“误工亏帑，皆若辈为之”，加剧河务腐化。乾隆十八年（1753），皇帝专下谕旨，对效力人员职责做明确界定：“查估验工程物料，应河臣暨该管道员，亲身督率；修防工程，系厅员专责，均不应委之效力人员。”④ 此规定旨在限定效力人员不准经手钱粮，仅起“差遣备用”作用。

除差遣备用外，乾隆三十年（1765），又增一项任务，即效力人员须及时汇报河工进展，监督河厅、河营。做法是：河道总督派出干练的效力人员，分驻相应的管河厅、汛，“除帑料不准经手外，凡该厅汛水消长，溜势迁移，工程丈尺，用料多寡，取土难易，皆令该员按日禀报”⑤。此举既能考验效力人员是否具备相应治河才能，又能让河厅、河营有所顾忌，防止虚报浮冒。

清中后期，河工开销逐渐增大，岁修抢修层出不穷，定额经费不敷使用。河工经费日益膨胀，带给国家财政很大压力。⑥ 为缓解财政负担，朝

① 《世宗宪皇帝硃批谕旨》卷142，《景印文渊阁四库全书》第422册，第390页。

② 《奏为酌定周学健河工效力额数事》，中国第一历史档案馆藏档案，档案号02-01-03-04852-013，乾隆十六年二月初四日。

③ 《世宗宪皇帝上谕内阁》卷46，《景印文渊阁四库全书》史部第414册，第405页。

④ 《清高宗实录》卷450，乾隆十八年十一月庚午，第859页。

⑤ 《清高宗实录》卷747，乾隆三十年十月辛未，第217页。

⑥ 陈桦：《清代的河工与财政》，《清史研究》2005年第3期。

廷开始让效力人员出资承办一段或数段工程。具体做法：按候补、候选官的职衔大小，认办工程，“其出资数目，咨部核定，以归划一”。效力人员自掏腰包，承办河道工程，能部分减轻政府沉重的财政负担。若承办工程在要求年限内质量可靠，河道总督可将出力人员职衔开列清单，送交吏部，并授适当官衔。[①]

效力人员，自备资斧，不辞辛苦，出力行走，最主要目的，无非早日补授实职。为调动投身河工积极性，朝廷针对此类要求，对表现卓异人员，授予实职，起激励作用，使其“知进身有阶，自能人人奋勉”。[②]

提到效力人员补授河缺，就不得不涉及政绩考核方式。在康熙末期，效力人员数额剧增，缺少人多，有人建议以掣签方式，补用河缺。淮扬道傅泽洪严厉批评这种做法，主张按各自功绩大小，分列等次，依次补用，并提出一套完整方案：

> 伏祈本部院，按册稽核，将功绩之最大最多者列为上等，其次列为中等。而防险、催漕、水报杂差各功绩，则量其久暂、远近、大小，或以二三次准作中等功绩，依次分别叙用。其中有功绩相等者，则又以效力年分相较久近，以定后先，注明宪册，并将各员名下功绩等第，开列晓谕。此等人员中，如有后奉差委，实心效力，著有功绩者，则又按明更定示知，许其越班叙用。若始终挂名河员，并不在工效力者，概不准用。[③]

雍正帝专下谕旨强调须对效力人员划分等级：“河工效力人员，须分三等，看有实心效力勇往无前的，有平常效力循分供职的，有竟不效力随班逐队的。”[④] 对河工人员的奖惩，清廷出台了具体措施：相应人员所管汛内，一切堤埽工程，修防保固平稳，且经手钱粮没有差错，厅汛河员三年限满，准照原衔升补，并由河道总督具疏保题，送吏部引见，请旨定夺。

---

① 黎世序等：《续行水金鉴》卷106，《四库未收书辑刊》第7辑第7册，北京出版社，1997，第795页。

② 嵇曾筠：《奏请造就河工人材折》，《雍正朝汉文朱批奏折汇编》第3册，第461页。

③ 傅泽洪：《行水金鉴》卷169，《景印文渊阁四库全书》史部第582册，第614页。

④ 《圣谕》，中国第一历史档案馆藏档案，档案号04-01-30-0115-025，雍正元年六月二十日。

此举将表现优异者升衔留任，将修防怠误人员严行题参，使其鼓舞奋力，争先出力。①

总河保奏荐举扮演重要角色。在考核中，总河甄别效力人员贤愚，并出具考语上交吏部，作为补缺重要依据。具体程序为：

> 该督（河道总督）将命往人员并现任及从前题准留工之员，择其对品，或应升者，遇有缺出，拣选题请委署。俟一年后经历三汛，果能胜任，出具考语，保题送部引见，恭请实授。如不胜任，不必拘定年限，立即调回，另行遴员题署等语。②

除河道总督保题具奏外，吏部则希望建立制度化的运作模式。具体做法：每届三年，照外官三年大计之例，"将在工效力人员，分别勤惰，及曾否委办河务，详注明白具题，交部察核。嗣后，河员缺出，即在一二等人员内，陆续题补，以昭劝惩，以示鼓励"。③ 此举将判定效力人员等级的权力，从河道总督手中，收归吏部。乾隆二十二年（1757），朝廷才对河道总督拣选效力人员升补河缺的制度，做了调整。此次调整改变之前的选官方式——不经吏部审核，督抚权力过大，将官吏任免权，大部收归吏部。④

除补授河缺外，效力人员还有机会升补州县官职。雍正十年（1732）十二月，高家堰石工告成。南河总督嵇曾筠鉴于承修工程的效力人员（出身多为候补候选知府、知县以及佐贰等官），效力三载，办运木石，遍及黄运湖河，娴习河务，立下大功，应拣选"明晰河务，且谨慎明敏者，堪膺民社之员"，升补沿河州县官职。⑤ 此奏上后，吏部很快批准施行。

在效力人员升补州县官上，雍正年间的地方督抚有很大决定权。皇帝开始流露出顾虑：效力人员娴熟河务没有问题，但"果否能胜任民社之事，难以遽定"。对此，雍正帝要求地方督抚将效力人员升补州县官职前，

---

① 嵇曾筠：《奏请照直隶豫省现行之例准江南河员三年以升衔留任折》，《雍正朝汉文朱批奏折汇编》第 23 册，第 878 页。

② 《题为遵议南河效力知县蒋尚宪准其署理徐州府丰砀河务通判事》，中国第一历史档案馆藏档案，档案号 02－01－03－04786－003，乾隆十五年四月初六日。

③ 蒋溥：《请定河员额数疏》，《皇清奏议》卷 36，《续修四库全书》史部第 473 册，第 301 页。

④ 《清高宗实录》卷 552，乾隆二十二年十二月庚午，第 1047 页。

⑤ 嵇曾筠：《防河奏议》卷 6《石工人员补用沿河州县》，第 155 页。

留心试用一年，看能否胜任地方事务，期满后合格，方准任职地方。①

乾隆登基后，对河工效力人员填补沿河州县官职高度重视。他认为此类人员缺乏科考业绩，“多有捐职、考职，本属虚衔”，因河务需人，不拘出身，才得以收录。如此一来，众多效力人员通过此种途径，陆续补授州县实职，“是名为效力河工，实则为此等人员，开一补用地方官之捷径”。乾隆帝下旨明令限制效力人员题补州县实职。②

四　效力制度弊病和改进措施

相较常规途径，效力河工有较多机会、较快速度题补实职。定额化改革后，效力人员数额激增的趋势得到一定遏制，但实际上，受利益诱惑，效力人员规模再呈泛滥之势。嘉庆十六年（1811），李家楼大工告成，黄河复归故道。两江总督百龄一次保奏的出力人员，就有600多人（含大批效力人员）。皇帝训斥河道总督对效力人员，“不加选择，任意收录”，以致人数众多，重申效力人员限额：“江南六十员，直隶三十五员，河东三十员。”③

效力人员多非科甲出身，个人素质良莠不齐，加之没有薪俸，甚至自掏腰包报效河工，难免利用职权贪污腐化，如承包工程，相互欺瞒，指平为险，浮冒钱粮，误工亏帑。④ 与附近州县豪绅劣监，勾结往来，“无事之时，酒食征逐，一遇差遣，挪钱借贷巧为营取”。他们包揽词讼，招摇过市，贻害乡曲，劣迹斑斑。⑤ 还如，效力人员多出身豪富，生活奢靡，夤缘投效，向上司违禁馈送，以求发达，对后来“珠玉玩好，群相矜尚”的河务积习，起到推波助澜的作用。⑥

在运作中，存在一个突出问题——对效力人员科考出身要求不严，但对身家要求却很严。效力人员必须持有原籍地方官（或本旗都统）出具身家殷实印结，如无印结，即便如何谙练河务、品行端正，不仅无法题补正

① 《清世宗实录》卷72，雍正六年八月丙申，第1074页。

② 《清高宗实录》卷117，乾隆五年五月丙辰，第30页。

③ 《清仁宗实录》卷255，嘉庆十七年三月己亥，第1074页。

④ 《奏议酌定河工效力人数事》，中国第一历史档案馆藏档案，档案号030087－093，乾隆十八年十一月十六日。

⑤ 《清高宗实录》卷20，乾隆元年六月癸酉，第490页。

⑥ 《清宣宗实录》卷101，道光六年七月丙午，中华书局，1985，第645页。

缺，还要面临被清退境地。因此，能否出具证明身家殷实的印结，直接关系到效力人员能否效力，以及将来的政治前途。这给一些具备出具印结资格的官员，上下其手，借端勒索的机会。①

针对出现的问题，朝廷逐渐意识到严重性，采取防范措施。乾隆五年（1740），停止武职人员效力，减轻人员冗滥问题。② 除对效力人员严厉管控外，清廷开始推行新政策，比较突出的就是——派科甲出身人员赴河工学习河务，逐步冲淡效力人员在治河中所扮演的角色。

康熙四十年（1701），张鹏翮在总河任上曾专折上奏皇帝，建议从进士、举人中遴选“年力英敏者”，发往河工效力，待著有成效，遇缺题补。出人意料的是，此折上奏后，却被皇帝明确否决。③ 乾隆六年（1741），河南巡抚雅尔图再次上奏，要求效力河工人员俱用科甲中人。这次，乾隆帝委婉否决，还做耐心解释——效力人员改用科甲中人，虽属公正之论，但一旦实行，会堵塞大批非科甲出身人员进入仕途，阻力很大，“怨汝者必多，汝担不起”。④ 效力人员已形成一个不能忽视的既得利益集团。

在不引起既得利益集团激烈反对下，又能逐步起用科甲正途人员，可谓一波三折。雍正帝采取折中措施，要求内阁每年在中央各部院拣选贤能勤慎司官二员，带领引见，赴南河学习河务，参与河工，两年后考核合格，直接补授河缺。⑤ 不过，此举推行没几年，就不了了之。直到道光十二年（1832），道光帝阅读实录，受其曾祖启发，此举才重新实行——在内阁、翰詹、六部、都察院各衙门，选择科甲正途出身，清慎勤敏人员，每部保送一员，发往东河、南河学习，两年后合格，即补授河缺。⑥

随着科考举行，举人数额越发膨胀，入仕极度壅滞。嘉庆二十二年（1817），朝廷开始于大挑举人一等人员内拣选，分发河工学习，定额为：南河 30 员、东河 20 员、北河 10 员。举人发往河工后，试用期二年，六汛过后，由总河秉公察看他们是否能通晓河务。如能谙练河务，即留工补用

① 石文焻：《奏陈杜绝发往河工效力旗员借端在外逗留之弊折》，《雍正朝汉文朱批奏折汇编》第 31 册，第 570 页。

② 康基田：《河渠纪闻》卷 20，《四库未收书辑刊》第 1 辑第 29 册，第 494 页。

③ 张鹏翮：《治河全书》卷 1，《续修四库全书》史部第 847 册，上海古籍出版社，2002，第 302 页。

④ 《清高宗实录》卷 141，乾隆六年夏四月癸亥，第 1032 页。

⑤ 《清世宗实录》卷 137，雍正十一年十一月己亥，第 750 页。

⑥ 《清宣宗实录》卷 222，道光十二年九月丙申，第 310 页。

河缺；如不谙练河务，但通晓州县事务，即以知县补用；如才识迂拘，就以教职补授。[①] 此次大挑之后，分发河工之例，一直存在，直到咸丰十年（1860），南河总督裁汰，才将此例停止。[②]

（责任编辑：朱年志）

① 黎世序等编《续行水金鉴》卷34，《四库未收书辑刊》第7辑6册，第671页。

② 张振国、王月：《再论清代的举人大挑制度》，《历史档案》2012年第2期。

美国水利专家与近代导淮治运*

王 健**

内容提要 导淮治运是近代最大的国家水利工程。本文重点论述几个重要史实，以此说明晚清民国在导淮治运国家治理上秉承开放态度，引进先进国家专家来华工作，其中美国专家起了重要作用。汪胡桢发现、整理并研究了美国专家留下的宝贵资料，这对制定整理运河工程计划起到重要作用。近代大运河治理艰难起步，凝聚了中外前辈水利专家的心血和智慧，对1949年后的治淮治运起到重要作用，应该实事求是评价他们的贡献。

关键词 导淮治运 费礼门 汪胡桢

近代中国鸦片战争战败后，清朝被迫签订一系列不平等条约，被动对外开放，一步步大门洞开。这种开放表现在国家的各个方面、各个领域，并非全部都是侵略掠夺的历史，也有许多外国人在认真帮助中国进行建设，特别是在减灾救灾，关系民生社会的水利事业上，走在开放的前列，例如清末民初导淮治运，外国专家，特别是美国水利工程专家曾经起重要作用。本文在前人研究基础上，重点论述美国工程师在导淮治运上的几个史实，希望实事求是评价他们在导淮治运上的贡献。谨以此文纪念中国改革开放40周年。

* 本文为江苏省哲学社会科学基金重大委托项目“大运河精神与大运河文化带建设”（18WTD004）阶段性成果。

** 王健（1959～ ），安徽泾县人，历史学博士，大运河文化带建设研究院副院长、江苏省社会科学院历史研究所研究员，主要研究方向为中国史、大运河历史文化、江苏历史文化。

一 治运必先导淮

宋元以来长达数百年的黄河夺淮入海，极大破坏了江苏淮河以北的河道水系，当咸丰五年（1855）黄河改道北徙之后，在江苏淮北平原上留下了一道横亘东西的黄河故道，自西向东的淮河河道尽失，入海不畅，或泛滥成灾，或改道入运入江，威胁里下河地区。而自南向北流的沂沭泗水也河道难觅或不畅，汛期严重威胁着纵通南北的中运河。因此，近代以来导淮治运密不可分，治运始终是与导淮、治淮联系在一起的，治运必治淮，欲了解运河治理，必须搞清导淮治淮的历史。根据研究，我们将晚清民国的导淮到新中国初期治淮、基本完成根治淮河水患的80余年时间大致划分为四个阶段。

第一个阶段的导淮倡议的提出。近代导淮历史长达百年，经历数代。自清咸丰五年黄河改道恢复北流山东入海，“导淮”，即恢复淮河故道的呼声就不绝于耳。清廷平定太平天国和捻军起义后，社会逐步稳定，经济缓慢恢复，治理淮河水患提上议事日程。同治五年（1866）山阳（今江苏淮安）人丁显最早倡议导淮，阜宁人裴荫森、宿迁人蔡则沄附和，告状北京，促使两江总督曾国藩重视此问题，于同治六年（1867）上奏折专议此事。此后张之万、何璟、吴元炳、刘坤一、左宗棠等历任两江总督、漕运总督均尝试疏浚河道，恢复江北漕运，但结果成效不大。光绪六年（1880），丁显著文创议修复运河。十二年（1886），山东巡抚张曜聘英国工程师摩利生测量筹治事未果行。[①] 此一阶段，还出现了苏、鲁两省关于是否让黄河恢复故道，即向东南夺淮入海的争议。山东要求恢复，江苏坚决反对。两江总督李鸿章与山东巡抚丁宝桢分别代表苏、鲁展开庙堂博弈，结果朝廷仍维持从山东入海。

第二阶段是各种导淮方案的提出和争论，及成立测量机构，运用科学手段测量导淮线路。清末民初（1909～1927），以张謇为代表。张謇于1909年成立江淮水利公司，1911年初改名江淮水利测量局，主要工作是导淮方案的讨论，实地测量江淮水利。“民国三年（1914），政府聘美国红十字会工程师团来华规划导淮及治运。七年（1918），设督办运河事宜处，

① 汪胡熙：《踏勘运河》，载嘉兴市政协文史资料委员会编《一代水工汪胡桢》，当代中国出版社，1997，第27页。

聘请欧美水利工程专家费理门、李伯来、伟根等来测量设计，历时3载，费款甚钜。但因国家多故，工程仍未实现。”① 来华帮助制订计划。全国及苏皖鲁，外国工程师等都提出过导淮方案，争论激烈，导淮成为晚清民国国计民生的热点问题。方案有江苏南通张謇方案、山东省方案、全国水利总局方案、安徽省柏文蔚方案、詹美生方案、美国红十字会工程师方案、费礼门方案等，包括恢复淮河（实际是黄河）故道、导淮入江入海、分路入海、新开入海水道等方案。1916年武同举的《会勘江北运河日记》，真实反映了苏鲁两省从晚清以来在治河导淮问题上积累的深厚矛盾。比如张謇即明确反对后来全国水利局的贷款方案，表示他们不能代表江苏贷款，江苏要自己主导贷款事宜。②

第三阶段是国家一级导淮计划的制订和发布。南京国民政府统治前期（1927～1937），国民政府成立国家导淮机关，颁布导淮计划，开始个别导淮建设工程。1937年抗战爆发前，以国民政府导淮委员会成立，发布导淮计划和整理运河工程计划为成果，江苏省初步实施导淮计划，新式一批工程，取得一定成效。

第四阶段是淮河的彻底修治。1949年新中国成立之后，毛泽东发布“一定要把淮河修好”指示，人民政府成立治淮委员会，治河方略由导淮变成治淮（修淮河），综合治理淮河，整理淮北水系，到1952年基本取得治淮成功。

其中第一至第三为阶段通称“导淮”，第四阶段可称“治淮”。导淮方案、治运计划和工程建设主要在第二、第三阶段，这也是美国工程师对导淮治运影响比较大的时期。③

---

① 汪胡熙：《踏勘运河》，载嘉兴市政协文史资料委员会编《一代水工汪胡桢》，当代中国出版社，1997，第27页。

② 武同举：《会勘江北运河日记》，民国五年（1916）十月。按，是文原载《地学杂志》民国六年（1917）第1－4期、第6－9期，后收入武氏文集《两轩剩语》［民国十六年（1927）铅印本］中。

③ 相关研究参见〔美〕戴维·艾伦·佩兹《工程国家：民国时期（1927～1937）的淮河治理及国家建设》，姜智芹译，江苏人民出版社，2011；吴晓晴：《抗战前南京国民政府的导淮入海工程》，《民国档案》2002年第4期；吴春梅：《多维视野下的治淮方略及其启示——以张謇、费礼门、治淮委员会的方略为例》，《中国经济史研究》2006年第1期；李灏：《南京国民政府“导淮”的过程、历史地位及其局限性》，2013年5月16日，载“360个人图书馆”（http://www.360doc.com/content/13/0504/21/699582_282984559.shtml）；李菲：《中美导淮事业的历史进程与影响（1911～1927）》，安徽大学硕士学位论文，2017。

二 张謇与詹美生的合作与决裂

清末民初，最重要的国家水利工程当属导淮工程，一些外国著名工程师应邀参加了导淮勘测和指导工作。在各种导淮主张中，有几项是外国工程师提出的。

早在清末，美国政府与美国红十字会就曾先后派工程师锡伯德、詹美生等来华考察水利，得到张謇领导的江淮水利测量局的支持，对淮河作了一些实地测量。同时，江淮水利测量局也组织人员展开测量活动。著名教育家、水利学家胡雨人（1867～1928）作为测量局的水利调查员，1911 年初曾亲身考察，写下了调查笔记。[①] 民国伊始，百废待兴，民生为大，水利事业为首善之举。张謇积极促成此项事业，他在担任北洋政府农商部总长时，就将治河、导淮提上议事日程，唯因资金匮乏，举债受阻，一时难有作为。1912 年，詹美生发表《美国工程师詹美生报告书》，称“测绘之事告阙成功”。张謇随即发表《江北水利测量局对于詹美生报告之声明书》，指出詹美生报告中与张謇江北水利测量局有关的内容“语多失实”。具体归纳为四大误：一误是詹美生为美国义赈会介绍来华，江北水利测量公司早在其来华前半年就成立，公司派员接待詹美生，并陪同前往各处巡阅，“以客礼待詹美生君”，但公司测量人员并非如詹氏所说受其督理。二误是詹美生所说的 1912 年 6 月 12 日测绘成功一说，子虚乌有，公司的测量工作并未完成。三误是詹美生来华时间很短，并未认真履行测量工作，却称其将赴上海绘制测量图，而事实上是窃取了公司测量人员测量日记中的成果，擅自引用在自己的报告中。四误是詹美生称如果有款项，两个月内即可“将最后测绘之工，接续开办”。这与他前面所说绘图功成相矛盾。勘估与绘图不完全是一回事，有个过程，不可能很快完成的。因“据该报告称已报告大总统，殊与本局职任及事实，多所抵牾，恐淆观听，特此声明”。从此，张謇认为詹美生为人不可靠，“其人沾染我国旧习甚深，且察其性情，颇为狡黠，其学术技术，亦非上选”，决定不与之合作。[②]

---

① 胡雨人：《江淮水利调查笔记》，载陆阳、胡杰主编《胡雨人水利文集》，线装书局，2014。

② 张孝若编《张季子九录》卷 11，《民国丛书》第三编 95，中华书局，1931。詹氏报告书译本刊于《东方杂志》第十卷第十号，民国三年（1914）。

从上述四条看，张謇的指谪与事实相近，可以成立。但张謇指责詹美生品性与学术水平都有问题，如果属实，与之决裂是自然的事情。但说詹氏“沾染我国旧习甚深”，似有不妥。外国人亦有品性不端者，不必归咎受中国旧习影响。况且，詹氏来华时间很短，忙于勘探业务，很难与中国社会有多少接触，这么快就沾染中国旧习值得怀疑。

1914年《东方杂志》译《美国赤十字社派遣技师詹美生导淮豫定计划图》，从报告书看，有许多观念颇有见识，不能全盘否定。其一，报告将淮河治理上升到国家层面，不愧为远见卓识。其二，报告对大运河格外重视，认为“此地最重要之水道，大运河实居其一”，“运河有非常之价值，若施以相当修理，必为重要水路，当能补偿其修缮费及维持费也”。其三，报告对黄河、沭、沂、淮、洪泽湖等治理，都提出了意见，如疏通沂水至大运河通道，为大运河提供水源，疏通往骆马湖之水道，开挖新运河，在沂河支流入运处设置水门，限制水流，保持运河水位；调节洪泽湖水位，平时减少，在江涨、淮涨，淮入江困难时蓄水，并给大运河提供水源；疏浚里运河，在两岸修筑堤防等，其四，主张导淮、导海与导江并用。给淮河、洪泽湖水寻找出路。一个外国人在较短时间内形成的调研报告，自然多有不足之处，但这应该是第一份淮河流域水利建设的科学调查报告，为后来的导淮、治淮提供了有益的参考。①

民国二年（1913）秋，美国工程师寨柏尔一行十余人来华查勘淮河，主张将淮水全部入江，洪泽、高宝湖尽数涸出以偿施工之代价。民国三年（1914），美国红十字会组工程师团发表导淮计划，亦主张导淮水全部入江，张謇根据他多年的观测，坚决反对这一主张，倡议“七分入江，三分入海”。

三　费礼门与导淮水利工程

美国工程师费礼门（John Ripley Freeman，1855－1932），又译作费利门、斐礼门、弗理门等，是美国著名的水利工程专家，曾任美国土木工程

① 王健等：《江苏大运河的前世今生》，河海大学出版社，2014，第180～181页。

师学会会长。[①] 清末民初，中国聘请了世界第一流的水利工程师到华帮助水利建设，张謇曾聘请了荷兰工程师方维因。德国的恩格斯年老不能来，就派他的门生方修斯来华，并将黄河泥土专运德国供其研究。费礼门曾两次受聘来华，帮助导淮工程、治理运河及黄河下游河道研究。民国十一年（1922），华洋义赈会为一劳永逸计，主张移赈款以充导淮之用，并延请费礼门再次来中国复勘，后因江浙军阀战争而中断。费礼门着有《中国洪水问题》，于1922年出版，具有国际影响。他还曾帮助徽商子弟到美国学习水利。

民国六年（1917），费礼门受北洋政府聘请来华从事运河改善工程，研究运河、黄河问题。在查勘黄河及大运河时，曾取水样及河滩土样数百个带回美国进行物理化学性质试验，这是有记载的首次对黄河泥沙特性的科学实验性研究。费氏考察黄河后，主张在黄河下游宽河道内修筑直线型新堤，并以丁坝护之，以束窄河槽，逐渐刷深。民国八年（1919）费氏再度来华，在山东魏家山及蒋口一带考察，实测汛期水位、流量、流速及河床断面的变化，推断黄河问题之所以严重，皆由于河水含沙量过高而引起的。

费礼门导淮方案影响深远。民国八年费礼门代表广益银公司来华接洽南运借款事，受运河工程局之聘考察水利，帮助制订导淮方案。返美后于次年发布了《导淮新计划》，公布了“全淮入海”的导淮方案，提出由洪泽湖开辟一条直接而宽广的河道，导淮直达海口，在临洪河口、灌河口、套子口三者中选择一路为出海口，新辟支河引沂、沭汇淮，海口与河道成一直线，以便迅速接受来自沂、沭及运河之水，使淮、泗、沂、沭合为一股，尽出大海。待淮水流尽后，涸出洪泽湖南部以资垦殖。[②] 费礼门方案与早几年美国红十字会工程师团提出的分疏江海方案大相径庭，完全忽视1851年以来，淮河由扬州三江营入江的事实，也与国人在黄河北徙之后，盼望淮河归复故道的夙愿不尽契合。

① 黄万里曾云，汪胡桢“在美艾奥华大学从美国最早、最著名的水利学家伍德教授学习，其工程经验、名望仅次于费礼门工程师”。艾奥华，即爱荷华。可知费礼门是当时美国水利工程的第一块牌子。黄万里：《良师益友汪干夫》，载嘉兴市政协文史资料委员会编《一代水工汪胡桢》，当代中国出版社，1997，第109页。

② 三口自北向南，临洪河口，在连云港市；灌河口，在灌南与响水之间；套子口，位于滨海境内，即原黄河故道出海口。后来开辟的淮河入海水道和苏北灌溉总渠，都在套子口以南，今滨海与射阳之间。

近代自1865年裴荫森、丁显倡议导淮（复淮故道）以来，传统治淮方案的主流就是导淮从黄河故道入海，后因淮河故道（即黄河故道）泥沙淤积，地势高亢，难以如愿。又主张导淮入江，但对分水的数量有争议，詹美生主张全淮入江，张謇主张入江入海两路分疏，从以海为主，逐渐转到以江为主。费氏摒弃黄河故道，主张开辟一条纳吐泗、沂、沭诸河之水于一体的全新入海河道，显然是大胆和创新的思路。近代以来，自然地理环境的巨变现状促使许多人改变了将全部淮水导入大海的观点，许多人提出江海分流观点，分歧在于江海分流的流量比例，孰主孰次。费氏的方案由于完全摒弃“复淮河故道”，故也未得到张謇等本土实力派的支持。因为张謇最早是主张复淮故道的，在改变了完全“复淮故道”的主张后，秉持江海分疏的折衷观点，这是与时俱进的科学态度，只是他不能接受废弃故道的新方案。

其实，费氏方案并非一无是处，他正视了复淮河故道的极大困难。1855年后连黄河那样的洪水都不能再恢复故道，要想让淮河在黄河故道这条地上河上冲出入海河道更加困难。费礼门清楚地看到了故道无法恢复的现状，故欲另辟蹊径，在淮河以北新开河道入海。这个主张对之后导淮治淮产生了很大影响。综合治理淮、泗、沂、沭、运河，就是重新整理苏北被黄河夺淮而搅乱的水系，另开新河分疏淮、沂、沭、泗及运河。1949年后的淮河下游治理，就是通过开挖苏北灌溉总渠，以及新沂河、新沭河、淮沭新河等河道工程，重新整理了苏北水系，分疏沂、沭、淮入海。这其中就包含着费氏方案主张的合理成分。当然，建三河闸和淮河入海水道，让淮河90%的水从长江入海，则是淮水安流的主策。

四　汪胡桢主持制订整理运河工程计划

民国七年（1918），全国水利局设督办运河事宜处，聘请欧美水利工程专家“费理门、李伯来、伟根等来测量设计，历时三载，费款甚巨。但因国家多故，工程仍未实现”①。当年美国工程师卫根（即伟根）随费礼门来华勘察导淮治运，他亦着有《运河工程计划》，可惜还没来得及发表就

① 汪胡桢：《踏勘运河》，嘉兴市政协文史资料委员会编《一代水工汪胡桢》，当代中国出版社，1997，第27页。

离开中国，之后该计划书下落不明。在美国克劳士受费礼门委托搜集整理中国治水历史资料札记，汇集成册后由美国工程师带来中国参考，之后也不知去向。直到 1932 年这两部文献才被主持运河治理工程计划的总工程师汪胡桢（1897～1989）发现（详见后文）。[①] 下面我们有必要回顾一下整理运河工程讨论会的成立。

1928 年，国民政府在南京成立整理导淮图案委员会，开始将导淮纳入国家统一治理体系之中。1929 年 7 月 1 日，国民政府成立导淮委员会，总部设在南京，蒋介石兼任导淮委员会委员长（后由陈果夫代理），著名水利学家李仪祉任总工程师，下设工程、总务、土地三处，分别由总工程师李仪祉、总务处长何玉书、土地处长肖诤负责。李仪祉亲自聘请汪胡桢参加导淮工程建设。另外还设有专门委员会，成员有汪胡桢、沈秉璜、顾丽江等 10 人，并聘请美国人史笃培、荷兰人蒲得利为顾问工程师。1930 年汪胡桢任导淮委员会工务处设计组主任工程师，1931 年江淮发生大水灾，任第十二区工赈局局长兼皖淮主任工程师，后来参加《导淮工程计划》编制工作，德国工程师方修斯（1878～1938）在这个计划中起了重要作用。方修斯是恩格斯（1854～1945）在德国德累斯顿工业大学教授的学生，以首创河工模型试验著名，为近代河工界权威之一。他迷恋黄河研究，曾与费礼门、李祉仪讨论治河问题，培养了郑肇经、沈怡、谭葆泰等水利专家。[②] 1929 年由恩格斯推荐来华从事导淮及治河方略研究。由于世界经济危机等原因，美国借款计划未能实现，方修斯合同期满回国，李仪祉去职，该计划被束之高阁。民国时期，最终只修建了邵伯、淮阴、刘老涧三个现代船闸，对运河治理工程做出了一定贡献。

在导淮的同时，治运也在筹划之中。据老一辈水利专家、无锡人孙辅世在《治水回忆录（摘录）》中称，在 1931 年中国水利学会成立之后，他即上书执政当局，要求统一全国水利行政，拨发治水专款，最终得到五百万元的年度预算。后来，在太湖水利委员会任职的孙辅世“联合‘京杭’大运河治河，各省每月出一百元，组织大运河讨论研究会，由汪胡桢任总工程师，作了全河实地考察”[③]。

---

① 汪胡桢：《两部十六年隐而复见之巨著》，《水利月刊》1932 年第 7 卷。

② 李硕：《民国时期“治黄顾问团”的黄河流域规划与启示》，《齐鲁学刊》2011 年第 5 期。

③ 孙辅世：《治水回忆录（摘录）》，《中国水利学会月刊》2004 年第 2 期。

整理运河工程讨论会成立时间应在1933年底，当年成立的全国经济委员会，内设水利处，处下设设计科，汪胡桢任科长。“民国二十二年(1933) 11月，为统筹设计整理北京至杭州间运河，发展纵贯南北水道，复兴4省腹部农村起见，由华北水利委员会、黄河水利委员会、交通部扬子江水道整理委员会、导淮委员会、太湖流域水利委员会以及河北、山东、江东、浙江4省建设厅联合组成整理运河讨论会，并聘请汪胡桢为总工程师，专任办理技术事宜。”汪胡桢受聘担任整理运河讨论会总工程师，聘期两年。当时在全国经济委员会下设有水利处，专门管理全国水利行政，茅以升任处长，郑肇经、张含英任副处长。汪胡桢在此后的一年多时间内出色完成了《整理运河工程计划》，该计划提交通过后于1935年6~8月正式出版。① 如此高效率的原因，一是因为当时关于运河沿岸的地形、地质和水文资料比较丰富和齐全，国民政府及各大河流域、沿运各省水利机关大力支持。二是他本人对运河整治工程驾轻就熟与敬业精神。一年后的1935年，汪胡桢被调到任全国经济委员会水利处任设计科长，直到抗战爆发的1937年。②

整理运河讨论会云集了民国时期最优秀的水利行政专家和水利工程专家。李仪祉（黄河水利委员会委员长）、李书田（华北水利委员会委员长）、沈百先（江苏省建设厅厅长）、须恺（导淮委员会总工程师）、孙辅世（太湖流域水利委员会）、汪胡桢（整理运河讨论会总工程师）、张含英（黄河水利委员会秘书长）等，共同参与了整理运河工程讨论会工作。在1937年出版的署名“李书田等着”的《中国水利问题》中，上述诸人大都参与撰稿。是书成为民国水利的权威性著作，对后来新中的水利事业也有重要指导意义。汪胡桢运河工程计划的部分内容也收入书中。③

汪胡桢于民国二十三年（1934）正月到任后，即偕同助手戴祁工程师，从杭州出发，沿运河长途跋涉踏勘考察，主要工作包括：①征集关于治运问题之水文、地形及一切设计资料；②搜集关于治运问题之各种著作；③实地沿运河考察渠道水源及排水状况；④实地调查航运状况。途经

① 汪胡桢：《整理运河讨论会：整理运河工程计划》，中国水利工程学会，民国二十四年(1935) 八月印；中国科学公司，1935年6月初版，8月再版。

② 关于汪胡桢的生平事迹，可参考嘉兴市政协文史资料委员会编《一代水工汪胡桢》，当代中国出版社，1997。

③ 李书田等：《中国水利问题》第八编《整理运河问题》，商务印书馆，1937。

各省时，在浙江省水利局、扬子江水利委员会、北运河工程局、山东运河工程局及华北水利委员会等水利管理机关均停留一段时间，从事资料的整理及设计。1935 年 6 月到达北京。经一年半的辛勤劳动，比原计划提前半年完成了全部工作任务，并编制了一套较完整的《整理运河工程计划》。①

五 卫根、克劳士导淮治河资料的发现与研究

1934 年，汪胡桢应聘为整理运河工程讨论会总工程师，并与导淮委员会委员长陈果夫签订了聘用合同。这个合同，收录在他编写的《整理运河工程计划》一书中。为撰写整理运河工程报告，他带着助手戴祁到运河沿线实地考察。在天津考察华北水利委员会时，发现了卫根《运河工程计划》和克劳士《河工札记》这两部重要的文献的线索。汪胡桢在中国水利学会会刊《水利月刊》上详细介绍了这两部文献的来龙去脉、发现经过和价值。②

卫根的书稿除图表外共计 743 页，克氏的札记更长达 1300 页。这两部书稿的缘起，是民国七年（1918），民国政府与美国广益公司订立治运借款合同，次年 8 月，便有大批美国工程师来到中国，主持测量设计工作。著名的工程师费礼门、李伯来、卫根都在其列。这项工作进行了约 3 年，花费经费达 85 万美元，后因时局动荡而中断，当时的测量结果也没有整理发表。这件事情随着北洋政府的倒台而沉寂，以后一直没有人再提起。直到华北水利委员会成立，向经手此事的人索要当时的文件时，才发现这些资料竟然被封存在一个箱子里，纸张大半已经生霉损坏，字迹不可辨认。除了还能够阅读其中的地图外，华北水利委员会已经无法整理利用。

汪胡桢来天津之前，就得到山东运河工程局局长孔令瑢（字佩卿）寄来的卫根报告数十页，这些材料，一半是孔从华北水利委员会借阅，另一半是从前山东南运湖河筹办处获得。显然，卫根的报告已经部分散失。这次考察运河时，汪胡桢专程到天津查找华北水利委员会的资料，特别留意这箱资料的情况。功夫不负有心人，他终于发现了用活页装订的三册书

① 汪胡桢：《整理运河工程计划书》，中国水利工程学会，1935。

② 汪胡桢：《两部十六年隐而复见之巨著》，《水利月刊》1932 年第 7 卷。按，下文主要参考此资料，如无特别说明，不再重复注释。

籍，但因水渍故，各页胶合，霉烂很严重，已有片片碎落之势。经过小心检查，揭开后发现卫根报告书正在其中。经过数日的努力，汪将报告书逐页揭开，通读过后再请打字员抄打一遍。同时，又在箱中发现了照相底片数十盒，报告书附图就在其中。经过一一晒印并作了登记之后，发现仍然有缺失的图表。回到南京后，汪将这些资料交书店精装为四部，一部存于整理运河讨论会，一部存于华北水利委员会，一部存于山东运河工程局，一部存于导淮委员会。目的一是分散保存，以防再丢失，二是回馈原资料收藏单位。

六　卫根、克劳士导淮治运资料的传播及意义

汪胡桢曾将这部书送李仪祉研究。李仪祉是陕西渭南人，早年毕业于京师大学堂，随后赴德国留学，是近代最早到欧洲学习水利的科学家，回国后到张謇刚刚创立的河海专门工程学校当教务长，熟知中国近代水利情况。李研究后告诉汪胡桢还有部分图表原存塔德工程师处，随即借来描印，先保存到西安水利局，后由西安邮寄南京。汪研究后发现，塔德保存的图表正是原来图表中所缺失的，故“欣奇不置”。汪向李仪祉借阅了这些图表，准备复印后与原书资料配齐，仍然存放于四处，“俾便阅览”。

汪胡桢在费礼门所著卫根报告书的后记中了解到克劳士资料札记的成书经过。原来，费礼门来华前，“以水利学理散见群书参考不易，吾国黄淮运三河治理意见载诸西方之报者，亦所在多有，乃聘勃郎大学教授克劳士详加搜辑，着为札记二大本，分缮四份，一留克劳士处，一归费氏，一由治运工程师团携来中国，一由转运公司寄华途中遗失不可复得云云”。[①] 资料札记为两大本，誊抄了 4 份，分别由克氏、费氏各保存一份，另一份由美国工程师团带到中国，另一份转运公司寄来中国途中丢失。“余初以为此书或在木箱遗物之中，但遍觅无着。后访杨豹灵先生谈及兹事，杨先生谓美工程师携华之本后赠于彼，故在彼处。余以为此书颇得弗氏赞许，且存世已稀，（弗氏已故其书不知现存何许）故请借来打缮。”杨豹灵（1886～1966），上海金山人。1896 年入上海中西书院，1901 年入东吴大学，1907 年两江总督端方挑选出国留学生，经过考试杨豹灵被选中，10 月

① “勃郎大学”即位于波士顿的布朗大学（Brown University）。

赴美入康奈尔大学学习土木工程，1909 年入普渡大学，1911 年回国，1914 年任水利局技正，1918 年在顺直水利委员会任流量测验处处长，1921 年为扬子江水道讨论委员会委员。当时正与美国工程师合作共事，所以得到美国工程师转赠的一份资料。这次杨豹灵慨然允许，并请求整理后给他一个副本，以作纪念。汪胡桢返回南京后，请高镜莹担任校阅，打字员张文瀚抄打。但张君却因中途积劳病故，换了一位黄姓打字员继续抄打。后来，与张含英谈及此事，张告诉汪，他在美国伊利诺大学土木系读书时，克劳士教授还健在，曾给他借阅过这两本装订的札记，“惟谓书甚珍爱，故请勿携出室外，并勿抄录。”张先生用了数天时间阅读一遍，但以无法借抄为憾。现在能够得到这两本书，“堪称幸事矣”①。

除了这两部珍贵文献外，还有李伯来报告一种，共有打字稿 1163 页（图表不计），保存有两份，一份存于山东运河工程局，一份存在华北水利委员会。当时还没有整理，故李伯来的治运主张也未公布于世。这样，只有费礼门的治运方案——《南运河报告》一种，曾付铅印，流传较多，现华北水利委员会曾独存数十册。汪胡桢在文章最后指出：“民七治运，用款至巨，当时以设计资料未充，故所成计划尚有待研究之点甚多，然积数年数十百人之心思才力，以成此报告数种，为水利学术计，亦当设法刊布之，以公诸同好也。”

由汪胡桢的介绍可知以下几个方面。第一，在十分艰苦的条件下，民国七年对导淮、治运做了很多工作，特别是实地测量积累了大量第一手资料。邀请美国工程师团来华测量，这一工作花费了 85 万美元，这在当时是一笔非常大的数额。可惜仅 3 年便半途而废。现在有些学者认为美国人无所事事，挥霍了中国宝贵的经费。其实不然，北洋政府当时在运河上是想做点事情的，而且也做了一些实事，可惜，因北洋政府政治局势变化而半途而废，造成了巨大的损失，最后连资料都散失了。这不应归咎于美国工程师。第二，美国方面十分重视履行对华合同，选派了大批高水平的水利工程专家，他们的态度也是积极认真的。费礼门极其重视这次远赴中国的“援外”任务，曾花大气力调查世界水利文献和中国古代相关的治水、治运文献资料，而且还专门聘请美国著名的布朗大学的教授克劳士，搜集、

① 克劳士，应就是柯乐斯。张含英在美国留学期间，曾向柯乐斯教授借阅过 4 册黄河资料，内容十分丰富，对他回国以后的研究工作帮助很大。

整理了大量的相关文献资料，形成了两大本（一说四册），长达1300页的资料，取名札记，以供来华工作时参考。其工作严谨、务实的学风，令人敬佩。这肯定需要很长时间的搜集整理，也要花费经费的。第三，克劳士教授虽然没有来华，但亦为中国的运河治理和导淮做出了贡献。他应该也是研究中国水利史的专家，精通汉语的中国通。否则不可能在短时间内阅读、整理那么多中国文献，精心编排，形成厚重的资料辑。而这些文献当时大多数并没有翻译到西方，又多是线装书。后来，他调到以水利工程着称的伊利诺大学任教，应当与此经历有关。中国很多学习土木工程、水利工程的留学生，都曾在这所大学留学。像汪文中提到著名水利学家张含英先生（字华甫），1921年，考取山东省官费留学备取生，于当年夏天前往美国伊利诺大学土木系，半工半读，3年结业，获荣誉结业证和土木工程学士学位。接着又到康奈尔大学研究院学习一年，获土木工程硕士学位，1925年学成回国。张含英在伊利诺大学读书时就目睹了这份资料辑本，这几册资料，凝聚了克教授的心血，他虽然一直视为珍宝，但也无保留让中国学生阅读。第四，美国工程师离开时，留下了大量的测量资料，但由于时局动荡，国家相关机构没有健全的交接机制，大量资料被随意丢失，胡乱存放，没有做好资料的保管、登记工作，更谈不上整理。这是造成资料损失的主要原因。第五，汪胡桢先生的发现、整理之功极大。汪胡桢是1915年考入张謇创办的河海工程专门学校，两年后专科毕业的首届毕业生，成为民国学校教育培养的第一代水利工程师。他后来到美国学习水利工程，完成硕士专业学习后回国。后来被聘请为整理运河工程讨论会总工程师，主持了《整理运河工程计划》的编制。这应是用科学方法对大运河进行全面整理规划的第一个科学工程计划。显然，这个计划能够在短时间编制完成，必然参考了大量既有成果，各地水利机关对其工作的支持配合是重要因素。这次发现的这两本重要文献，肯定也有很大的促进作用。汪胡桢抢救、整理这些失而复得的重要文献，还得到了华北水利委员会、山东运河工程局局长孔令溶、水利专家李仪祉、杨豹灵、张含英等人的支持，正是在他们的帮助下才完成了对这些资料的研究、整理，同时还发现了新的材料，并且追根溯源，搞清楚了这些资料的来龙去脉，厥功至伟。

汪胡桢深入调查研究，搜集资料，抢救濒于消失的资料的科学精神值得我们学习。今天我们研究大运河，了解大运河，不能忘记民国时期水利学家们对运河整治的卓越贡献，他们的贡献和精神，本身就是大运河文化的重要内涵，近代大运河治理艰难起步，凝聚了老一辈水利工程师们的心血和智慧，也包括美国学者的努力，对 1949 年后的治淮治运起到重要作用，应该实事求是评价他们的贡献。这应该对我们纪念改革开放40周年具有现实意义。

（责任编辑：胡克诚）

北洋政府时期的苏北运河治理

崔建利[*]

内容提要 民国北洋政府时期的苏北运河，一方面是江苏省重要的内河航道，另一方面又不断受到淮、沂、泗等水源的影响决堤成灾，成为江苏地方政府乃至北洋历代政府的一块心病。北洋政府先后设置上下游堤工事务所、筹浚江北运河工程局、督办江苏运河工程总局等机构对苏北运河进行管理和治理，但由于时局动荡，经费短缺，相关运河治理成效甚微。

关键词 北洋政府 苏北运河 张謇

若以长江为界，京杭大运河在江苏境内可分两段：从长江南岸的镇江至苏浙边界为江南运河苏南段，从苏鲁交界处的黄林庄至长江北岸的瓜洲为苏北运河（也称“江北运河”）。其中苏北运河全长约七百里，又分两段：自黄林庄至杨庄为中运河，自杨庄至瓜洲为里运河。自北宋末年黄河夺淮入海以来，苏北运河特别是里运河处于黄、淮、运交汇区，治黄（淮）保运成为明清时期历代王朝最重要也是最为棘手的任务。光绪二十七年（1901），清政府全面废止了利用运河输运粮米的制度，政府不再对大运河进行维护、疏浚和整修。但苏北运河因地势特殊，攸关苏北地区交通和水利，故“漕废而运河工程不废”①，苏北运河依旧成为江苏地方政府乃至中央政府下大力气维护和修治的重要河段。本文主要讨论北洋政府时

---

* 崔建利（1969～ ），山东兰陵人，聊城大学运河学研究院副研究馆员，主要研究方向为古近代文献。

① 胡树鍼：《江北运河工程局汇刊弁辞》，《江北运河工程局汇刊》第一期（民国十六年六月至十二月）。

期苏北运河的治理状况。目前学界相关研究较少，仅见袁飞《筹浚江北运河工程局几个相关问题初步考察》和张捷《张謇督办江苏运河工程局的理财措施》两篇论文，分别就筹浚江北运河工程局相关问题及张謇督办江苏运河工程局时经费筹措与使用进行了研究。[①] 本文主要参考民国时期《督办江苏运河工程局季刊》和马士杰的《筹浚江北运河工程局筹备时期概略》及近代报刊等相关文献，对北洋政府时期苏北运河的治理作整体性探究。

一 北洋政府时期的苏北运河状况及治理动因

民国前期的苏北运河是当地重要的内河航道，同时又不断受到淮、沂、泗等水源丰枯的影响而断航或决堤，走马灯似的各级各类政权在财力极度匮乏的情况下，仍不得不设法治理苏北运河，关键原因有二。

一是防洪防灾。从地理上看，苏北运河地势低洼、诸水汇流、饱受黄河泥沙淤积，成为京杭大运河诸河段中受灾最重的区域。仅从民国十年（1921）里运河段的统计数字便可见一斑：当年江、淮、沂、沭诸水相继盛涨，里运河东堤三百余里漏水者达一千三百余处，堤身脱坡者八十余处，脱坡最长段约一百二十余丈，遇及狂风暴雨，险象环生，追车逻、南关、新坝三坝启放后，运东大坝虽幸未溃决，但里下河则浸沉于洪水之中，受淹面积约计一万四千四百六十二平方公里，几占该地区全部面积的百分之六十八，灾情惨重。[②] 因此，为了防洪防灾，各级各类政府即便在焦头烂额财力极度匮乏的情况下，也不得不重视苏北运河的修治。

二是保障交通。虽然年久失修决堤不断，但运河仍是苏北地区不可或缺的水运通道。据李仪祉 1930 年前后的统计，台儿庄至清江浦之间的中运河可通行一百担至二百担之民船，清江浦至瓜洲之间的里运河可通行千担以下之民船并可通小轮船。[③] 但这只能是概而言之，具体通航状况受时令及运河水量影响很大。从 1917 年 4 月《申报》一则消息即可窥见一斑：

① 袁飞：《筹浚江北运河工程局几个相关问题初步考察》，《淮阴工学院学报》2013 年第 8 期；张捷：《张謇督办江苏运河工程局的理财措施》，《淮阴工学院学报》2013 年第 9 期。

② 欧阳洪：《京杭运河工程史考》，江苏省航海学会，1988 年印本，第 329 页。

③ 李仪祉：《华北水道之交通》，《中国建设》1930 年第 2 卷第 2 期。

运河今已成令人失望之物，如染陈疴，几无生气。纵欲为讳，亦不可得。去夏河水涨起，小火轮不能驶行，经数月之久。去冬天寒河冻，又五十日不能行舟。目下河水低涸，航业已停滞一二月，须俟六月间时雨降落后，始可有活动气象。今日小火轮从扬州上驶仅及百里而止，过此则货轮数百困陷泥中不能前进。行客则须屡次换船，船小人多，拥挤不堪。运河运河，诚可谓有其名而无其实矣!①

以上两大原因虽作分述，但就苏北运河治理动因而言，更多的是两位一体。对于苏北运河这一利害兼具的特征，南京国民政府时期的江苏省水利局曾作如下概述："苏省江北运河之利，在数百里内之货物，得廉价之运输，而十余万方里农田灌溉之利，亦为厚溥。至言其害，则在水大时，堤坊之崩决。中运堤决，则殃及邳、宿、泗等县，而六塘、盐河受过量之水，亦足使海、沭、淮阴等邑，相继成灾。里运堤决，则下河诸邑，胥成泽国。"②

二　北洋政府时期苏北运河的管理机构及其治运实践

1. 苏北运河上下游堤工事务所

民国元年（1912），北洋政府废除扬州境内的扬军厅，改设江苏省苏北运河上下游堤工事务所，主管官为坐办，负责管理苏北运河。上游堤工事务所驻淮阴，专管淮阴南北堤工，下游堤工事务所驻高邮，专管宝应黄浦以南堤工。所下设汛，自宝应汛黄浦至江都汛瓜洲口，军民分治。"两所均隶属于江苏省署，仅司修防而已。"③

2. 筹浚江北运河工程局

民国三年（1914）八月，因当年江北一带发生了旱灾，在全国水利局总裁张謇的支持下，江苏省民政长韩国钧牵头申请，获准设立"筹浚江北运河工程局"。江苏内务司司长高邮人马士杰被任命为"筹浚江北运河工程局"总办。日常业务主要涉及测量、修置、挖泥、机船等方面，还创设

---

① 《运河近况之西讯》，《申报》1917年4月21日，第6版。

② 江苏省水利局《苏省江北运河工程概要》，《水利月刊》1931年7月第一卷第一期（创刊号），第18页。

③ 丹隐：《江苏问水篇·江北运河（再续）》，《水利委员会丛刊》1941年第9期。

了河海工程测绘养成所。

关于筹浚江北运河工程局存在期间的治河活动，相关资料非常少。袁飞在《筹浚江北运河工程局几个相关问题初步考察》一文中，主要利用马士杰的《筹浚江北运河工程局筹备时期概略》，对工程局的成立背景、经费来源及收支情况、河工人才培养情况等论述较详，对该局自成立至民国六年六月的治运活动作了概括性叙述，指出“以里运河为经、其周边水系为纬共同构成了工程局的施治对象”[①]，但具体实施了哪些工程项目，受限于资料内容和时段，文中语焉未详。在收集本文资料时，笔者发现1914年《东方杂志》载有一则《苏省筹拟疏浚江北运河》消息，内中透露出筹浚江北运河工程局运河治理的大致范围：

> 江苏巡按使韩国钧呈称，江北运河淤塞，关系颇巨……其淮阴以下，南至瓜洲四百里，为南北交通孔道。自经淤塞，偶遇旱涝，均足为灾。现拟从事修浚，以为导淮之预备……即经派员从淮阴县下至瓜洲，分段测量，期以六个月竣事，以为秋后施工之计。[②]

淮阴以上即中运河，淮阴以下即里运河。从这则消息可看出，筹浚江北运河工程局成立后的治运目标主要是淮阴至瓜洲段即里运河段。这与马士杰的主张是一致的。马士杰认为，苏北运河“绵亘七百余里，工段险要，以下游里运河为多。欲于旱涝之年兼筹并顾，势必从清江闸以下至于江口浚深培厚为图治入手之初基”[③]。但这一河段具体治运工程有哪些并不清楚。1920年8月出版的《督办江北运河工程局季刊》第一期中载有《筹浚江北运河工程局自民国三年八月开办起截至九年四月十日止各项收支数目简明清册》，内列“收入门”和“支出门”两大类。支出门中的“工程项”“测量项”和“补助项”，则透露出筹浚江北运河工程局存在期间所经历或主持的治运业务。兹将“工程项”“测量项”“补助项”中涉及治运业务的项目列表如下[④]：

---

① 袁飞：《筹浚江北运河工程局几个相关问题初步考察》，《淮阴工学院学报》2013年第8期。

② 《苏省筹拟疏浚江北运河》，《东方杂志》第十一卷第三号“中国大事记”（1914年9月1日）。

③ 马士杰：《筹浚江北运河工程局筹备时期概略》。

④ 《筹浚江北运河工程局自民国三年八月开办起截至九年四月十日止各项收支数目简明清册》，《督办江苏运河工程局季刊》第一期。

支出门	项目	金额（元）
工程项下	淮安县泾溪乡石闸工费银	2647.82
	八年分堵筑归江各坝工费银	14693.41
	八年分瓜圩石工岁修经费银	2000
	切滩筑坝经费银	9672.193
	挑浚运河救生港至邵家沟下段现改切滩工费银	30000
测量项下	测量清江至瓜洲运河经费银	7763.237
	测量东下河及归江十坝经费银	7110.108
	测量里下河及海口经费银	7570.636
	平剖面测量经费银	10000
	测量沂河经费银	506
	测量中运河经费银	4596
	实测微山湖经费银	8462
补助项下	补助东台蚌蜒河堤工银	5000
	补助泰县斜丰港堤工滷林河闸工银	20000
	补助高邮广沛平阿两乡水利工费银	2420
	拨给兴化县堵筑大团八灶闸坝工费银	162.42
合计		129956.004

从上表所列项目可见，筹浚江北运河工程局存在的近6年时间里，其运河治理业务主要包括河工测量与工程建设两方面。从经费支出看，单个工程项目均不是很大，只有“挑浚运河救生港至邵家沟下段现改切滩”及民国八年（1919）“堵筑归江各坝”两项工程经费过万，应该都是一些局部性或救急性项目。

不过，筹浚江北运河工程局河务测量业务中的平剖面测量工作并不仅仅局限于里运河，而是面向苏北运河全域的。督办江苏运河工程局在向大总统呈文中曾有述及：

为淮、扬、徐、海四属平剖面测量归入督办江苏运河局继续筹办，联衔会呈，仰祈钧鉴事。窃江北各县平剖面测量，前据江苏省议会咨开议请筹办淮、扬、徐、海四属平剖面测量。其经费预算年需五万元，期以八年竣事……该局开办测务将及一年，因筹款未能足数，测量各班分布在外，非经费预期筹足不能次第进行，曾于上年暂请停办。[①]

淮扬徐海四属平剖面测量工作目标是八年完工，但因经费缺乏，测量了不到一年即告停工。上述经费支出所列“支平剖面测量经费银一万元”，很可能就是这部分花费。

3. 督办江苏运河工程总局

督办江苏运河工程总局系遵照1919年5月3日中华民国大总统徐世昌令成立，机构所在地为江都县城。这是直属于北洋政府的苏北运河专门治理机构，级别与江苏省政府平行，接收原筹浚江北运河工程局资产及业务，并代管原属江苏省政府直辖的上下游堤工事务所。根据《督办江苏运河工程总局暂行规则》载，该局的主要职责有三：一是统筹苏运分治计划，二是测勘行水路线，三是实施工程计划。工程总局原计划三年内完成苏北运河治理任务，但因为经费不足等原因延期三年，张謇也因此提出辞职，后来续任至1925年初。

总局成立第一天即公布了张謇主持起草的《江北运河分年施工计划书》。其治运计划以三年为期，总费用三百万元。从《江北运河分年施工计划书》之“年限”一章，略可窥见督办江苏运河工程总局的治运大概：

> 全运工程从下游次第实行，土方坝闸于一年期内兼筹并进，冀天时人事两不相妨，经约以三年为竣事之期。
>
> 第一节　闸坝年限：坝闸全工第一年修筑三河坝一座，蝎虎或凤凰滚水坝一座；第二年改建新河或拦江滚水坝一座，归江活动坝一座；第三年修筑中运及里运坝闸涵洞，又续建归江活动坝一座（三河坝工二三年亦有之）。
>
> 第二节　土方年限：土方工程第一年疏浚里运，第二年疏浚中运，约以二年为期。
>
> 按前式支配，第一年须用工程经费一百万元，第二年九十二万元，第三年八十一万元。[②]

---

① 《省长、督办、会办会呈大总统淮扬徐海四属平剥面测量归入督办江苏运河工程局继续筹办文》，《督江苏运河工程局季刊》第一期“文牍选载”。

② 《江北运河分年施工计划书》，《督办江苏运河工程局》第一期“治运计划”。

不过，经费短缺同样成为督办江苏运河工程总局最大的拦路虎。1920 年 12 月，督办江苏运河工程总局举行年度计划评议会，各界评议员对第一年计划进行评议。在《督办江苏运河工程局第一届计划议案》之最后，就总局成立以来大半年的工程进展及经费筹措情况作了总结："右列乃第一年之计划也。预算经费一百万元，除本局开办至今工程（机船在内）测量已用六万五千元，故以九十三万五千元计，但照本局截至十一月止，现有之数不过三十六万元，只办里运河工程尚有不敷。"① 这仅仅是开局之年，经费缺额就如此之大。接下来受内战及天灾影响，总局年度计划用款总量则是一减再减。1921 年 12 月，总局公布了第二届计划方案，计划用款总数为五十万元，远远低于《分年施工计划书》中九十二万元的预算。1922 年底第三届计划用款为五十万元。② 因款不到位，工程大受影响，督办张謇曾四次请辞，均未获当局批准。1923 年 7 月，原订三年的治运计划已到期，"卒因款绌，应办工程尚不及三分之二"，张謇不得不第五次向当局提出辞呈：

> 今兹受任已三年矣，卒因款绌，应办工程尚不及三分之二。按诸原约，实有未符……论此三年之中，酷樱大水，其临事之捍卫与事后之设施：言乎泄水，上游如新坝、车逻坝、南关坝、双金闸，下游如王家港；言乎交通，如高邮至界首之运河；言乎防御，如洪湖大堤，运河东堤……今就运河本身上下游言，幸里运各工粗能就绪；中运疏浚，准于秋后实施。虽尚未竟全功，差可告一段略。仰祈迅赐特简贤员来局接替。③

在经费如此欠缺的情况下，"应办工程尚不及三分之二"，对督办张謇来说已是竭尽全力，其请辞信中不乏怨气，但也绝非故作姿态。尽管本次请辞仍未获政府批准，但张謇已是心灰意冷。此后的督办运河工程局年度经费越来越少，除了常规性春修夏防及应急修补外，在苏北运河治理方面并无新进展。

---

① 参见《督办江苏运河工程局第一届计划议案》第二章"工款"。

② 参见张捷《张謇督办江苏运河工程局的理财措施》，《淮阴师范学院学报》2013 年第 9 期。

③ 张謇：《五辞运局督办呈》，《张謇全集 1 · 公文》，上海辞书出版社，2012，第 655 页。

张謇辞职信中所述“不及三分之二”的“应办工程”具体有哪些呢？张謇在辞呈中已有概述。笔者根据《督办江苏运河工程局季刊》相关记载作了粗略统计，结果如下：

中运河段：双金闸、河口坝、钳口坝、刘老涧闸、潆流闸等修筑；洪湖大堤石工修补。

里运河段：高界段运河及王家港疏浚，归江十坝之金湾坝、东湾坝、西湾坝、凤凰坝、新河坝、壁虎坝（又名湾头北坝）、沙河坝之修筑及三河坝、车罗坝、南关坝、新坝等修筑，宝塔湾堤、高邮堤岸、江都堤岸等修整。

这与张謇在辞呈中的概述差不多。由于缺款，许多工程往往无法按原计划操作，使工程质量和效果大打折扣，如高界段运河原计划为挑浚，但因经费不足，“结果仅以切滩了事，徒费公款，毫无益处”。[①] 有些工程则绌于经费，不得不草草收场，这方面最为典型的要数东台王家港疏浚工程。

东台县属之王家港为下河各县泄水入海尾闾，督办江苏运河工程总局于 1921 年 4 月 18 日开始兴工疏浚此港，预算经费至少需款二十四万元，但总局“可恃者仅有八万圆”[②]。张謇化缘般地东求西借，工程款最终还是缺一大截，王家港疏浚工程不得不草草“完工”：

> 东台之王家港，乃排泄西水五港中之一也，港久失修，淤而且曲，亦无堤防，乃令局员测量绘图定线，集款兴工。下自骆恺志上溯至马墩，又自马墩至三环，裁湾取直……三环迤上至万盈墩，剩余之工不足四分之一，因省厅预筹十二年起加增下河九县二分亩捐七万元不济，地方人士亦无法垫助。謇、国钧罗掘此十七万元，亦已力竭声嘶，不得已，暂至三环结束告一段落。此浚治王港之大概情形也。[③]

---

① 《督办江苏运河工程局第二届评议会速记录》，《督办江苏运河工程局季刊》第十期“评议会记载”。

② 张謇：《致徐静仁函（民国十年，1921. 12. 下旬）》，《张謇全集 3·函电·下》，上海辞书出版社，2012，第 966 页。

③ 张謇：《答下河九县来书人启（民国十一年，1922. 5）》，《张謇全集 4·论说·演说》，上海辞书出版社，2012，第 509～510 页。

三 余论：北洋政府时期苏北运河治理之局限

除了受经费短缺的严重制约外，北洋政府时期的苏北运河治理制约因素还有许多，其中又以地方利益纠葛、机构设置不合理所致人浮于事最为明显。

一是地方利益纠葛。“中国自来治河，全拘于省界之见。试观苏皖两省，互相嫉忌，致害工程。”[①] 当时美国水利工程师的论断虽然有失偏颇，但用以描述苏北地区的运河治理颇为恰切。正如张謇等在呈大总统徐世昌文中所言：“鲁与苏之中运势若建瓴，淮与苏之里运横当腰膂，设一因循不幸盛涨，洪流倾注，河不能容，泛滥四出……灾域之大，殆不可测。”[②] 道出了江苏省与鲁、皖两省在运河治理方面存在利益纠纷的地势（理）因素。以民国初年的筹浚江北运河工程局的成立为例，表面上是应对当年旱情而设立，其实最直接的原因是应对筹办山东南运湖河疏浚局的相关治运活动，“民国三年，鲁省设筹办山东南运湖河疏浚局，拟创鲁南垦牧公司，俾汶泗及其他积水递达微山湖。苏人惧鲁以苏爲壑也，初请勘运”。[③]“苏人惧鲁以苏为壑”，点明了当时运河治理方面地方利益的制约。筹浚江北运河工程局成立后马上与山东南运湖河疏浚局就运河治理方面进行了台儿庄会商，“鲁主疏牛头河，苏主治蒙沂”，分歧较大，最后不得不经两省政府出面协商，议决五条：

> 一、苏鲁各湖均保存其现有面积，牛头河、伊家河及南阳、昭阳、微山各湖连接处均不疏浚，由两省派员会勘，未勘定以前各河均存其旧。二、导沭迳由蔷薇临洪口出海，导沂一支由骆马湖入六塘河，其他支仍循故道入运，再分泄入六塘河，均由灌河口出海。卢口及刘老涧均复滚坝旧制，或酌建闸。三、疏浚杨庄至涟水淤浅之废黄河分泄运涨，俟查勘后再定。四、收归江坝及盐河、武障、龙沟等坝归江北水利专官司其启闭，其车逻五里南关等坝由行政官查照成案水

① 詹美生：《江皖水灾调查并规划说明书》，《地学杂志》1914年第1号。

② 《省长、督办、会办呈大总统请将治运分年施工经费一百万元饬部列入九年度预算文》，《督办江苏运河工程局季刊》第一期“文牍选载·属于经费者”。

③ 李恭简修，魏儁纂，民国《续修兴化县志》，民国三十三年铅印本，第126页。

志尺寸办理。五、整顿淮、扬、徐、海二分亩捐以备募集省公债，并推广泗、沂、沭流域。[①]

苏鲁两省议决而成的这五条最后执行效果如何，资料所限，不得而知。但地方利益纷争会严重制约运河的通盘治理，是不言自明的。

二是机构设置不合理，致人浮于事，责任心不强。岗位设置不合理方面，以督办江苏运河工程总局最为突出。1926 年 11 月，南京国民政府江苏省建设厅为接管并改组北洋政府时期督办江苏运河工程总局向省政府呈文中指出：

窃查江北运河工程局，系就前督办江苏运河工程局，并将前淮、扬、徐、海四属平剖面测量局归并改组。内设总务处、工程处、测量处三处，外设上下游隄工事务所。以内部言，则测量处范围不免过大。揆诸运河本身，实无如许测量工作。至总务处职掌，则局有收入，如亩捐货厘之催解以及屯田之整理，均为局中极重要之工作，自应于组织条例中明白规定。以外部言，则上下游事务所袭坐办旧制，仍多官僚习气，每届春修夏防工程，所中悉委诸汛员，局中工程处技术人员不过间为复估验收而已，于办理工程，并不过问。殊非实事求是之道。[②]

机构设置不合理所导致的人浮于事、责任心不强等问题，不仅白白消耗了本就紧缺的治河经费，还使工程的建设质量大打折扣，无形中加重了苏北运河治理的施工频度和负担。

（责任编辑：朱年志）

---

① 李恭简修，魏儁纂，民国《续修兴化县志》，民国三十三年铅印本，第 126 页。

② 《江北运河工程局变更组织》，《申报》1926 年 7 月 19 日第 10 版“国内要闻”。

明清京杭大运河的历史变迁

——以西人的观察为视角*

尹桂霖　余清良**

内容提要　自隋炀帝开通大运河后，运河便成为历代王朝统治和百姓生活、社会经济发展的一个重要内容。明清时期尤为如此，但与以往不同的是，自明后期以来，不少西方传教士、旅行家及访华使者陆续来到中国，通过京杭大运河行走中国各地，并以游记的方式记载了其亲身经历和沿途见闻，这些游记为我们从另一侧面了解京杭运河提供了丰富的史料。尽管这些游记记录的时间不同，所描写的运河面貌也不一，但通过这些描写，我们可以部分窥探出有关明清运河变迁的史实。

关键词　明清　京杭大运河　西人观察

京杭大运河自开凿之日起，就成为互通货物、稳定社会、促进社会经济发展、沟通国内南北往来的孔道，同时自元代西人陆续来华以后，其还逐渐成为中外交流的一个重要通道，不同时期来华的西方人在从海上抵达中国后，绝大多数是通过运河行走于中国南北各地。近年来，关于元代以来来华西人对于京杭大运河的观察情况，已引起了越来越多学者的关注。

---

* 本文为国家社科基金一般项目“清代钞关制度研究（1644～1911）”（18BZS073）的阶段性研究成果。

** 尹桂霖（1994～　），湖北钟祥人，杭州师范大学人文学院历史系硕士研究生，主要从事明清社会经济史的学习和研究。余清良（1976～　），浙江淳安人，历史学博士，杭州师范大学人文学院历史系副教授、硕士生导师，主要从事明清社会经济史、民间历史文献研究。

举其大要，王健以元代为界，分时段全面介绍了自唐宋至明清时期西方人对中国大运河的记述和认识①；胡梦飞不仅概述了明清时期外国人视野中京杭大运河的总体印象②，并且从水利设施、沿岸城镇、民俗风情三个方面详述了明清时期来华外国人对京杭运河的描述③，此外还特别对17世纪荷兰首个来华使团在运河沿线的见闻进行了详细的个案介绍④；李德楠从工程、城镇和风俗三个角度对明清时期外国人对山东段运河的认识和记载进行了专文介绍⑤；陈学文着重介绍了在明清时期外国人的视野中，京杭大运河在规模、建筑、水路交通、商业经济、景色等方面对杭州城市发展所产生的影响，认为明清杭州城市的发展和繁荣主要是受益于运河和西湖⑥；张环宙、沈旭炜则全面搜集、整理了元明清时期外国人对杭州段运河美景的各种记录⑦。这些成果主要侧重于外国人对京杭大运河各种记载的介绍和叙述，缺乏相应的纵向对比与分析。本文拟以鸦片战争为界，分明后期至清前期与晚清时期两个时段，将西人对京杭大运河的各种记录进行对比分析，试图以西人的视角来揭示京杭大运河在这一历史时期所经历的历史变迁。

一 明后期至清前期西人视野中的京杭大运河

公元15～18世纪，被称为“地理大发现”时期，这一时期远洋航行技术得到提高，新航路开辟。公元17～18世纪，一批西方传教士和旅行家随着新航路来到中国进行传教或探险，同时当时的荷属东印度公司也数次派员前来中国试图打通对清帝国的商业贸易通道。由于这一时期正值明清

---

① 王健：《积淀与记忆：古代西方旅行家书写大运河》，《江南大学学报》（人文社会科学版）2017年第1期。

② 胡梦飞：《外国人视野中的明清京杭大运河》，《中国文化报》2013年4月18日，第14版；《明清京杭大运河留给外国人的印象》，《珠江水运》（半月刊）2016年第22期。

③ 胡梦飞：《西方来华使团视野中的清代京杭大运河》，《濮阳职业技术学院学报》2013年第5期；《明清时期外国人视野中的京杭大运河》，《淮阴工学院学报》2014年第2期。

④ 胡梦飞：《〈荷使初访中国纪〉中的清代京杭大运河》，《湖北职业技术学院学报》2016年第1期。

⑤ 李德楠：《外国人视野中的明清山东运河》，《中国名城》2012年第10期。

⑥ 陈学文：《外国人审视中的运河、西湖与明清杭州城市的发展》，《杭州师范学院学报》（社会科学版）2002年第5期。

⑦ 张环宙、沈旭炜：《外国人眼中的大运河》，杭州出版社，2013。

鼎盛时期，这些来华的西人对于古老的中华帝国充满着憧憬，其中，对于贯穿中国南北、全世界最古老和最长的运河工程——京杭大运河尤其格外欣赏，有关这一工程的各方面情况都被这些西方来华者大量记载到各自的游记或著作当中。

1. 对京杭大运河总体概况的描述

明万历十年（1582）八月，意大利天主教耶稣会传教士利玛窦（Matteo Ricci，号西泰，又号清泰、西江，1552～1610）到达澳门，并以“汉语著述”的方式对中国进行传教，他在中国持续生活了三十多年，并以日记的形式将自己在中国的所见所闻，包括政治、经济、风土、人情及传教活动等一一记录了下来[①]。

利玛窦曾于明万历二十六年（1598）、二十八年（1600）两次自南京乘船由运河北上进京，在此过程中，他根据亲身的见闻对明代大运河进行了全方位的记载：他先是描述了大运河的总体概况：

> 为了从南京由水路到达北京皇城，中国的皇帝从这条河流（指扬子江）到另一条由于它那汹涌流水的颜色而叫做黄河的河流，修建了一条长运河。[②]

接着，他对运河上商船和商贸规模进行了翔实的记述：

> 从水路进北京城或者出北京都要通过运河，运河是为运送货物的船只进入北京而建造的。他们说有上万条船从事这种商业，它们全都来自江西、浙江、南京、湖广和山东五省，这几个省每年都向皇帝进

---

① 按，利玛窦的日记最早由比利时耶稣会士金尼阁（Nicolas Trigault，1577－1628）整理翻译成拉丁文于1615年出版，取名《基督教远征中国史》（*Regni Chinensis Descriptio*）；其意大利语原文手稿则是在1910年时由汾屠立神父（Pietro Tacchi Venturi，1860－1956）在耶稣会罗马档案馆中重新发现并予以刊行，同其他书稿一道题名为《利玛窦神父历史著作集》（*Opere storiche del P. Matteo Ricci S. I.*），分为上、下两卷（Macerata［马切拉塔］：F. Giorgetti，1911－1913）；1942年，德礼贤神父（Pasquale M. D'Elia，1890－1963）又将其编入《利玛窦资料：有关利玛窦以及欧洲与中国早期关系的原始文件（1579－1615）》一著中（*Fonti Ricciane：documenti originali concernenti Matteo Ricci e la storia delle prime relazioni tra l'Europa e la Cina，1579－1615*）；其中译本据拉丁文版翻译，名为《利玛窦中国札记》（何高济、王遵仲等译，中华书局，2010）。

② 〔意〕利玛窦、〔比〕金尼阁著《利玛窦中国札记》，第324页。

> 贡大米和谷物，其它十个省则以银子上税。除去这些进贡的船只外，还有更大量的船都属于各级官吏们，来往不绝，再有更多的船从事私人贸易。……无数为朝廷运送物品的船只来到北京……。所以人们说北京什么也不生产，但什么也不缺少。①

明崇祯十三年（1640），葡萄牙人加布里埃尔·德·麦哲伦（Gabriel de Magalhaes，1609 - 1677）来到中国，并改汉文名为安文思，于清顺治二年（1645）时由运河乘船到达北京，此后在北京定居了 29 年。他将在中国的所见所闻著成《中国的十二特点》（也称《中国十二绝》）一书，后英译本改名为《中国新史》（*A New History of the Empire of China*）。该书有专门的一章对中国的大运河进行了集中描写。安文思认为，中国的公共工程和大型建筑物都超过了其他国家，尤其是京杭大运河，他从经济方面指出了运河开凿的原因：自元代定都北京（大都）后，北方各省都不能供应这座城市中的生活物资，于是“朝廷便命令建造大量船只，从南方诸省运输粮食、香料和各种商品到北京”。②

清初，荷属东印度公司为了打破当时葡萄牙人在澳门对中西贸易的垄断地位，先后向清王朝派出了六批使团。顺治十二年至十五年（1655 ~ 1658），荷属东印度公司首度派遣使臣彼得·德候叶尔（Pieter de Goyer）和雅可布·凯塞尔（Jacob Keyzer）访华，前后历时长达三年，使团中配有一名素描画家，即德国人约翰·尼霍夫（Johan Nieuhof，1618 - 1672），他在从广州至北京的旅程中，对沿途的所见所闻都作了细致的观察和记载，并配有实地绘成的 150 幅插图，其中就有对京杭大运河总体概况、水闸等水利工程及沿岸众多运河城镇繁荣景象的介绍③。约翰·尼霍夫在随使团

---

① 〔意〕利玛窦、〔比〕金尼阁：《利玛窦中国札记》，第 325 ~ 327 页。

② 〔葡〕安文思：《中国新史》，何高济译，大象出版社，2016，第 77 ~ 78 页。

③ 其记录的手稿最早于 1665 年由他哥哥亨利·尼霍夫（Henry Nieuhof）以荷兰文整理出版（Dutch，Amsterdam：Printed by Jacob van Myers，1665），并同步译有法文版（French，Amsterdam：Printed by Leyde，1665，冉·加本第［Jean Carpentier］译）；此后又先后有德文版（German，Amsterdam：Printed by Jacob van Myers，1666）、拉丁文版（Latin，Amstelodami：Printed by Apud Jacobum Meursium，1668）、英文版（*An embassy from the East-India Company of the United Provinces*，*to the Grand Tartar Cham*，*emperour of China*，London：Printed by John Macock，1669）等多个不同版本，其中译本名为《荷使初访中国记》，由荷兰莱顿大学汉学家包乐史（Leonard Blussé）博士和厦门大学南洋研究所庄国土博士合译，收录在其合著《〈荷使初访中国记〉研究》（厦门大学出版社，1989）中。

在江苏仪征由长江进入大运河后，立即被运河的壮美所吸引：“我们在此地（仪征县）驶入皇家运河。运河修得非常齐整，两岸村庄优美，农田平坦肥沃，丰硕得就如地上的乐园。”①

罗马尼亚学者尼古拉斯·巴塔鲁·米列斯库（Nicolae Spataru Milescu，1636－1708）在清康熙十年（1671）时出任俄国外务署希腊文、拉丁文和罗马尼亚文的翻译，并于康熙十四年（1675）作为俄国公使出使中国，对当时中国的政治、经济、行政、文化和军事等方面情况进行了全面的考察，著成《中国漫记》（*Descrierea Chinei*）一书，其中有许多内容涉及京杭大运河，比如有关大运河的开凿，作者写道：“中国人历尽艰辛，巧妙筹划，使全国水路网络四通八达，或一改河流故道，或开凿新的运河，全国各地都有水路与北京相通”。② 运河将源源不断的物资由南方运送到北京，供养帝都里的臣民。

清乾隆五十七年（1792）九月，英王任命乔治·马戛尔尼（George Macartney，1737－1806）为大使，在乾隆83岁寿辰之时出使中国，并于次年（1793）八月抵达北京，该使团对中国的访问前后共历时两年多。在此次访行中，上至大使、副使，下至使团成员，都留下了珍贵的中国行纪，其中著名的有大使马戛尔尼的《马戛尔尼勋爵私人日志》（*An Embassy To China*）、副使乔治·斯当东（George Staunton，1737－1801）的《英使谒见乾隆纪实》（*Authentic Account of an Embassy from the King of Great Britain to the Emperor China*）和英使团主计员约翰·巴罗（John Barrow，1764－1848）的《巴罗中国行纪》（*Travels in China*）③ 等。对于京杭大运河这项举世无双的工程，乔治·斯当东表现出了由衷的赞叹和欣赏之情：

> 当初运河的设计者必然高屋建瓴，独具匠心，才能设计出这条贯通南北的巨大工程，他计算出从这里到南北两方的地势斜度，再根据沿途河流所供给的水源，设计了许多水闸，同时还预估到开闸放船所

① 〔德〕约翰·尼霍夫原著，〔荷〕包乐史、庄国土著《〈荷使初访中国记〉研究》，第70页。

② 〔罗马尼亚〕尼古拉斯·巴塔鲁·米列斯库：《中国漫记》，柳凤运译，中国工人出版社，2000，第85页。

③ 上述马戛尔尼的《马戛尔尼勋爵私人日志》和巴罗的《巴罗中国行纪》二书的中译本合名为《马戛尔尼使团使华观感》（何高济、何毓宁译，商务印书馆，2013）。

> 损失的水量可以从地势更高的汶河水中补充。[①]

约翰·巴罗则将京杭大运河与长城相比，认为其实用性超过了长城，而就其规模而言，京杭大运河要比英国最长的内陆航道大许多，它的修凿是中国人智慧的凝聚，“这项工程的构想及其实施，都说明他们高超的科技水平，……全部工程仍明显可见采用了大量的技术处理和巨大的劳动力”。[②]

2. 对运河工程及相关设施的记载

为了保障运河上往来船只顺利通行，以及运河两岸区域的相互交流，自运河开凿之日起，历代王朝就陆续在运河沿线修建各种调节水位的水闸，以避免因水位问题而导致的通行不畅，在这些闸门处，常设有专人看管，用以管理水闸及指挥船只航行。毋庸讳言，这种独特的水闸工程及其设施也引起了几乎所有来华西方人的注意。

利玛窦详细描述了运河上用来节制水流的木闸对于保障运河通航顺畅的作用和具体功能：

> 从扬子江来的私商，是不允许进入这些运河的，但居住在北面运河的人们除外。通过这项法律，是为了防止大量船只阻碍航运，以便运往皇城的货物不致糟蹋。然而，船的数量是如此之多，经常由于互相拥挤而在运输中损失许多时日，……为了防止这种（拥塞）情况，就在固定的地点设置木闸来节制水流，木闸还可以作为桥来使用。当河水在闸后升到最高度时，就开放木闸，船只就藉所产生的流力运行。[③]

而明末来华的葡萄牙传教士安文思则着重记述了运河上独具特色的天妃闸和分水庙。天妃闸位于黄淮交汇处，其地因艰险而著称，水位落差大，河流湍急，船舶难以通过，故被称为“天妃闸”，其初建于明永乐年间，其后在嘉靖、万历、康熙雍正年间，为避免黄河水内灌而导致的“运河垫高，年年挑浚无已”[④] 问题，其具体的闸口多次进行移建，据光绪丙子

---

① 〔英〕乔治·斯当东：《英使谒见乾隆纪实》，钱丽译，电子工业出版社，2016，第319页。

② 〔英〕约翰·巴罗：《巴罗中国行纪》，见《马戛尔尼使团使华观感》，第318页。

③ 〔意〕利玛窦、〔比〕金尼阁：《利玛窦中国札记》，第325页。

④ 赵尔巽等：《清史稿》卷127《河渠志二·运河》，中华书局，1977，第3772页。

《清河县志》记载：

> 惠济正闸，原名“新庄闸”，又名“天妃闸”，……明永乐中陈瑄建，嘉靖中改移于南，名“通济”。万历六年，潘季驯又移甘罗城东。康熙十九年，移烂泥浅之上，即七里旧闸，而改名“惠济”。四十年，复移建于旧运口之头草坝。雍正十年，移建七里清，即今处闸。①

安文思则在著作中生动记载了船舶通过天妃闸时的情景：

> 当船只逆流而上，到达这座闸门下时，船夫在船首系上许多绳索，由四五百人，有时更多人，视船的轻重和货物重量而定，在运河两岸拖拉。同时，另一些人推动闸门墙上的绞盘，……当这些绳索都系好时，他们开始逐渐用力拉拽，并与敲打一个水盆的声音合拍，……四五百男子一起拉纤，一鼓作气，使船只迅速上升，……为了防止出现险情，他们将许多绳索系在船尾，由那些在运河两岸执索的人小心观察，放松或者紧拉绳子。这时候船的两侧有另一些人，用铁头长竿，指引船只穿过运河中央，避免碰到关闭闸门的巨石。②

在天妃闸处牵挽者，每艘船常用到四五百人，通行之难，可见一斑。除天妃闸外，山东汶河附近运河上的分水庙也引起了安文思的注意，他认为，所谓分水庙，即是可以将水流分开的庙宇。其最早创设于明永乐九年(1411)，由工部尚书宋礼所建，其主要作用是为了遏汶水全部南流，以“四分南流，达于济宁，会沂、泗诸水入淮；六分北流，达于临清，会漳、卫诸水入海”。③ 约翰·尼霍夫对此种现象也有所描述：“我们次日出发，经过南旺，汶河在此与运河相接，鞑靼人告诉我们，若在这里投九根小木棍到河里，有六根会流向北面，三根会流向南面。我就好奇地在龙王庙的

① （清）胡裕燕修，（清）吴昆田、鲁蕡纂，光绪丙子《清河县志》卷 6《川渎下》，《中国地方志集成·江苏府县志辑》第 55 册，江苏古籍出版社，1991，第 891 页。

② 〔葡〕安文思：《中国新史》，第 77 页。

③ （明）栗可仕修，（明）王命新纂，万历《汶上县志》卷 1《方域志·川》，《中国地方志集成·山东府县辑》第 78 册，凤凰出版社，2004，第 149 页。

对面试了一下，结果真如此”。[①] 面对此种异象，安文思从中探寻了其水流之所以流向不同的原因：

> 在东面大约半天行程距离的高山间有一大湖，湖水使一条转向东海的大河满溢。现在中国人堵塞了那个出口，打通了山，开辟一条运河把水引向寺庙。在当地他们开凿另两条运河，一向北，一向南；两河确实相对称，渠道大小一致，所以河水到达庙前中央时分开，一部分水仍流向北，另一部分水流向南。[②]

由于地势的原因，因抬水需要，在淮安至临清段运河上的水闸数量尤为众多，对此约翰·尼霍夫进行了准确的量化统计：

> 我们看见很多美丽的乡村散布在运河两岸。这些乡村附近的运河常被水闸闸住，使我们到处耽搁。从清江浦到临清，我们必须通过五十八个水闸，这些水闸都要费很大功夫才能启动起来。[③]

尼古拉斯·巴塔鲁·米列斯库也在同样在文中记载了运河上数量众多的水闸：

> 沿河建造了 20 多座硬石凿成的闸门，闸门可以开启。当船只通过时，闸门大开放水，使船顺水而下，直至下一道闸门。船只顺次通过所有的闸门，便畅通无阻。闸门所放的水靠一个大湖供给，湖河相联处也有水闸，湖水水位高于河水，所以闸门一开，即可按需要量往河里灌水。[④]

乔治·斯当东在《英使谒见乾隆纪实》中对运河的记载也颇为详细，在其书的第十六章中，详细记载了使团由北京去往杭州途中所见的运河及运河两岸的景象，如在运河岸边建有行人行走的堤坝，以及为了保证运河上客商的安全，“运粮河两岸每隔几英里就有一个兵站”，等等，此外运河

---

① 〔德〕约翰·尼霍夫原著，〔荷〕包乐史、庄国土著《〈荷使初访中国记〉研究》，第 74 页。

② 〔葡〕安文思：《中国新史》，第 77 页。

③ 〔德〕约翰·尼霍夫原著，〔荷〕包乐史、庄国土著《〈荷使初访中国记〉研究》，第 74 页。

④ 〔罗马尼亚〕尼古拉斯·巴塔鲁·米列斯库：《中国漫记》，第 109 页。

上还设置了许多水闸以调节水量，其构造与欧洲的水闸不同，“构造非常简单，只是将几块大木板上下相接，安在桥或石堤的两侧沟槽里，中间留出开口以便船只航行”，“船只通行时需要交一点通行税，这项税费专门用来修理维护水闸和河堤”。① 使团主计员约翰·巴罗则记载了这种水闸设施的特殊构造“这些水闸仅仅是靠凹槽滑动的木板开启，凹槽是从两侧礅柱上开凿的，……没有真正的闸门，除上述木板外，往下600英里的航道再无别的障碍”。这些水闸虽然设施简陋，但具有很强的实用性。巴罗还另外着重记载了江南运河上形质各异的桥梁，“有的呈拱形，颇似哥特式，有的半圆，有的形如马掌；有的桥墩很高，两百吨的大船从下面通过碰不到桅杆”。② 在巴罗眼中，这些桥梁除实用外，颇具观赏性。

3. 对运河沿岸城镇的记载

运河的开凿对其所经过的地区产生了重要的影响，在其沿岸地区兴起了一批运河城镇，这些城镇因运河而兴，便利的交通为它们带来了丰富的物资及客源。利玛窦在其日记中就对从南京到北京之间的运河城镇总体情况进行了详尽的描述：

> 从南京到北京沿途经过南京省、山东省和北京许多著名城市。除去城市外，沿河两岸还有许多城镇、乡村和星罗棋布的住宅，可以说到处都住满了人。③

先后来华的传教士和旅行家们对运河沿线诸省的城镇面貌进行了详尽的描写。大运河离开北京后由北往南的第一站，即地处京郊的河西务，其因紧靠运河西岸而得名，素有“京东第一镇”和“津门首驿”之称，明清两代在此设立钞关征税，对此约翰·尼霍夫在《荷使初访中国记》中有着详细记载：

> 此地（河西务）距天津卫一百八十里，位于运河的左岸。该城方圆步行约半个小时，……郊区沿运河两岸伸展颇远。所有前往北京的

---

① 〔英〕乔治·斯当东：《英使谒见乾隆纪实》，第312、318页。

② 〔英〕约翰·巴罗：《巴罗中国行纪》，见《马戛尔尼使团使华观感》，第320页。

③ 〔意〕利玛窦、〔比〕金尼阁：《利玛窦中国札记》，第326页。

> 船都必须经过此地，在此缴纳通行税，所以这个小城非常出名。[①]

由河西务往南是天津卫，这是元明清时期漕粮转运的必经之地和南北物资交流的重要枢纽，“其地为漕运孔道，冠盖之所往来，商贾之所辐辏，舟车络绎，百货骈填，鼓角管弦之声不绝于耳”。[②] 对其城市的规模和商船往来的盛景，《荷使初访中国记》中有着明确的记述：

> 该城（天津）距静海县一百二十里，城区呈四方形，……有一道二十五呎高的城墙。城墙上有垛堞，垛堞后的通道宽达八步，但没有炮台。郊区非常大，从城区向四面八方呈放射形展开，……我们在这里看到前往高丽、日本和其他地方的戎克船和其他大船，这些船舶给这个城市带来了生意兴隆的盛名。[③]

英国使团副使乔治·斯当东也记载到：当他们使团的船只航行到天津时，所见之地，“人口稠密，往往行不到半小时就看到一个村庄或小市镇”，“这里的商业也很繁荣，因为附近来往商船很多”。[④]

运河南北贯穿山东省，因此“为该省敛聚了财富”[⑤]，尤其是地处会通河和卫河交汇处的东昌府临清州，是南来北往漕船必经之地。地理位置的优越，为其带来了大量客源，穿城而过的运河与临清城市商业的发展紧密地结合在一起，使得其成为当时的一大商贸都市。

> 每届漕运时期，帆樯如林，百货山积，经数百年之取精用宏，商业遂勃兴而不可遏。当其盛时，北至塔湾，南至头闸，绵亘数十里，市肆栉比，有肩摩毂击之势。[⑥]

---

① 〔德〕约翰·尼霍夫原著，〔荷〕包乐史、庄国土著《〈荷使初访中国记〉研究》，第80页。

② （清）陈元龙：《水西庄记》，（清）沈家本、荣铨修，徐宗亮、蔡启盛纂，光绪《重修天津府志》卷22《舆地四·古迹·天津县·水西庄》，《续修四库全书》第690册，上海古籍出版社，2002，第432页。

③ 〔德〕约翰·尼霍夫原著，〔荷〕包乐史、庄国土著《〈荷使初访中国记〉研究》，第80页。

④ 〔英〕乔治·斯当东：《英使谒见乾隆纪实》，第313、314页。

⑤ 〔罗马尼亚〕尼古拉斯·巴塔鲁·米列斯库：《中国漫记》，第108页。

⑥ 张自清修，张树梅、王贵笙纂，民国《临清县志》卷8《经济志十一·商业》，《中国地方志集成·山东府县志辑》第95册，凤凰出版社，2004，第139页。

对于临清城市商业的这种繁荣状况，利玛窦在《利玛窦中国札记》中也有具体的记述：

> 临清是一个大城市，很少有别的城市在商业上超过它。不仅本省的货物，而且有大量来自全国的货物都在这里买卖。①

约翰·尼霍夫在《荷使初访中国记》中则更是用了大量的篇幅来记载当时临清的城市面貌：

> 该城（临清）距东昌城一百二十里，座落在皇家运河的两岸，……我们还在这里看有两座城堡互相守卫着，河心还建有二个坚固的水闸。……该城……建有土质城墙，城里有许多漂亮的房舍和庙宇。城墙上有一个石造的城楼，北门城墙有十五个岗楼，二个圆堡。该城的布局呈一不等边三角形，城区的幅员步行约一个半小时。②

尼古拉斯·巴塔鲁·米列斯库也由衷地赞叹道：

> 其人口、财富和外貌之壮观，不亚于中国其他著名大城市，位于我前叙的运河与卫河汇合处。因而这里有两名税务官，专门征集来自全国各地的商船关税。③

运河的流经也使得山东西南部的济宁州如其他运河城镇一样繁华，其北依黄河，南临微山湖，大运河贯境而过，亦为河漕重镇，“南通江、淮，北连河、济，控邳、徐之津要，扼宋、卫之噤喉”。④《荷使初访中国记》中对济宁州的城市繁荣情况有着具体的描述：

---

① 〔意〕利玛窦、〔比〕金尼阁：《利玛窦中国札记》，第337页。

② 〔德〕约翰·尼霍夫原著，〔荷〕包乐史、庄国土著《〈荷使初访中国记〉研究》，第75页。

③ 〔罗马尼亚〕尼古拉斯·巴塔鲁·米列斯库：《中国漫记》，第108、111页。

④ （清）顾祖禹：《读史方舆纪要》卷33《山东四·兖州府下·济宁州》，贺次君、施和金点校，中华书局，2005，第1544页。

> 这个城房舍叠栉邻比，并有二座高塔。河两岸的郊区一望无际，人烟稠密。此处还有两道大水闸，闸水时水深达六呎。①

江苏省同样是运河南北贯穿，其中的淮安位于京杭大运河中部，地理位置特殊，即地处黄河、淮河、运河三河的交汇处，是南来北往商旅的必经咽喉要道，也是一重要漕运和商贸枢纽，往来的船只川流不息，各类漕船、商船辐辏，各省的漕粮在此盘验、中转，四方的商货也都在此汇聚、贸易，商业贸易十分繁荣，犹如省会，明清两朝的漕运总督即驻节此地。

> 淮（安）盖江北大都会云。二城雄峙，辅车相依，跨淮南北，沃野千里。淮、泗环带于西北，湖、海设险于东南。左襟吴、越，右引汝、汴，水陆交通，舟车辐辏。②
>
> 自府城至北闾厢，由明季迨国朝为淮北纲盐顿集之地，任盐商者，皆徽、扬高赀巨户，役使千夫，商贩辐辏。秋夏之交，西南数省粮艘衔尾入境，皆停泊于城西运河，以待盘验，牵挽往来百货山列，……俨然一省会。③

不仅如此，在淮安附近的清江浦镇，明清两代还专门在此设立了清江造船厂，建造漕船及各种商船，造船业十分发达。对于淮安当时的这种交通、商业及清江浦造船业的盛况景象，约翰·尼霍夫也有着明确的观察：

> 该城……郊区人烟稠密，房舍美观，延伸有三荷里。……只见两岸田野清新，满河数不尽的戎克船和其他船只。……该城商业发达，居民富裕，还有很多船坞，制造各种船只出售。……所有从河南和其他省份来的船，无论是南来还是北往，都必须经过此地。在此缴纳通行费。④

---

① 〔德〕约翰·尼霍夫原著，〔荷〕包乐史、庄国土著《〈荷使初访中国记〉研究》，第73~74页。

② （明）宋祖舜修，（明）方尚祖、许令典等纂，天启《淮安府志》卷3《建置志·形胜》，荀德麟、刘功昭、刘怀玉点校，方志出版社，2009，第82页。

③ （清）孙云锦等修，（清）吴昆田、高延第等纂，光绪《淮安府志》卷2《疆域·分星》，《中国地方志集成·江苏府县志辑》第54册，江苏古籍出版社，1991，第26页。

④ 〔德〕约翰·尼霍夫原著，〔荷〕包乐史、庄国土著《〈荷使初访中国记〉研究》，第71~72页。

尼古拉斯·巴塔鲁·米列斯库也描写到："流经这里的大运河通往黄河，运河上船只穿梭往来，在运河上过往的人如此之多，以至可以装满好几个城市。"①

淮安南面的扬州，地处江、淮之间，亦是一大运河穿城而过的南北交通要道，加之附近就是两淮盐场，盐商聚集，商品经济也极为繁荣，明清两朝的盐运使也驻节于此。

> 况惟扬，东南一大都会，内阻江海之险，南引荆襄吴越，北控青徐，而西护陵寝，至要剧、至繁重也。②
>
> 以地利言之，则襟带淮泗，锁钥吴越，自荆襄而东下，屹为巨镇，漕艘贡篚岁至京师者，必于此焉。是达盐筴之利，邦赋攸赖。③
>
> 东南三大政：曰漕、曰盐、曰河，广陵（即扬州）本盐筴要区，北距河淮，乃转输之咽吭，实兼三者之难，其视江南北他郡尤雄剧。④

扬州的这种繁荣盛况，在《荷使初访中国记》中也有着浓墨的记载：

> 该城（扬州）位于运河左岸，……呈四方形，建有高墙堡垒，……运河右岸有一片漂亮的郊区，商业也十分繁荣。扬州素以富庶、美景著称。……税馆前面的运河上横跨着一座七艘船组成的浮桥，我们通过这座桥，再过三个城门才进入城内。城内所有街道都非常笔直，路面用砖头铺就。⑤

同样，稍晚些来华的尼古拉斯·巴塔鲁·米列斯库同样对扬州不吝赞誉："这座城市是一个重要的口岸，可为皇帝征得可观的收入"。⑥

对于地处太湖和江南运河边上的苏州，利玛窦将其描述为：

---

① 〔罗马尼亚〕尼古拉斯·巴塔鲁·米列斯库：《中国漫记》，第166页。

② （清）杨洵：《扬州府志序》，（清）阿克当阿修，姚文田等纂，嘉庆《重修扬州府志》卷首《原序》，《中国地方志集成·江苏府县志辑》第41册，江苏古籍出版社，1991，第6页。

③ （清）阿克当阿：《重修扬州府志序》，嘉庆《重修扬州府志》卷首《序》，第1页。

④ （清）德庆：《重修扬州府志序》，嘉庆《重修扬州府志》卷首《序》，第2页。

⑤ 〔德〕约翰·尼霍夫原著，〔荷〕包乐史、庄国土著《〈荷使初访中国记〉研究》，第70页。

⑥ 〔罗马尼亚〕尼古拉斯·巴塔鲁·米列斯库：《中国漫记》，第164页。

> 它是这个地区最重要的城市之一，以它的繁华富饶，以它的人口众多和使一个城市变得壮丽所需的一切事物而闻名。①

英国乔治·马戛尔尼使团中的副使乔治·斯当东在乘船经过苏州府时，也惊叹这座城市的繁荣精致：

> 城内大部分房子的外观都修建得很美观，居民大多穿丝质衣服，面色愉悦，整个城市呈现出一派繁荣景象。②

再如地处京杭大运河最南端、运河与钱塘江交汇处的浙江省会杭州，利玛窦赞叹道：

> 商人一年到头和国内其他贸易中心在这里进行大量的贸易，结果是在这个市场上样样东西都没有买不到的……城内到处都是桥，虽很古老但建筑美丽。③

明崇祯十六年（1643）来华的意大利耶稣会传教士卫匡国（原名马尔蒂尼，Martino Martini，字济泰，1614～1661），在其著作《鞑靼战纪》（*Bellum Tartaricum*）中，对运河流经的杭州城有着生动的描述：

> 此城之雄伟、美丽和富庶，我将另加描述，我是眼见为实，不信传闻。我在该城住了三年，又从那里赴欧洲。这个城有一条运河，也就是渠道，经水路通向中国北部。这条运河，与我提到城南那条江之间，只隔一道高河堤，像一条大路。④

英国使团副使乔治·斯当东在离开北京前往杭州并最后到达目的地杭州府时，对其也有着具体的观察：

---

① 〔意〕利玛窦、〔比〕金尼阁：《利玛窦中国札记》第338页。

② 〔英〕乔治·斯当东：《英使谒见乾隆纪实》，第332页。

③ 〔意〕利玛窦、〔比〕金尼阁：《利玛窦中国札记》，第338页。

④ 〔意〕卫匡国：《鞑靼战纪》，何高济译，中华书局，2008，第372页。

城内主要街道两边大多是商店和货栈，……街边以丝织商店最多，也有不少店售卖皮毛和英国布匹。[①]

由于清前期来华的荷兰使团和沙俄使团大多是直接从长江往北转入运河去北京的，所以他们并没有经过江南运河，因此在德国人约翰·尼霍夫和罗马尼亚人尼古拉斯·巴塔鲁·米列斯库的记述中也就没有有关江南运河及其沿线城镇的内容，包括上述的苏州、杭州两大都市。

综上所述，运河沿线的城镇因得益于运河这一便捷的水路交通运输条件，故商品经济和商品贸易都很发达，人口稠密，民众生活富足。

二　晚清时期西人视野中的京杭大运河

自19世纪中叶开始到20世纪初的这半个多世纪，清王朝处在巨大的社会变动之中：一方面，随着鸦片战争的爆发，西方列强侵入中国，瓜分中国市场，满清政府疲于奔命；另一方面，国内派系纷然，中国处在社会激荡和变革的前夜。这一阶段，来华的西方人士也都敏锐地感觉到了这一变化，故在他们的记述中，对晚清的社会景象多有描述，其中包括对京杭大运河的历史变迁。

1. 对运河河道及航行情况的记载

美国基督教士倪维思（John Livingston Nwvius，1829－1893）于清咸丰四年（1854）来到中国，先后在浙江、山东等地传教。他根据自己在华十余年的传教经历和所见所闻著成《中国和中国人》（*China and The Chinese*）一书，在其著作的开篇之中即谈到了运河：

长达六百英里的、从华中的杭州一直开凿到北京的大运河通常被那些曾描述过中国的作家们称作是最伟大的公共工程之一，是帝国政府明智、国家资源丰饶的有力证明。而这条运河其实仅是运河交通的诸要道之一，与帝国境内其他运河的总长度相比，它的长度几乎算不

① 〔英〕乔治·斯当东：《英使谒见乾隆纪实》，第335页。

了什么。[1]

在河流众多的中国，运河带给作者的冲击力并不大，他在这一时期看到的京杭大运河不过是水路运输的诸要道之一，似乎并没有可以值得称奇的地方。

英国旅行家伊莎贝拉·伯德（Isabella Bird，1831－1904）于清光绪二十二年（1896）来到中国，历时15个月，游历了中国的长江流域和川藏地区，后将自己的日记、笔记整理成《1898：一个英国女人眼中的中国》（*The Yangtze Valley and Beyond*）[2]一书，为我们了解晚清中国社会提供了重要的参考资料。在该著中，作者记载了当时运河的概况及其繁忙的运输：

> 大运河是项伟大的工程，即使处于破败状况也令人惊叹，它连着杭州与天津；它的这一部分，连接着帝国的杭州和长江上繁荣的港口镇江。……例如镇江，满载的船队一望无际，却只有一条狭窄水巷可供通行；从通州到天津，我的船竟花了两天的时间，而一半时间是在开路，穿过大批密集停泊几乎塞满河道的客、货船。[3]

由于过往商船的密集，加上缺乏有效的管理，使得当时的运河河道十分拥挤不畅。到达杭州后，作者又租赁了一艘竹篷船在运河和城内河道上航行，并对这段旅程进行了详细地描述：

> 走一段150英里的旅程去看望杭州古城的朋友，没有做其他的准备，只是租了一条船……，这乘坐的小竹篷船，在里面仅能直立。这船依照中国第四阶级的想象作了许多俗丽的装饰，我的船处于九节帆船和住家船最后面粗劣的接合处，帆船造得精巧别致，住家船是一艘刷过清漆的高尾巴、双层、有许多窗户的平底船，它们排成一行，蜿

---

① 〔美〕倪维思：《中国和中国人》，崔丽芳译，中华书局，2011，第10页。

② 按，该书名中文直译应为《长江流域及其腹地》，但不知何意，译者将其译为《1898：一个英国女人眼中的中国》。

③ 〔英〕伊莎贝拉·伯德：《1898：一个英国女人眼中的中国》，湖北人民出版社，2007，第31页。

蜒地蠕动，拖在发出噪声、喘着粗气的拖驳后面。①

在文中，作者记述了运河河道上的精巧别致的帆船、栖息三代人的住家船与拖着船队的拖驳船，其中住家船的船民即以船为家，以水为生，他们生于斯，长于斯。而拖驳运输是清后期出现在运河河道上的新式运输方式，拖船大多为使用动力的轮船。鸦片战争以后，轮船渐次进入国内，光绪二十三年（1897），中国人开始驾驶汽船，并使用这些汽船拖曳本地船航行：

在 1897 年，中国人就拥有并驾驶着 1755 艘汽船，拖曳 7889 条客船，载着 605 个外国人和 12500 个本地乘客，通行于杭州、上海和苏州之间。②

这时候河道上还有一些水上士兵或警察，在维持秩序或进行管理，这也是之前运河上锁不具有的，运河的运输和航行出现了一种新旧交替的景象。

这些城市被深深的房檐，吊脚楼房和阳台，陡峭的石梯以及满载穿着光鲜制服的士兵或水上警察的武装船队弄得无比奇特。③

2. 对运河工程及相关设施的记载

到了清后期，来华的西人在记述运河上的水闸时，都一致认为，运河上原先建有的那种设施简陋的、用以调节水位的水闸并不足以称为是现代意义上的水闸，如倪维思就说道：

在浙江省，控制运河水流从高向低流的是泥坡，而不是我国所用的水闸。在这种泥坡或称斜坡的一侧装有一个绞盘，上面系者捻搓在一起的粗大竹缆。缆绳末端的绞索绕在船尾之上，船停在泥坡一侧，有二十至四十人才能转的动这样的绞盘。船被缓缓地拉上泥坡，在坡

---

① 〔英〕伊莎贝拉·伯德：《1898：一个英国女人眼中的中国》，第 29 页。

② 〔英〕伊莎贝拉·伯德：《1898：一个英国女人眼中的中国》，第 29 页。

③ 〔英〕伊莎贝拉·伯德：《1898：一个英国女人眼中的中国》，第 30 页。

> 顶停留片刻后，就头朝下沿着泥坡的另一侧滑落到水中，有时船滑落的速度非常之快，以致能引发严重事故。[①]

在作者的描述下，这种代替水闸的“泥坡”，不仅设施简陋、效率低，而且还极不安全。

美国旅行家威廉·埃德加·盖洛（William Edgar Geil，1865 - 1925）于20世纪初来到中国，对当时中国的十八个省份进行了细致深入的考察，著成《中国十八省府》（*Eighteen Capitals of China*）一书，一一介绍了各省的基本情况，为我们展现了清朝灭亡前夕真实的社会图景。在描写到江南的杭州与苏州时，着力描述了流经这两座城市的运河，认为现代意义上的船闸在这里还是不为人所知，“当需要把一条船转移到另一个水平面不同的河道去时，就用泥泞的滑道充数”。[②] 对于这种情况，伊莎贝拉·伯德也认为：

> 我称为“水闸”的东西，正确说法叫“坝”，或者叫“拖越”，是一种独创性发明，通过这种设施，可以坐在船里通过不同高度的水面，“跨越障碍”困难被巧妙地解决了。[③]

在他们眼中，被中国人称为“水闸”的设施是没有多少技术含量的。

除水闸外，威廉·埃德加·盖洛也记载了苏州运河的下水道系统，“沿苏州的运河有一套独立和官方的下水道系统。有一名官员专门负责视察这套系统，这似乎明显是一个多余的差使”；尽管作者并没指明这个下水道系统作何之用，但是认为其也是不需要多少技术含量的，“与美国纽约的地下排水管道简直无法相提并论”；此外，他还注意到围绕着城内水面上用以走路的诸多石桥，也存在一些迷信的习惯，“如桥下有船时，妇女不许过桥；还有在穿过某些哑桥的桥洞时，谁也不许说话等等”。[④]

---

① 〔美〕倪维思：《中国和中国人》，第13页。

② 〔美〕威廉·埃德加·盖洛：《中国十八省府》，沈弘、郝田虎、姜文涛译，山东画报出版社，2008，第20页。

③ 〔英〕伊莎贝拉·伯德：《1898：一个英国女人眼中的中国》，第32页。

④ 〔美〕威廉·埃德加·盖洛：《中国十八省府》，第168、171、20页。

3. 对运河沿岸城镇的记载

进入清后期以后，运河沿线各类城镇昔日拥有的繁华景象也逐渐不再，不断显示出破败迹象，这种变化也被这一时期来华的西人记载到其各自的著作中，如伊莎贝拉·伯德记载：

> 我认为运河进杭州的入口很壮观，虽然在私人府第深宅大院的高墙之下，茂草丛生的斜坡是讨厌而忙碌的猪觅食之地，……涂有蓝、白条纹的遮篷炮船或警务帆船和容光焕发的船员，巍峨的石桥，令人赏心悦目。[①]

清光绪二十一年（1895）甲午战争后，中日签订《马关条约》，规定：开辟杭州为通商口岸，并在杭州划定日本租界区，这个租界区就位于杭州城北运河边、拱宸桥旁：

> 新的公共租界和日本租界在大运河极好的地段上，距城墙4公里。租界将近1英里长，进深半英里，有一条很好的道路和码头。[②]

此后，日本人便在这一租界内进行生产活动和商业贸易，直至1941年《马关条约》的废除。威廉·埃德加·盖洛对太平天国时期杭州的描述更为深刻：

> 杭州整个城市的面貌因1861年的太平军而发生变化，……在让居民们虚惊两次之后，这些反清的汉人终于攻下了杭州城，……太平军撤退后，清兵洗劫了不幸的市民。第二次围城导致杭州的再次陷落，守城的八旗兵在47声爆炸声中自尽，太平军占领了整个城市。[③]

此外，作者还将杭州段的运河与荷兰的运河进行了比较，指出它们之间的不同：

---

① 〔英〕伊莎贝拉·伯德：《1898：一个英国女人眼中的中国》，第33页。

② 〔英〕伊莎贝拉·伯德：《1898：一个英国女人眼中的中国》，第38页。

③ 〔美〕威廉·埃德加·盖洛：《中国十八省府》，第14页。

> 荷兰的运河被用来排除低洼地的积水，而杭州的运河则为灌溉提供了水源。而且这里的运河没有被用作排污的下水道，因为农民们太珍惜肥料的价值，经常疏通河道，用河泥来肥沃农田，……在运河里洗澡的人并不多，但淘米和洗衣服都是在这儿进行的。[①]

与此同时，作者还看到了由于管理不当的原因，当时的运河河道经常被沿河居民拿来另作他用，如苏州的运河河道，除了主要作为运输之用外，其河水在乡间则常被农民用来灌溉，或被当作洗衣、养鱼乃至饮用水等其他用途，“各种垃圾都倒在运河里面，洗衣服、清洗食物、养鱼，就连饮用水也是从这里获取”[②]。虽然这些水肯定是在被烧开之后才得以饮用，但也可看出当时运河边居民生活的卫生情况非常让人担忧。

又如镇江，由于连年的战争，至清末时已破坏相当严重，城市几乎全部被毁。对此，于清道光十三年至光绪二年（1833～1876）间在华居住长达43年的美国传教士卫三畏（Samuel Wells Williams，1812－1884）在其著作《中国总论》（*The middle kingdom*）一书中就有详细的描写：

> 镇江位于大运河与长江的交汇处，1842年7月被英国军队占领，守兵死亡惨重。……镇江的地理位置使之掌握了国家的钥匙，这里是输往北京的赋税和粮食的必经之道。……和平年代，这一交汇处是工商业的完美展览。……许多年中，这一带是惨烈战斗的战场，官兵和太平军打仗，这一城市全部毁坏，1861年几乎没有留下一座房屋。[③]

三　前后两个时期西人对运河观察之比较

相比明代后期至清前期，晚清中国的国情发生了翻天覆地的变化，前期康雍乾盛世的辉煌与后期的衰败形成了鲜明的对比，在这种社会形态急剧变化的过程中，西人对京杭大运河的观察与描述也发生了多方面的变

① 〔美〕威廉·埃德加·盖洛：《中国十八省府》，第20页。

② 〔美〕威廉·埃德加·盖洛：《中国十八省府》，第168页。

③ 〔美〕卫三畏：《中国总论》，陈俱译、陈绛校，上海古籍出版社，2005，第104～106页。

化，呈现出了不同的时代特征，具体有如下几点。

首先，表现在对运河自身变化的叙述上。在明后期至清前期时，在西方来华的传教士和使节的描述中，多形容京杭大运河“修筑得巧妙”“雄伟”，是“天才的工程”“独具匠心”等，毫不吝啬溢美之词。然而到了清后期，来华西人的目光已从原先的雄伟转向到了运河上堪忧的不卫生和不文明场景：运河成为河岸百姓倾倒垃圾之处，但又是他们生活用水的来源[①]。除此之外，缺乏管理的河道也变得拥挤不堪，经过战争和动乱洗礼后的运河沿岸盛况已不复当年，呈现出一种颓势。这些记录直观展现了清后期运河河道的境况，是清末社会生活的一个缩影，也表现出这一时期的中国社会在外国人眼中的落后性。

其次，表现在对行驶在运河上的各类船舶的记载上。在明后期至清前期，运河上的船舶不仅有大量的官方船舶，也有众多的私人客船与商船，官船如漕船、龙衣船等，“龙衣船即运送衣裳、丝绸、纱缎到皇宫的船”[②]；私船有兰舟、住家船等，这一时期运河上航行的船舶还未受到西方新式交通工具的冲击。但自道光二十二年（1842）被迫签订中英《南京条约》、对西方列强开埠通商后，外国轮船开始来到中国沿海航行；在咸丰八年（1858）中英《天津条约》签订后，国外轮船更是得以渐次进入内地，在长江、运河等内河上航行，

> 中国自开埠通商而后，与英吉利订《江宁条约》（即《南京条约》），而外轮得行驶海上矣；续订《天津条约》，而外轮得行驶长江矣。商旅乐其利便，趋之若鹜。于时内江外海之利尽为所占。[③]

运河上的汽船日渐增多。在西方来华者的记述中，当时的运河河道上到处都是混杂、充斥着中国帆船、汽船与拖驳船队，轮船与帆船并行，而漕船则改由海运北上，运河上自此再无官运粮船。

最后，表现在对京杭大运河周边区域环境变迁的描述中。在明后期至清前期，运河沿岸种有多种树木，景色宜人；运河上桥梁众多，造型多

① 〔美〕威廉·埃德加·盖洛：《中国十八省府》，第 168 页。

② 〔葡〕安文思：《中国新史》，第 84 页。

③ 赵尔巽等：《清史稿》卷 150《交通志二·轮船》，第 4451 页。

变；运河沿岸的市镇商品经济发达，百姓生活富足。而到了清后期时则是截然不同的景象，目光所及，人烟稀少，房屋残破，伊莎贝拉·伯德写道："大运河的邻近区域，太平天国时遭受了可怕的苦难。"① 的确如此，譬如运河杭州段沿岸的市镇塘栖，在清初是"水陆辐辏，商货鳞集，临河两岸市肆萃焉"②，而自太平天国之后，则是"梵宫琳宇尽付劫灰，巨室旧家半成瓦砾，风景百不及一矣"③；临平镇亦是如此，于19世纪70年代来华的日本人曾根俊虎（1846～1910）详细记述了他过临平时的亲身见闻："过临平，人家约有七百户，本来该有殷富之家"，但因为受到太平天国战乱之毁坏，唯有其遗址而已④。又如嘉兴府，据统计，自太平天国之后，嘉兴府的人口仅及战前人口的34.3%，人口损失率高达65.7%⑤。战争及随之而来的瘟疫、逃亡，使得曾经繁荣一时的嘉兴府人口损失重大，对当地的经济、文化造成了巨大的不利影响。

发生上述这些变化的原因是多方面的，其中最为重要的一点是自嘉庆以后，京杭大运河便逐渐失修，部分河段开始淤塞，这就直接导致了运河河运的逐步废弃。嘉庆末年，"借黄济运"使得运河泥沙淤积的现象更为严重，清王朝不得不开始另筹海运以代替大运河的漕运。至咸丰初年，漕粮便正式开始通过海运而不再通过运河北上：

> （咸丰）二年，决北运河北寺庄堤。命尚书贾桢、侍郎李钧堪堵，并改次年漕粮由海道运津，自是遂以海运为常。同治而后，更以轮船由海转运。⑥

到了光绪末年，清王朝更是彻底放弃修复运河，"漕督粮道既撤，运艘运费全裁"，被迫专行海运。当然，其间清王朝在主观上并不是完全放弃的，一直在努力试图重新疏浚，如光绪三十四年（1908），清王朝仍下令将"南、北运河分段修浚，然北运河仅挑东昌至临清一段，东昌以南百余里，

① 〔英〕伊莎贝拉·伯德：《1898：一个英国女人眼中的中国》，第31页。

② （清）王同纂修：光绪《唐栖志》卷1《图说》，上海书店，1992，第29页。

③ （清）王同纂修：光绪《唐栖志》卷4《街巷》，第69页。

④ 〔日〕曾根俊虎：《北中国纪行·清国漫游志》，范建明译，中华书局，2007年，第354页。

⑤ 曹树基、李玉尚：《太平天国战争对浙江人口的影响》，《复旦学报》（社会科学版）2000年第5期。

⑥ 赵尔巽等：《清史稿》卷127《河渠志二·运河》，第3788页。

依然淤塞不通”[①]。然而，这种努力仅仅是一种昙花一现式的徒劳，由于此时的清王朝早已是内外交困、财政崩溃，整个王朝都处于风雨飘摇之中，自然是无力顾暇疏浚运河这一庞大的工程了。

此外，鸦片战争以后，太平天国运动对京杭大运河通航的破坏性影响也是难以估量的。咸丰三年（1853），太平军北伐，沿运河攻至山东的临清及直隶的静海一带；次年（1854），又攻入直隶的河间和山东的高唐州，山东运河沿线一带便成了直接的战场，据《粤匪陷临清纪略》记载：

> （咸丰四年）春三月，逆贼犯临清。……三月初一日陷冠县，……城中男妇死者三千余人。……初三日围州城。州为漕运咽喉：漳河载河南粮西南来，会通河载南数省粮东南来，至州城西南与漳合。……是日辰刻，贼大至，……而会通河竟投鞭可渡，遂据南城，商民四散逃走。[②]

太平天国运动一方面对运河河道及周边区域造成了直接的破坏；另一方面频繁的战事也使得清王朝疲于应付，自然也就无暇更无力顾及运河河道的管理及疏浚工作。如咸丰五年（1855），黄河在河南的铜瓦厢处决口，直接冲溃运河堤岸，清王朝的应急处理即是如此：

> （咸丰）五年，铜瓦厢河决，穿运而东，堤埝冲溃。时军事正棘，仅堵筑张秋以北两岸缺口；民埝残缺处，先作“裹头”护埽，黄流倒漾处筑坝收束，未遑他顾也。[③]

可见，由于当时清王朝正与太平军酣战，无法全力进行救灾和抢修，仅采取堵住缺口、筑坝束水等简单的方式进行应急处理，对于由此而导致的运河阻滞问题已是无力进行根治。正因于此，随着运河河道淤塞情况的日益严重，清王朝最终不得不完全放弃修复运河。至此，开通已一千多年的京

① 杨士骧等修，孙葆田等纂，宣统《山东通志》126《河防志第九·运河考》，齐鲁书社，2014，第325页。

② （清）马振文：《粤匪陷临清纪略》，载中国史学会主编《太平天国资料丛刊》第5册，上海人民出版社、上海书店，2000，第179页。

③ 赵尔巽等：《清史稿》卷127《河渠志二·运河》，第3788页。

杭大运河便逐渐失去了它最基本的功用。

最后，清王朝在国际上地位的下降也是导致西人对运河记载发生变化的重要原因之一。明后期至清前期，古老的中国在世人眼中颇具神秘色彩，来华的西人怀着敬仰之心对清帝国进行考察，如葡萄牙人安文思即认为，当时的中国几乎冠绝世界，“中国人应当被视为优于其他民族，他们首先发明了文字、纸、印刷术”，“没有任何其他国家像中国那样，文学知识那么普及”；“世界上肯定没有一个国家像中国那样辽阔和交通便利”①，而且物产丰富，国家政体良好。而到了清代中后期时，由于鸦片战争的惨败，不仅迫使中国打开了国门，也让中国从神坛上跌落下来，这一时期西人眼中的中国，落后、封闭，缺乏科学技术，中国人也带有懒惰、阴暗、虚伪的特性，如美国传教士卫三畏在其《中国总论》一书中就描写到：

> 中国人的机械工艺和工具，同上述的农业领域一样简单——似乎发明的职能和改变事物的观念同发明者一同消逝，如果新设计能获得专利权的最佳保证，后人就不会任意改制。模仿的奴性在许多事情上有所表现，……缺乏高超的设计图样，对一切改进都抱有某种程度的冷漠态度。②

此外，他对中国人的民族特性也进行自己的总结：

> 鸦片的吸食达到了惊人的程度（这种鸦片是由大不列颠在印度加工制作的），并摧毁了这个民族的自然资源和生产。谎言和不诚实的交易普遍盛行，不论老少，都陷于不知羞耻的淫恶之中。③

在清后期西人的记述言语中，有对这个落魄帝国惋惜的一面，也有因民族偏见和文化歧视而刻意歪曲的一面。清王朝世界地位的变化也就无可避免地影响到了这些记述者观察运河的视角和态度。

对比前后两个时期西人对京杭大运河的描述，我们可以清楚地看到运

① 〔葡〕安文思：《中国新史》，第64、85页。

② 〔美〕卫三畏：《中国总论》，第18页。

③ 〔美〕卫三畏：《中国总论》，第836页。

河所发生的变迁。随着时间的推移，运河曾经的政治、经济功能呈现出一种逐步削弱的过程和趋势。从曾经的繁荣到衰败，其间不过两百年。通过西人的视角，以及他们在运河上的亲身经历，让我们对运河的兴衰及处于落日下的清王朝有了更直观的了解。他们眼光向下，毫不掩饰地描写出中国基层社会的方方面面以及自己真实细腻的感受，他们在与运河近距离的接触中记述了明后期至清前期和晚清时期京杭运河所发生的各种变化。这些记述正可补国内各种正史所载之缺憾，具有重要的史料价值。当然，毋庸讳言，因各自的历史背景和国家、民族立场的不同，这些西人的记述也同样会不可避免地产生偏差，这需要我们结合其具体语境和其他史料进行佐证和甄别。

（责任编辑：胡克诚）

明代运河与常州区域经济述论*

吕　杨**

内容提要　隋朝以来，特别是明清大运河的贯通促进了常州经济的发展。常州之所以成为区域政治中心、军事要地，一个重要因素就是常州是江南运河枢纽的转输要地，具有上缴和转运财富的功能。由于常州北、东、西三面高，中、南低的特殊地势，导致运河逆流进入长江，加之芙蓉湖逐渐缩小，使得以湖水补给为主的常州府城运河段变成了以江水为主，运河除了江水外失去了其他水系的支持，水源不丰，水系失调成为常州运河面临的最重要问题，作为南粮北运的“大动脉”，常州、镇江两府之间，甚至常州府内各县之间，在运河问题上无法统一和难以达成共识，运河的疏浚与维护参差不齐，导致漕运能力的减弱。晚清时运河枢纽东移无锡，加之海运兴起、铁路修建，常州失去了交通枢纽地位，直接导致近代常州区域经济发展滞后。

关键词　常州　运河　漕运　疏浚

一　明代常州运河概述

常州与其他江南地区一样，经济发展在中古之前远远落后于中原地区，自孙吴、东晋的开发，至隋代运河的开通，促进了常州经济的发展。安史之乱后，经济重心南移完成，江南经济迅速发展。北宋时期，包括常

* 本文为国家社科基金一般项目“晚明江南社会治安研究”（15BZS061）的阶段性成果。

** 吕杨（1974～　），辽宁鞍山人，历史学博士，常州大学周有光语言文化学院副教授、硕士生导师，主要研究方向为明史、江南社会经济史。

州在内的江南地区，已成为政府的粮仓和财源。故民谚从“湖广熟、天下足”，转变为“苏常熟、天下足”。南宋偏安一隅，着力建设江南。至明中前期，常州与其他江南区域一样，经济迅速发展，包括常州在内的江南区域经济已经远超中原和其他地区。

常州之所以成为区域政治中心、军事要地，一个重要因素就是常州是江南运河枢纽的转输要地，具有上缴和转运财富的功能。隋炀帝大业六年（610）下诏开凿江南运河后[①]，大运河贯穿常州境内，常州成为江南漕运重要枢纽[②]。常州府内河流以沿江的孟河、德胜河、澡港河三条通江河道为主，常州地区内河漕运主要由奔牛入孟河再入长江。江南运河贯穿东西，常州府内大小河流构成了自运河北达长江，南接宜兴、溧阳、金坛，再沿运河通达苏州、松江、杭州的漕运网络。也可以将江南运河视为长江水域与太湖水域的分界。四通八达的水系交通，从而构成了常、宜、溧、金、丹、澄紧密相连的交通体系，奠定了常州府以武进为中心的交通枢纽地位。常州是南北大运河上的港埠，交通便利，市镇繁荣。从隋唐开始，大批漕粮运输接济北方时，常州成为转运中心，开始每年转运百数十万石，以后逐步增加到300万石，宋时最高达700万石，故常州有“自苏松至两浙七闽数十州往来南北两京，无不由此途出”的重要地理位置，是“贡赋必由之路”[③]。唐元和八年（813）常州刺史孟简为加强江南漕运，疏浚了孟渎（今孟河）于常州西北引长江水南接运河，以利漕运。宋代，在常州专门设立了江浙、荆湖、广西、福建路都转运使司来承办漕运。南宋又疏通了宜兴至滆湖再到武进的南运河。至此，运河常州段成为漕运通衢。明正统五年（1440）为解决常州漕米储存，在武进怀南乡运河南建造西仓，有仓廒200多间。后又在东直厢运河南建东仓，用来储武进县起运或转运的漕米。为方便来往，满足仓储业务的需要，正统十二年（1447），巡抚周忱始建木桥，俗名“仓桥”。成化年间改建成三孔石拱桥，习称“西仓桥”。武进东西仓自建库以来就筑有大码头督运漕粮。粮仓虽于嘉靖十四年（1535）被倭寇损毁，但不久即重建。明代运粮车船汇集于此，粮商乘机开店设摊，从西仓桥到怀德桥沿河两岸，粮食市场绵延数里。

---

① 司马光：《资治通鉴》卷181，隋炀帝大业六年十二月己未，中华书局，1956，第5652页。

② 本文讨论的常州运河，主要为由宜兴进入武进滆湖流域，向东北进入常州府城，再向北由奔牛、孟河汇入长江的河段，即明代常州府武进县（附郭县）境内的运河。

③ 王铭西：《常州武阳水利书》，《中国水利志丛刊》第44册，广陵书社，2006，第13页。

二 明代常州运河经济

明代江南地区城镇贸易兴盛，市镇发展迅速。常州地处江南运河枢纽，是南北大运河上的港埠，十分繁荣。对于区域经济发展，社会生活引领起到了重要作用。常州出现了和江南其他地区一样的人口增长、农业结构变化、商品经济发展，乡村手工业出现与农业分离的趋向，工商业市镇的兴起等相类似的变化过程，城市商品经济繁荣、城乡市场体系完善、商品农业和农村家庭手工业日益发展。正是由于明清以来江南城市化、商业化进程的加快，常州的社会生活面貌发生了重要变化，城市不再是一个封闭的空间，文化中的世俗化和平民化倾向越来越占据主导地位。在宗族社会方面，一方面城乡分化开始加剧；另一方面宗族凝聚力却日益增强，宗族组织也更加严密。民居建筑更加注重精雕细刻，饮食习惯和消费行为日益奢侈，岁时节令更加讲究，民间娱乐丰富多彩，丧葬习俗更加趋于奢靡。同时，随着经济的发展，居民间交往的增加，社会关系日益复杂，民间组织日益多样化，体制更加完备，功能更加发达。由于城市商业发达，经济繁荣，区域内的平均收入水平高于其他地区。江南地区手工业自中古经济重心南移完成后，一直发展迅速。唐朝中期后常州地区生产织造棉布工艺水平较高，制陶业已很发达，又是全国造纸业兴盛地区之一。宋朝出现的官营手工业作坊遍布街巷。常州已是江南丝织品加工地之一。常州出产的“晋陵绢”以丝绸精美著称。明初，得益于漕运疏通，丝织业重新繁荣，其他手工业也相应得到发展。这里需要说明的是，常州地区并非丝织品的原材料产地，其丝织品加工一直依赖于外埠，太湖流域桑蚕养殖一直是江南农村家庭的主要副业，按清初唐甄的说法，桑树种植“北不逾淞、南不逾浙、西不逾湖、东不至海，不过方千里”①。但桑树种植主要是低山丘陵，常州府附郭武进县的辖区主要是平原地区，而明代时此地水网密布，河汊纵横，并不适宜桑树种植。常州府城内的丝织品加工，是典型的来料加工。其原料主要来自本府的无锡、宜兴，以及周边的苏州、湖州等府。而常州（武进）之所以成为丝织品加工地，得益于江南运河枢纽的优势。明代丝织品加工，主要分为官营和民间家庭加工两种形式。明代实行

---

① 唐甄：《潜书》下篇下《教蚕》，四川人民出版社，1984，第440页。

的徭役制度中，属于手工业者的“匠籍”百姓，必须轮流到官营作坊中进行丝织品的加工，而独立进行加工的时间有限，直至明代中后期“班匠银”的实行，手工业者以银代役，才使从事独立加工的时间稍微宽裕。明代的官营丝织业“两京织染，内外接设局。内局以应上供，外局以备公用。南京又有神帛堂，供应机坊”①。南京织染局在本身难以完成织造任务时，以市买的形式，向民间收购丝织品。又通过包买商利用民间为官局加工丝绸。明代江南城市一般设有织染局，常州官局“贮丝二百匹，闰加一十七匹”②。常州丝织品的手工业加工一直持续到晚清，常州出产的罗筛绢又名常贡绢，是用丝和纻交替编织的“丝纻布”，这种织物光洁细密，名噪一时。后来随着养蚕业发展，养殖蚕茧农户逐渐增多，用蚕丝作为原料，织造的品种多了起来。“罗筛绢”用苏州、杭州所产蚕丝，价格最贵，用生丝编织，一般被官绅及工商界经济条件富裕家庭选作夏衣之料，穿在身上光泽明亮，凉爽舒适。用常州绢制成的夏衣，深受上层人士喜爱，风靡一时。

中国古代时期，男耕女织即是农业社会的传统，在传统农耕社会，常州妇女一般利用农闲时从事织布，作为副业补充收入来源。织布业作为江南地区传统手工业，明清时期进入鼎盛时期，常州在朝廷下令广植棉花以后，城乡新兴土纺土布业应运而生。明代常州市镇出现以土布棉织为主、农业为副的手工业户。明代棉纺织加工，主要通过擀、弹、纺、织四道工序，所谓擀，即是将棉去籽。弹，将去籽棉花弹松。纺，将棉花制成条，再纺成纱。织，将棉纱纺成布。然而常州地区既不是如苏杭地区盛产桑树的丝织品生产区域，更非棉花种植地区，棉花产量有限。所谓的“常阴棉”实际是清代以后的事，明代并无“常阴棉”、“常阴纱”之称谓。日本著名史学家森时彦先生认为常州“可谓典型的非产棉区型农村织布地带”③。常州府辖各县中，无锡县棉纺织业发展最好，境内织布遍及村落，成为最主要的家庭副业。明代无锡县“兴宁乡之寺头，有某氏者，以弹棉花起家，久遂殷富”④，是明代典型的从土地分离出来，从事手工业而致富

① 申时行：万历《明会典》卷201《织造》，中华书局，1989，第1009页。

② 申时行：万历《明会典》卷201《织造》，中华书局，1989，第1010页。

③ 〔日〕森时彦：《中国近代棉纺织业史研究》，袁广泉译，社会科学文献出版社，2010，第88页。

④ 康熙《无锡县志》卷25《杂识》，凤凰出版社，2011，第507页。

的江南农民。常州土布之所以久负盛名，无论是明清时期还是近代，均依赖于原材料输入，而原材料的输入，又离不开运输的保障和包买商的大量购进。早在明代以前，常州地区的商人，利用常州地处运河枢纽和内河水网丰富的便利交通条件，从各地购进棉花。土布制作采用原始的织布机，无论纺纱还是织布，完全依靠手工操作，劳动生产率低，强度大。由于织布为农村副业，一般在农闲时进行，故土布生产主要集中于冬春两季。其销售主要依靠包买商人，由布庄到农村收购，然后再进行染色、销售。布庄收购土布，既采用现金收购，又有易货形式，即布庄用棉纱换取部分成品土布，这样避免了织户采购原材料的不便。然而，土布加工，毕竟是农村副业，而且其加工方法也是近乎原始状态的纺织，生产土布主要靠家庭生产。在这种生产环境下，不仅劳动生产率低、劳动强度大、加工成本大，而且利润率较低，销路不畅，出产的土布除少数家庭日用，少部分本地集市消化外，大部分产品及原材料完全依赖于包买商人。常州作为江南棉纺织业的重要加工地之一，伴随着棉纺织业的发展，与棉纺织业配套的漂染、踹坊业等行业也随之兴盛，常州地区棉纺织业略晚于苏松地区，至迟到明代万历后期基本完成社会分工。

由于明代府、县城为区域政治、经济、文化中心，商业发达，聚集效应明显。而市镇经济则是在远离城市区域，利用交通便利的地域特点，通过交换贸易自发形成、发展的，其立足点是服务农村，补充城市商业影响力不足之缺憾。因此明代常州地区市镇以府、县城为中心，距离府、县城越远，市镇越多、规模越大。距离府、县城越近，市镇越少，规模越小。常州地区的市镇最早见于宋代方志《咸淳毗陵志》，是时四镇，分别为奔牛、万岁、青城、横林，此四镇的共同特点是滨江、临河，交通便利，或为军事要塞，或为漕运枢纽，均是依托有利的地理环境发展壮大，且其地名沿用至今。明代常州府市镇除了此四镇外，如孟河镇，作为三孔入江的交通枢纽，不仅有城墙，同时城内设有巡检司、漕运榷关等部门，依靠运河枢纽、入江通道的有利交通环境，孟河商业繁荣、市镇经济兴盛，地方志甚至将其记载为“城”。同样，另一个驻有巡检司的奔牛镇，也是依托入江孔道的有利地域环境，发展漕运贸易，社会经济的繁荣程度不逊于孟河。奔牛、孟河二镇繁荣的市镇经济一直保留到近代。

明代中期以后，在常州民间出现越来越多与祭祀神祇有关的节令活动，呈现出浓厚的迎神趋势，这种以迎神为特征的赛会，带有明显的宗教特征，具有越来越强的世俗性和娱乐性。在江南地区，明初开始，几乎各个府县均有城隍庙，并建立起一套规范的城隍祭祀制度，明中期以后，地方城隍祭祀活动愈演愈烈，地方城隍的人格化趋势越来越明显，发展演变为城隍出巡的民间赛会仪式，出巡时间定为每年上元、中元、十月初一。城隍也从传说中的凶神恶煞变为护佑一方的善神。这些祭祀活动，以赛会的形式所表现，表演场所则在运河沿岸的码头“商圈”。无论何种形式的祭祀和表演，其核心内容已由单纯的祭祀活动，演变成为商业活动，催生了庙会经济。由于各类赛会的举办，人们从四面八方汇聚到市镇，进行各类土特产品交易，或以物易物，或兜售自家特产，互通有无。且庙会经济对于周边农户和消费者而言，既可观赏表演，又可进行商品交易，且交易的商品成本低，流通环节少，且无税或低税，极为实用，最受欢迎。正如范金民先生所言“明清时期兴盛的迎神赛会活动，正是江南商品经济不断发展的产物。江南不少工商经济发达的地方，也是神社活动兴盛的场所”①。常州庙会经济的发达，充分地反映了明代中后期发达的漕运经济所带来繁荣。

三　明代运河常州段的疏浚及其问题

江南运河起点是杭州城北，进入苏州境内后向北到了枫桥，由射渎经过浒墅关，再过白鹤铺，是长洲、无锡两县的县界。无锡锡山驿的水很浅，过了黄埠，到洛社桥，江阴九里河的水注入。运河西北为常州府城，漕河最初穿城而过，从府城东水门进入，由西水门出。嘉靖末年防范倭寇，改从南城壕入城。江阴县顺塘河水由城东注入丁堰，沙子湖在运河西南，宜兴钟溪之水注入。再向西，直渎水注入，最西为奔牛、吕城二闸，是常州和镇江两府的边界，奔牛和吕城水闸附近都有月河用来调节蓄水量，后二水闸尽皆荒废。江南运河常州段南面是金坛河，溧阳、高淳的水系就从这里发源，丹阳南二十里是陵口，北二十五里是黄泥坝，过去都有水闸。练湖由于地势高，故比漕河高出很多，练湖水从三思桥、仁智桥分流注入运河。北面过丹徒，能否从丹徒水路航行要看当时长江水量多少。由于元代丹阳境内的练湖被围垦，镇江至武进段运河的河水得不到有效补

① 范金民：《明清江南商业发展》，南京大学出版社，1998，第150页。

充，内河航运功能逐渐丧失。常州西境地势高，难以蓄水，时有干涸，无法固定，即使经常疏浚，但很快又会淤塞，所以必须用孟渎河和德胜河的水进行补充，这样运河上的船只才能过长江到达扬州、泰州。因此，江南运河常州段为通江之要津，事关漕运能力和漕运安全。江南“地方不过数百里，岁计财赋所入，乃略当天下三分之一”，而“水利兴废乃吴民利病之源也”。[①] 故明政府对此处非常重视。洪武二十六年（1393），朱元璋曾命令崇山侯李新开凿溧阳胭脂河，用来疏通浙江漕运，既能避免因丹阳水浅耗费纤夫人力，又可减少因长江风浪带来的危险。由于吴地的粮米无论是输入京师，还是北上输边疆，常州是必经之路，所以洪武三十一年（1398）又下令疏浚奔牛、吕城河道。永乐时期，为加固练湖堤坝，明成祖命令通政使张琏征发十万民丁，疏浚常州孟渎河、兰陵沟，又向南挑浚至奔牛水路，最后又疏通镇江境内各港，这样漕运船只在水量充足时，可以从奔牛直接进入京口，水量不充足时，则从孟渎河向西入瓜洲，此后成为漕河运输定式。洪熙元年（1425）定制，孟渎河三年疏浚一次。宣德六年（1431），根据武进百姓的要求，明政府疏通德胜新河四十里，至宣德八年（1433）工程结束，漕船可以从德胜河直接北上入江，直达泰兴的北新河，从泰州坝转入扬子湾再进入江北运河主航道，更加快捷便利。这样江南运河、孟渎河、德胜河三条水道皆打通，运输能力和便捷程度大为提升。正统元年（1436）朝臣建议：“自新港至奔牛，漕河百五十里，旧有水车卷江潮灌注，通舟溉田。请支官钱置车。”[②] 是年，常州府重建江阴黄田闸落成，“引江潮贯城中而出于南门，凡二十里”，使运河水系得到补充，周边田地得到灌溉。[③] 正统八年（1443），武进百姓再次请求疏浚德胜河和北新河，浙江都指挥使萧华也请求疏通孟渎河。时任巡抚的周忱决定不在北新河上筑坝，而是直接疏浚德胜河与孟渎河。因泰州境内的白塔河，与常州孟渎河隔江相望，其水直接注入长江，是常州境内漕船过江北上的必经之路。因此，白塔河上的大桥闸按需开启或关闭，常州、镇江境内的运河才能顺利疏浚。景泰初，漕河再次淤塞，漕船只有孟渎河一条过

---

① 吕光洵：《修水利以保财赋重地疏》，陈子龙等《明经世文编》卷211《吕龚二公奏疏》，中华书局，1962，第2207页。

② 张廷玉等：《明史》卷86《河渠志四》，中华书局，1974年标点本，第2105页。

③ 王直：《常州府重建黄田闸记》，陈子龙等《明经世文编》卷26《王抑庵集》，中华书局，1962，第195页。

江水路可行。景泰三年（1452），御史练纲认为漕船从夏港和孟渎河过江，逆水行船三百里才能到达瓜洲。德胜河与北新河是直线，白塔河与孟渎河隔江，而岸相距并不远，应该疏通孟渎河的淤塞，这样会更加便利。景泰帝按照他的建议，命令尚书石璞落实此事。恰巧又有人提议开凿镇江七里港，引金山之水来通丹阳水路，可以躲避孟渎河淤塞之险。但镇江知府林鹗认为这样做，不仅绕路，而且这一地区多石，同时，引金山水还会毁坏大量民田和坟墓，应该疏通京口闸和甘露闸，这样不仅距离短，而且还相对省力。浙江参政胡清也建议废除新港和奔牛等处堤坝，设置石闸来蓄水。林鹗和胡清的建议都得到了落实，但疏浚德胜河的建议被搁置。虽然石闸建成，但蓄水能力依然不足，蓄水量难以满足漕船通行，故漕船仍然由孟渎河过江。

天顺元年（1457），尚宝少卿凌信建议漕船从镇江里河通过，明英宗认同他的意见，命令粮储河道都御史李秉疏通七里港，引长江水注入水道，同时又疏浚了奔牛、新港河道。巡抚崔恭又请求增建五处水闸，常州知府卓天锡，武进县丞宋瑛发官帑征集民夫，利用农闲时，在已废弃的奔牛闸旧址重建新闸[①]，各项工程至成化四年（1468）竣工，漕船可以从里河通过，但依然是蓄水量低，运粮漕船持水量不足，只能走返回的空漕船和其他小船。于是明政府规定，孟渎河河口和瓜洲、仪真各港每三年疏浚一次。由于孟渎河水面宽阔且深，不算太淤塞，而里河若蓄水量不足，则不久即干涸，往来漕船只能走孟渎河一线。弘治十七年（1504），朝臣再次建议疏浚京口，引入练湖之水补充水量。正德二年（1507），再次开通白塔河及江口、大桥、潘家、通江四处水闸。十四年（1519），根据提督漕运都御史臧凤的建议，疏浚常州境内里河。至此，常州及镇江境内各水道尽皆疏通，此后五十余年漕运畅通。万历元年（1573），常州、镇江境内运河逐渐淤塞至干涸，姜宝认为，“江南水利，当以漕河为先。漕河当以镇江之丹徒、丹阳为先。丹徒、丹阳其地形比常州之武进数尺而高，武进比无锡、苏州又数尺而高。地形高则水易流泻而涸。其涸也，于冬春间为尤甚。当修复吕城、奔牛闸坝为先”[②]。万恭则认为应“自常州白家桥抵

① 王屿：《常州府重建奔牛闸记》，《明代经济文录三种（四）》，全国图书馆文献缩微中心，2003，第29页。

② 姜宝：《漕河议》，陈子龙等《明经世文编》卷383《姜阿凤集》，中华书局，1962，第4155页。

京口三百余里，引戚墅堰以南之水，注使北流，则不惟京口永无浅滞，而太湖上流亦可分杀十分之三，苏松水患可并纾乎？”“常州以北之运河，原有二闸，常州三十里外有奔牛闸，又二十里有吕城闸，官与夫故在，而苏、常等府老人与夫编银故在，直取诸宫中而用之耳，不必添设。”[①] 贡生许如愚上书，认为由于居民多年来围湖造田，导致焦子湖、杜墅湖已经干涸，仅存的练湖，由于周边居民继续围湖造田，已濒临干涸，要求政府迅速采取措施进行疏浚，但总河傅希挚认为，练湖已经疏通，焦子湖和杜墅湖已经没有水源，疏浚已无意义，疏浚事宜又被搁置下来。然而没过多久，练湖水接近枯竭，漕粮北运受阻。万历五年（1577），御史郭思极、陈世宝先后请求修复练湖，疏浚孟渎河。而给事中汤聘尹则请求在京口闸边再建新闸，引入长江水，根据长江潮汐开闭水闸，以调节运河水量。御史尹良任认为“孟渎渡江入黄家港，水面虽阔，江流甚平，由此抵泰兴以达湾头、高邮仅二百余里，可免瓜、仪不测之患。至如京口北渡金山而下，中流遇风有漂溺患，宜挑甘露港夹岸洲田十馀里，以便回泊。”而御史林应训则提出“自万缘桥抵孟渎，两厓陡峻，雨潦易圮，且江潮涌沙，淤塞难免。宜于万缘桥、黄连树各建闸以资蓄泄”。“练湖自西晋陈敏遏马林溪，引长山八十四溪之水以溉云阳，堤名练塘，又曰练河，凡四十里许。环湖立涵洞十三。宋绍兴时，中置横埂，分上下湖，立上、中、下三闸。八十四溪之水始经辰溪冲入上湖，复由三闸转入下湖。洪武间，因运道涩，依下湖东堤建三闸，借湖水以济运，后乃渐堙。今当尽革侵占，复浚为湖。上湖四际夹阜，下湖东北临河，原埂完固，惟应补中间缺口，且增筑西南，与东北相应。至三闸，惟临湖上闸如故，宜增建中、下二闸，更设减水闸二座，界中、下二闸间。共革田五千亩有奇，塞沿堤私设涵洞，止存其旧十三处，以宣泄湖水。冬春即闭塞，毋得私启。盖练湖无源，惟藉潴蓄，增堤启闸，水常有馀，然后可以济运。臣亲验上湖地仰，八十四溪之水所由来，惧其易泄；下湖地平衍，仅高漕河数尺，又常惧不盈。诚使水裕堤坚，则应时注之，河有全力矣。”[②] 各位官员的建议虽有道理，又符合实际，但此事廷议后，最终不了了之。

---

① 万恭：《漕河奏议》，陈子龙等《明经世文编》卷351《万司马奏议一》，中华书局，1962，第3781页。

② 张廷玉等：《明史》卷86《河渠志四》，中华书局，1974年标点本，第2107页。

万历十三年（1585），镇江知府吴撝谦建议，练湖中的堤坝应由朝廷责成有关部门在春天即开始动工修缮，同时，必须对当地缙绅进行制度上的规范，避免这些缙绅为兼并土地而进行围湖造田。这个建议被万历皇帝所接受。万历十七年（1589），再次疏浚武进横林的漕河。崇祯元年（1628），重新疏浚京口漕河。崇祯五年（1632），太常少卿姜志礼上《漕河议》，他认为疏浚运河没有意义，关键在于蓄水、修闸、筑堤坝。他说："漕河闸座非仅京口、吕城、新闸、奔牛数处而已，陵口、尹公桥、黄泥坝、新丰、大犊山节节有闸，皆废去，并宜修建。而运道支流如武进洞子河、连江桥河、扁担河，丹阳简桥河、陈家桥河、七里桥河、丁议河、越渎河，胜村溪之大坝头，丹阳甘露港南之小闸口，皆应急修整。至奔牛、吕城之北，各设减水闸。岁十月实以土，商民船尽令盘坝。此皆旧章所当率由。近有欲开九曲河，使运船竟从泡港闸出江，直达扬子桥，以免瓜洲启闸稽迟者，试而后行可也。回空粮艘及官舫，宜由江行，而于河庄设闸启闭。数役并行，漕事乃大善矣。"[①] 但这个建议又被搁置，直至明亡，江南运河再未疏浚。

由于常州地区为平原，但沿江则为低山丘陵，故江南运河、孟渎河、德胜河进入长江属于从低处向高处的逆流，其河道蓄水量受季节影响时有增减，如遇非雨季节，则会导致运河水位下降，运力减弱。由于常州在明代为南直隶大府，重赋地区，人多地少，人地矛盾突出，发源于西南、东南低山丘陵的各支流，由于治理不善，常导致水患，淹没农田，故治理水患，保证税粮及时上缴是地方政府的首要职责。由于时代的局限，地方政府除了保证部分水系的农业灌溉外，对于水患治理多采取断流、围填等手段，虽然在一定程度上缓解了水患，却使运河水系难以得到有效补充，导致运河淤塞，运力减弱。芙蓉湖是仅次于太湖的江南第二大湖，常州运河干流补给的重要水源地。由于人地矛盾，从东晋到明，历代地方政府都采用断流、泄湖水等方式对芙蓉湖进行围填，导致芙蓉湖水域面积逐渐缩小。宣德时期江南大水后，周忱采用"以工代赈"的方式，鼓励百姓以断流、泄湖的手段进行围湖造田。至晚明，芙蓉湖已缩减为多个大小不一的圩塘，使以湖水补给为主的常州运河变成了只能依靠江水补给为主，运河除了江水外失去了其他水系的支持，水源不丰，水系失调成为常州运河面

① 张廷玉等：《明史》卷86《河渠志四》，中华书局，1974年标点本，第2106～2107页。

临的最重要问题，常州始终无法根本摆脱“旱季水涸、汛期水灾”的怪圈。由于生态环境的改变已经无法扭转，因此疏浚运河成为唯一的选择。而常州境内的水系，即使是作为南粮北运“大动脉”的运河，其疏浚除了由中央政府派员主持外，其余疏浚河道事宜，如疏浚舜河“四次广开，非由太守即由乡宦题请。洪武二十六年（1393），知府李德善浚。弘治七年乡宦序班具奏，知府李嵩委通判温应璧，集大宁等六乡，江阴四乡人夫浚开。嘉靖六年，居民谢全具奏请，钦饬佥宪，委苏州卫指挥朱起集武、江十乡人夫开浚。万历五年，居民顾辩、曹填、顾汤卿呈请水利，御史林应训行本府穆守、武令黄承讚、江令胡士鳌、水利县丞翟言、郭之藩给银，起二县十乡人夫应浚，二年浚”。由此可见，以常州为中心的水网构成了常州及镇江所辖诸县息息相关的命运，水利设施建成为周边诸府县的共同任务。虽然明中叶为便于统一管理苏、松、常、镇、杭、嘉、湖等七府水利，曾设置工部都水分司和浙江水利道等专官管理[①]，但由于各府、县的相对封闭与保守，尤其是地方豪强、缙绅疯狂兼并土地，导致常、镇两府之间，甚至常州府内各县之间，对运河重要作用的认识程度和疏通河道费用、征集民夫、征占土地等问题上无法统一和难以达成共识，“万历二十四年，武进县徐图深开（申港河）本县半截，江阴被土豪占筑基圃，上官受欺，弗果浚”[②]。

结　语

由于常州北、西、东三面高，而南、中低的特殊地势，导致运河逆流进入长江，这样的地域环境注定了常州运河必须通过疏浚和维护，方能保持运力。由于运河的疏浚与维护参差不齐，导致漕运能力时好时坏。而漕运能力的减弱，则直接导致常州区域经济由盛转衰。晚清时，由于芙蓉湖彻底枯竭，已变为圩田，运河常州段水系得不到有效补充，疏浚事宜各府县间又相互推诿，运河常州段已成不可救药之势，稍大漕船已无法航行，

① 参见胡克诚《何处是江南：论明代镇江府“江南”归属性的历史变迁》，《浙江社会科学》2018 年第 1 期。

② 王铭西：《常州武阳水利书》，《中国水利志丛刊》第 44 册，广陵书社，2006，第 15 页。

运河枢纽只能东移无锡，加之海运兴起、铁路修建，公路运输渐兴，运河已非沟通南北交通运输的唯一动脉，常州失去了交通枢纽地位，直接导致近代常州区域经济发展滞后。

（责任编辑：朱年志）

漕运、商业与河患

——明清时期临清河神信仰的历史考察*

胡梦飞**

内容摘要 明清时期的临清既是繁荣的商业都会，亦是河神信仰较为盛行的地区。漕粮运输和水上航运的现实需要是导致当地河神信仰盛行的主要原因，漕运官员、漕军运丁与客籍商人成为神灵信仰的重要群体，河神信仰的运河属性在临清得到彰显和体现。频发的水旱灾害，使得河神信仰在地方社会有着广泛的社会基础。地方官员和民众赋予了其祈雨、祈晴等功能，崇祀河神逐渐演变为国家和地方社会共同的信仰行为。不同人群各取所需，最终实现对河神信仰这一文化资源的共享。河神信仰对明清国家漕粮运输活动和地方社会生活都产生了重要影响，其盛衰变迁亦从侧面反映出临清在明清国家漕运体系以及民间水路运输中的重要地位。

关键词 临清 漕运 商人商帮 河神信仰

中国是一个河流密布的国家，自古以来，河神信仰就极为发达。广义上的河神泛指各种河流之神，黄河、运河、淮河、卫河等俱包括在内；狭义的河神专指黄河河神。具体到明清时期，河神主要指各种与黄、运治理有关的神灵，其中既包括金龙四大王、黄大王、晏公等全国性的河神，也包括漳河神、卫河神、汶水神等区域性河神。明清时期的临清是运河沿岸

* 本文为国家社科基金青年项目“明清山东运河河政、河工与区域社会研究”（16CZS017）；山东省社会科学规划研究项目“明清时期山东运河区域民间信仰研究”（16DLSJ07）的阶段性成果。

** 胡梦飞（1985～ ），山东临沂人，历史学博士，聊城大学运河学研究院讲师，主要研究方向为明清史、运河文化史和区域社会史。

重要的商业都会，时有“富庶甲齐郡”“繁华压两京”的美誉。繁忙的漕运在促进临清商品经济发展的同时，漕粮运输、水上航运以及水旱灾害治理的现实需要亦导致了当地河神信仰的盛行。① 本文依据相关史料，在论述明清时期临清河神庙宇分布情况的同时，重在分析河神信仰盛行的自然和社会原因，探讨不同社会群体与神灵信仰的互动及其影响。

一　漕河之神：漕运群体视野下的河神信仰

中国古代神灵信仰体系主要包含国家正祀、民间杂祀和淫祀三部分。那些得到国家肯定和认可，享受春秋二祭的神灵属于“国家正祀”；不符合国家规定和礼制规范的祭祀则为“淫祀”；处于两者之间的、国家允许存在的神灵，则为“民间杂祀”。明清两代，河神信仰和漕运、河工密切相关，其本身在具有世俗性的同时，也带有强烈的正统性和官方性，属于官方和民间共同祭祀的神灵。按照信仰群体的身份，可以将其分为官方和民间两大系统。其中官方群体主要包括漕运官员、军丁以及地方官员等；民间信仰群体则包括商人商帮、船工、渔民和普通民众等。明清时期的临清是河神信仰较为盛行的地区。笔者依据地方志等史料，对临清城内河神庙宇作一简要统计（见表1）。

表1　临清城内河神庙宇分布情况

庙宇名称	数量	庙址及修建情况	性质	资料来源
金龙四大王庙	5	在汶河南浒，旧窑口渡，万历三十二年（1604），杭州商人闻濂等建	商建	乾隆《临清州志》卷11
		在新开闸东，顺治十五年（1658），知州郭鄸重修，雍正八年敕修	官建	乾隆《临清州志》卷11
		在卫河西浒，康熙十四年（1675），晋商韩四维等创建	商建	乾隆《临清州志》卷11

① 学界有关河神信仰的研究成果众多，但主要集中于对黄河河神（如金龙四大王、黄大王等）作整体性、宏观性的考察，区域性的研究成果相对较少。具体到临清地区，学界有关运河与临清社会经济、城市发展的研究成果可谓连篇累牍，但专门研究临清当地水神信仰的成果尚不太多。笔者目力所及，只有王云《明清山东运河区域社会变迁》（人民出版社，2006）和吴欣《明清山东运河区域“水神”研究》（《社会科学战线》2013年第9期）对临清当地的金龙四大王信仰有所涉及。

续表

庙宇名称	数量	庙址及修建情况	性质	资料来源
		在卫河南水门内，又称龙王庙，清初祀金龙四大王	官建	民国《临清县志》卷7
		庙址不详，万历四十六年（1618年）山西商人所建	商建	临清市博物馆所藏大王庙碑刻
漳神庙	1	在板闸外汶河北浒，康熙六十年（1721），南漕旗丁公建	官建	乾隆《临清直隶州志》卷5

由表1我们可以看出，明清时期临清城内共有河神庙宇6座，其中有3座由商人所建，其他则为官方或漕军、运丁所建。从分布上看，河神庙宇大多依水而建，呈点状分布于运河（即临清城内的卫、汶二河）沿岸的重要闸坝和码头。这种现象在运河沿岸地区极为普遍，从中我们可以看出运河、漕运与河神信仰的密切关系。从时间上看，河神庙宇大多建于清代，明代相对较少。造成这种状况的原因是：明代河神体系尚未完全形成，信仰河神的主体主要是商人和漕军，官方色彩尚不突出。河神庙宇主要分布于张秋、沙湾、徐州、淮安等黄、交汇地区，运河沿岸其他地区少有河神庙宇的分布。再加上临清有晏公庙，同样具有保障水上航运安全的职能，故明代临清的河神信仰相较清代并不是特别盛行。

明清两代定都北京，政治和经济重心的分离使得漕运成为封建王朝经济命脉。基于漕运的重要性，为保障漕运的顺利进行，明清两代在漕船的行进日程上制定了明确的时间界限，延误或违限往往会受到严厉的处罚。《明史・食货志》载："宪宗立运船至京期限，北直隶、河南、山东五月初一日，南直隶七月初一日，其过江支兑者，展一月，浙江、江西、湖广九月初一日。通计三年考成，违限者，运官降罚。"① 隆庆六年（1572）六月，"定漕运程限，每岁十月开仓，十一月兑完，十二月开帮，二月过淮，三月过（徐州）洪入闸，四月到（张家）湾，永为定例"②。漕船按期或先期抵达者，领运官被记录荐举，备升迁时参考，迟误则受处罚。清代沿袭明制，对漕船过淮和过通亦有严格的时间限定。过淮及到通迟误者，

① 张廷玉等：《明史》卷79《食货三・漕运》，中华书局，1974，第1921页。

② 《明神宗实录》卷2，隆庆六年六月庚申，台北中研院历史语言研究所1962年校勘本。

河、漕二督以及押运官、领运官等官，均会受到不同程度的处罚。[①]

虽然明清两代对漕运期限有着严格的规定，但由于临清境内闸坝林立，水源不足，漕船过闸实为不易，这在相关史料中多有记载。“济河五十闸，闸水不濡轨。十里置一闸，蓄水如蓄髓。一闸走一日，守闸如守鬼。下水顾其前，上水还顾尾。帆樯委若弃，篙橹静如死。京路三千余，日行十余里。迢迢春明门，何时能到彼。”[②] 临清南板闸处汶、卫两水交汇之处，“闸河高而卫河下，此为交合之处，每三四月间，雨少泉涩，闸河既浅，卫水又消，高下陡峻，势若建瓴，节宣不可无术也”[③]。乾隆《临清直隶州志》亦云：“每岁三四月间，雨少泉涩，汶水既浅，卫水又消，高下陡势若建瓴。每一启板放船，无几水即尽耗，漕舟多阻。”[④] 过闸的艰辛无疑会加重漕运官员及漕军、运丁的焦虑情绪，对河神的依赖自然产生。此外，临清运道主要利用汶河和卫河河道，依赖漳水、汶水接济，运道水量过小或水势过大，漕船都无法正常通行，当人力无所施时，自然要请求神助。临清运道依赖漳、卫等天然河流接济，当地特殊的自然气候和地理环境使得运道水量变化不定。临清段运道春夏之交时常面临乏水问题，而到夏秋季节又有溃决之虞。乾隆《临清直隶州志》云：“境内之水运河为大，汶与漳河、卫交汇于城之西南，北流以渠直沽，漕运所关系重，而商贩行旅帆樯之所往来必由于此。顾春夏之交，每忧于浅，及乎水潦盛长亦间有溃决之虞。”[⑤] 这些自然因素往往是人力无法抗拒的，也是导致河神信仰盛行的重要原因。

由于种种原因，清代临清河神信仰相较明代更为盛行。有关漕运官员崇祀河神的记载，在清代奏折、档案等史料中随处可见。临清运河全赖漳、卫二水会汶水北注，而浮运通漕尤赖漳水之力。乾隆五十三年（1788）六月，工部右侍郎管干珍、监察御史和琳等因至临清漳河神庙祈雨“获应”，奏请敕加河神封号，以答神庥。“（临清）向有漳河神庙建于运河北浒，居民等祈雨祈晴，随祷立应，今因闸外水弱，虔诣庙中祈求水

① 有关清代漕运期限的探讨详见吴琦《清代漕运行程中重大问题：漕限、江程、土宜》，《华中师范大学学报》（人文社会科学版）2013 年第 5 期。

② 李流芳：《檀园集》卷 1《闸河舟中戏效长庆体》，《景印文渊阁四库全书》第 1295 册，商务印书馆，1986，第 301 页。

③ 顾祖禹：《读史方舆纪要》卷 129《川渎六·漕河》，中华书局，2005，第 5485 页。

④ 张度、邓希曾修，朱镜纂，乾隆《临清直隶州志》卷 1《疆域四·河渠》，第 208 页。

⑤ 张度、邓希曾修，朱镜纂，乾隆《临清直隶州志》卷 1《疆域四·河渠》，第 203 页。

泽，数日内，霈雨油云，水势陡长四尺余寸，军民商贾无不踊跃欢腾，禀请代奏，加锡封号等语。漳水来源远在晋省，去运河千有余里，今管干珍等虔祷数日，水头立见长发，不啻应愿而偿，非神灵赐佑，曷克臻此，允宜增益鸿称，褒崇封号，以隆妥侑而答神庥。着于漳河神旧有封号上加‘利运’二字，并御书匾额、对联，发去敬谨悬挂，永昭灵贶。”①

道光二十九年（1849）十一月，漕运总督杨殿邦奏请为临清金龙四大王颁发匾额，以酬谢神灵。“山东临清州内头闸北岸有金龙四大王庙一座，每遇水旱，官民有祷必应。本年夏间，霖雨连绵，卫水骤涨，临清闸几至门口，彼时，济东道司徒照在临清一带督催重漕，率同临清州知州陈宽及在事文武员弁恭诣金龙四大王庙虔诚叩祷，卫水旋即平缓，重运得以源源出闸。迨八月初间，卫河水势连日消落，节节露浅，时江广在后十三帮因渡黄羁滞，尚未抵境。该道等深恐阻浅稽误，即多备剥船，禀请在山东境内截剥运道，一面复赴神庙祈祝。数日之内，卫河长水二尺余寸，帮船畅行入直，无须在东境起剥，佥谓：时届深秋，卫河长水如此之旺，为历来所未有，丁情极为欢忭，此皆仰赖圣德感孚、得荷河神默助。”② 因祈祷灵应，颁发临清金龙四大王庙御书匾额曰“恬澜利运”。③ 时隔一年后，道光三十年（1850）十二月初六日，漕运总督杨殿邦再次奏请酬神报功。④ 不久，朝廷颁发御书匾额二面，着杨殿邦交由地方官员摹制悬挂，以答神庥。⑤

关于漕运官员崇祀河神的原因，笔者认为主要有以下几点：首先，从社会大环境来看，中国人信奉神灵有着强烈的功利性，人与神之间更多的是一种许愿、还愿的功利交换。《礼记·祭法》云：“夫圣王之制祭祀也，法施于民则祀之，以死勤事则祀之，以劳定国则祀之，能御大灾则祀之，

① 中国第一历史档案馆编《乾隆朝上谕档》，乾隆五十三年六月二十四日条，档案出版社，第14册，第370页；有关清代漕运官员对临清漳神庙的崇祀情况，详见胡梦飞《漕运与信仰：清代临清漳神庙的历史考察》，《聊城大学学报》（社会科学版）2016年第6期。

② 漕运总督杨殿邦：《奏为河神显应恳请颁赐山东临清金龙四大王庙匾额酬锡神府事》，《宫中档朱批奏折》，道光二十九年十一月初五日，档号04-01-14-0064-011。

③ 《清宣宗实录》卷474，道光二十九年十一月甲午，中华书局，2008，第39册，第42244页。

④ 漕运总督杨殿邦：《奏为临清闸外河神灵应请各加酬锡以答神庥事》，《宫中朱批奏折》，道光三十年十二月初六日，档号04-01-35-0285-028。

⑤ 中国第一历史档案馆编《嘉庆道光两朝上谕档》，道光三十年十二月十六日条，广西师范大学出版社，2000，第55册，第578页。

能捍大患则祀之。"① 神灵既然"显佑"，自然就要酬谢神灵，以答神庥，漕运官员亦是如此。其次，从心理因素上看，漕运官员肩负催攒漕运之重任，漕运失期或漕船漂没，往往会受到惩处。漕粮运输过程中，艰难险阻不断，故其精神自然高度紧张，心理也一直处于压抑状态。当漕运受阻时，更会加重这种心理上的焦虑、不安情绪，而祭祀水神，祈求神灵护佑，多少能给心理上带来一些慰藉。再次，从政治文化来看，古代社会"万物有灵"思想盛行，人们常说"举头三尺有神明"，凡事只要和神明扯上关系，无疑会变得更有说服力，更容易得到周围人的认同和响应。祈祷神灵的结果无非有两种，一种是河神"显灵"，一种是"不应"，即河神没有"显灵"。依据常理推测，出现这种情况的概率当不在少数。只有祈祷"获应"，漕运官员才会上奏朝廷，请求对河神进行褒封。在奏疏中，漕运官员会把每一次河漕治理的成功都归结为皇帝的英明所致，仰赖"圣主洪福"，河神才会"默佑"和"显灵"。"文书中的这种礼仪强化了官员与君主间通过政治任命而建立起来的个人纽带。""正是这种有关赏赐和表达感激的仪式维持着君主与高级官僚之间的关系。"② 此外，通过上呈类似的奏疏，漕运官员以此来证明自己的理漕活动得到了神灵的眷顾和佑助，在彰显自己理漕功绩的同时，也更易获得统治者的褒奖和赏识。

漕军、运丁亦是水神信仰的重要群体。漕军、运丁负责国家漕粮的运输，常年往返于运河之上，涉江过河，艰险无比。一旦漕粮漂没，漕船翻覆，漕军、运丁生命财产往往得不到保障。即使有幸保住性命，也要面临偿付漕粮之责，其中艰辛不言而喻，故所经之处，往往建庙祀神，祈求保佑。河神信仰在一定程度上满足了漕军、运丁的信仰需求。《金龙四大王碑记》云："至我国家长运特仰给于河，而役夫皆兵，沙梗风湍，岁以为患，四百万军储舳舻衔尾而进，历数千里始达京师。缘是漕储为命脉，河渠为咽喉，兵夫、役卒呼河神为父母，蔑不虔戴而尸祝之。"③ 山东段运河多闸，漕船过闸是极为危险与困难的事情。据《清门考源》记载，漕帮粮船过南板、新开等闸时，"先在大王庙内焚香唱戏谢神。人集如山，百官

① 杨天宇注说：《礼记·祭法第二十三》，河南大学出版社，2010，第647页。

② 有关中国官僚君主制中的礼仪行为详见〔美〕孔飞力《叫魂：1768年中国妖术大恐慌》，陈兼、刘昶译，上海三联书店，2014，第258～261页。

③ 仲学辂编《金龙四大王祠墓录》卷2《祠墓》，《丛书集成续编·史部》第59册，上海书店出版社，1994，第676页。

照料，而后过闸。过闸船由下而上，非神功不能做到安渡危境”。[1] 另据新发现的《临清漕帮协约》碑文记载，石碑经运河到临清，安放在大王庙内。大王庙由数个漕帮共同创建，山门前挂着灯笼，如果灯笼放下，漕帮各派首领就会立即前来协商议事。[2] 神灵信仰成为漕帮成员协商议事、强化内部凝聚力的重要手段。迫于漕运诉求以及运河沿线信仰活动的浸染，明清时期漕军、运丁在群体内部逐渐孕育出独特的崇祀文化，与漕运活动密切相关的河神信仰无疑是其中最具代表性的元素。这种信仰文化的盛行，“一方面强化旗丁身份与运役，成为其内在特征之一；另一方面也是传统祭祀文化中人神互惠的体现”[3]。这些祭祀行为既提供与当地民众交往的契机，又象征性构建人与神灵之间的关系。作为运河沿线区域最具流动性和组织性的社会群体之一，漕军、运丁的崇祀活动在强化身份认同、增强群体凝聚力的同时，也促进了南北信仰文化的交流和融合。

二　行业之神：客籍商人商帮与河神信仰

明清时期临清商品经济极为繁荣，是运河沿岸重要的商业都会。乾隆《临清直隶州志》称临清：“自元开渠通运为挽漕之咽喉，当舟车水陆之冲，固商贾辐辏之区也。”[4] 民国《临清县志》记载漕运兴盛时临清的繁荣景象：“每届漕运时期，帆樯如林，百货山积，经数百年之取精用宏，商业勃兴而不可遏。当其盛时，北至塔湾，南至头闸，绵亘数十里，市肆栉比，有肩摩毂击之势。”[5] 当时临清城内商人和商帮数量众多，其中尤以徽商、晋商等客籍商人居多。[6] 此外，优越的地理位置和便利的水路交通还吸引了江苏、江西、浙江、闽广、辽东、河南等地的商人前来经营。[7]

---

① 陈国平：《清门考源》，文海出版社，1974，第 220 页。

② 该石碑由临清马鲁奎先生 2006 年发现于米市街，石碑高 1.6 米，正面刻着协约正文，阴面刻着建碑过程及漕帮成员名单。

③ 沈胜群：《“泊船祭祀”与“人神互惠”——清代漕运旗丁崇祀文化的规制与功效》，《民俗研究》2018 年第 5 期。

④ 张度、邓希曾修，朱镜纂，乾隆《临清直隶州志》卷首《旧序》，第 256 页。

⑤ 张自清修，张树梅、王贵笙纂，民国《临清县志·经济志·商业》，《中国地方志集成·山东府县志辑》第 95 册，凤凰出版社，2004，第 139 页。

⑥ 有关临清客籍商人商帮的分布及经营情况详见王云《明清山东运河区域社会变迁》，人民出版社，2006，第 129～187 页。

⑦ 李泉、王云：《山东运河文化研究》，齐鲁书社，2006，第 175～177 页。

古代社会人员、货物的运输有水路和陆路两种方式。水路运输比陆路运输有着明显的优势，通过水路运输商品和货物，往往成为商人、商帮的首选。虽然水路相较陆路交通，具有货运量大、成本低等优点，但是在生产力水平低下、科学技术落后的古代社会，航运于江河湖泊之上，仍然有极大的危险性，以致人员、货物沉溺事件时有发生。加上过闸、过坝、关卡、强盗等因素，使得水上运输，尤其是民间水运贸易极为艰难。临清城市的繁荣主要依赖水路交通，发达的水运贸易以及对水路运输安全的现实需要使得商人商帮自然而然选择与水运相关的神灵。明清两代较为常见的水上航运保护神主要有金龙四大王、妈祖、晏公、许真君等神灵，根据现有史料来看，临清商人商帮崇奉的神灵主要是河神金龙四大王。

万历三十二年（1604），杭州商人闻镰等在会通河南岸的旧窖口渡创建大王庙，供奉金龙四大王，“壮伟可观”，这是史料记载的临清首座金龙四大王庙。[①] 随后，山西商人也集资修建金龙四大王庙。临清市博物馆藏万历四十六年（1618）《新建金龙四大王神庙碑记》记载了山西商人崇祀河神金龙四大王的原因：“盖长闻之非神，不神□□□神，匪□□□纪，匪庙不纪，人以神依妥其厅从来矣。仰惟敕封金龙四大王，神寓地□□□□天表，威镇江河津流，率土敷储存运保商舟，神功浩荡不容复赘。凡我西晋易闽赣者，咸荷顺风以护送，而大江鄱阳毫不为患，信仁圣之庇佑焉。”为答谢金龙四大王的庇佑，西商们“捐资助金皆乐施，不假他募”，修成“大殿三楹，而殿之上又宗其楼焉，……灿然壮观”。此庙具体位置，碑记中没有记载，只记载了侯尚人、樊希贤等捐资人的姓名。[②] 康熙十四年（1675），山西茶商韩四维等又在卫河西浒的广济桥旁边创建了一座大王庙，州人董上新作《广济桥西岸大王庙记》云：“茶船至清源，或更舟而北，或舍舟而陆，总以输运西边，西边之人仰赖惟殷，是以诸商皆乐于修建王庙，非众力辐辏亦不能告成事。”[③]

从表 1 和以上史料中可以看出，信仰河神的主要是浙商、晋商等客籍

① 王俊：乾隆《临清州志》卷 11《市廛志》，载临清市人民政府编《临清州志》，山东地图出版社，2001，第 472 页。

② 临清市博物馆藏《新建金龙四大王神庙》碑文拓片，载王云《明清山东运河区域社会变迁》，人民出版社，2006，第 279 页。

③ 王俊等修纂，乾隆《临清州志》卷 11《市廛志》，载临清市人民政府编《临清州志》，山东地图出版社，2001，第 473 页。按，临清古称清源。

商人和商帮，其中，以山陕商人对金龙四大王的崇奉最为突出。不仅临清有两处晋商所建金龙四大王庙，聊城、张秋等地亦有山陕商人所建庙宇。之所以选择金龙四大王，而不选择其他河神，主要有以下原因：一是因为金龙四大王是官方正祀河神，具有浓厚的官方色彩。中国古代社会代表朝廷的官方力量一直居于强势地位，对民众的人身和思想有着巨大的影响力。金龙四大王在明清两代备受官方重视，多次得到明清官方的加封。至光绪五年（1879），金龙四大王最后的封号为“显佑通济昭灵效顺广利安民惠孚普运护国孚泽绥疆敷仁保康赞翊宣诚灵感辅化襄猷溥靖德庇锡佑国济金龙四大王”，达四十四字之多。官方的褒奖和敕封在增强神灵合法性的同时，亦扩大了神灵的影响力和知名度。通过信奉金龙四大王，在保持与官方信仰一致性的同时，可以增强其会馆和经营活动的正统性、合法性。二是谢绪的忠义精神是信仰传播的重要原因。在儒家思想的影响下，中国古代社会历来有“崇儒尚道”、“重义轻利”的思想传统。商人每天与金钱、货物打交道，难免给人一种“唯利是图”、“见利忘义”的印象。虽然明清时期商人的社会地位相比以前有了很大提高，但由于传统“重农抑商”思想的存在，使得精英阶层和普通民众对商人仍然抱有一定的怀疑和轻视。明代中后期，经过文人改造之后的谢绪，完全成为忠义的“化身”。基于儒家思想在中国传统社会的巨大影响力，信奉具有忠义精神的金龙四大王谢绪，无疑可以彰显自己的“儒商”、“义商”形象，在提升自身社会地位的同时，也更易获得当地社会的认同。

三　乡土之神：区域社会视野下的河神信仰

临清处会通河、卫河交汇之地，会通河为人工河道，尚可通过闸坝控制水量；而卫河为天然河流，夏秋季节，雨量充沛，如遇连日暴雨，极易酿成水灾。临清地处温带大陆性季风气候区，每年农历的二月至四月，气候干燥多风，雨量极少，甚或数月无雨，因而旱灾也时常发生。“灾害作为一种客观存在必然要反映到人们的头脑中来，并通过社会实践对人们的心理和行为发生影响。”① 频发的水旱灾害是导致河神信仰在地方社会盛行

① 汪汉忠：《从水旱灾害对苏北区域社会心理的负面影响看水利的作用》，《江苏水利》2003年第3期。

的主要原因。为求得风调雨顺、河流安澜、水患平息，地方官员和当地民众赋予河神祈雨、治水、祈晴等功能，亦推动了河神信仰在地方社会的广泛传播。

临清地方志中有关水旱灾害的记载可谓比比皆是。民国《临清县志》记载："自明代漳水入卫河，决临清者数次。至康熙四十七年，全漳入卫以后，河之决口更为频数。雍、乾至同、光为时仅百余年，河决不下数十次。"笔者依据《临清市志·大事记》统计，明清时期临清境内共发生水灾78次，旱灾更是多达116次，其中不乏较为严重的旱灾。[①] 水旱灾害的发生在危害农业生产的同时，对地方社会秩序也会产生严重的冲击。基于保障农业生产顺利进行、维护地方社会秩序等目的，地方官员亦成为河神信仰的重要群体。地方官员的信仰活动主要体现在治理水患、祈求降雨两个方面，这也是传统意义上河神信仰的基本功能。临清有漳河神庙，清人沈起元《福漕河神灵异记》记载了知州王俊祈祷漳河神平息水患的情景。乾隆十六年（1751）七月，连日大雨，使得黄、运两河一时涨溢，河决河南，灌入运河，而山东东平、张秋并决，运河所经，在在危险。临清为汶、卫、漳三水合流之冲，堤岸尤岌岌可危。"州牧王俊晨夜河干，不遑寝处，祷于漳河之神，是时水势腾涌，堤不没者一板，而竟得无恙。王牧感荷神祐，驰书济南索余文，将勒珉石，以纪功德。"[②] 除治水外，漳神庙还有祈雨的功能。知州王俊《祈雨感应碑记》载，乾隆十一年（1746）五月："天旱甚，余既与文武僚属祷雨者再，卒不应，乃于朔日蠲洁步祷于城西之漳神庙，即于三汊河取水焉。阅三日，大雨，端午日，雨复如注，……遂偕同官谢坛庙，并具羊一、豕一，报祭于漳神。"[③]

临清金龙四大王庙亦有祈雨的功能。顺治十五年（1658），临清知州郭鄤主持重修临清新开闸东金龙四大王庙，州人王介锡《重修金龙四大王庙碑记》云："北地土高风燥，旱干即水涸，漕艘衔而至，胶滞不前，则必烦挑浚之役。农夫废其业以从事于畚锸，而岸不加阔，流不加溢，致督漕使者催符如雨，当事者于炎风烈日之下弗获休息，疾声相呼，篙者殚厥力，櫂者焦厥灼，牵挽者汗流浃背厥肤，徒有仰天嗟叹。……戊戌（顺治

① 临清市地方史志编纂委员会编《临清市志》，齐鲁书社，1997，第11～21页。

② 沈起元：《敬亭文稿》卷8《续集》，《四库未收书辑刊》第8辑第26册，北京出版社，2000，第273页。

③ 张度、邓希曾修，朱镜纂，乾隆《临清直隶州志》卷5《典祀·庙》，第430页。

十三年）夏，郡侯郭公来牧兹土，正当来牟将登，需甘雨，公虔祷之，立应，独河涩如故，公乃斋戒而告于神。……不逾期，澜翻浪涌，增尺有半，舳舻千计，汩汩然顺流无留行矣。”①

由于地方水旱灾害和漕河运道的畅通密切相关，祈雨或祈晴活动既是地方官员应对水旱灾害的重要手段，也是漕运官员表达漕运诉求的渠道和方式。这种国家和地方的关联性，使得地方官员往往选择同漕运官员达成某种“合作”，在漕运因水旱灾害而受阻时，共同进行祈祷活动，这在上文有关河神信仰的奏疏中多有记载。通过类似活动，地方官员既可以与代表“朝廷”或“国家”的漕运官员建立良好关系，亦可以保持地方社会与国家在神灵祭祀上的一致性。

结　语

美国人类学家詹姆斯·沃森（James L. Watson）在20世纪80年代在研究华南地区妈祖信仰时曾经提出“神的标准化”（Standardizing the Gods）的概念。他所言的“神的标准化”包含两个层面的内涵：一是由于国家力量的倡导和推动导致许多民间供奉的地方神灵逐渐让位于国家所允准的官方正祀（如妈祖、关帝）；二是在此历史过程中，在象征符号与仪式行为一致的表象下，不同的主体（国家、地方精英和普通民众）基于自身的利益需要，对同一神灵信仰有着不同的解释和行为差异。② 运河的流经在带来南北经济文化交流的同时，也使得运河区域社会结构变得日趋复杂多元。临清段运道水量季节分布不均，境内闸坝林立，漕粮运输和水上航运极为艰难，这是导致河神信仰在漕运群体中间盛行的主要原因。水路运输的艰难和不确定性，亦使得依赖水路运输的客籍商人商帮成为信仰神灵的重要群体。水旱灾害的现实威胁使得地方官员和当地民众亦逐渐参与其中，河神的职能亦随之不断拓展。通过对临清河神信仰的考察，可以看出其与运河水路运输的关联性。信仰因运河而兴，亦因运河而衰。

---

① 于睿明修，胡悉宁等纂，康熙《临清州志》卷4《艺文》，《稀见中国地方志汇刊》第9册，中国书店，1992，第162页。

② 〔美〕詹姆斯·沃森：《神的标准化：在中国南方沿海地区对崇拜天后的鼓励（960～1960）》，载〔美〕韦思谛编《中国大众宗教》，陈仲丹译，江苏人民出版社，2006，第57～92页。

河神信仰盛行之时，亦是临清漕运及运河水路运输兴盛之时；而当晚清运河淤塞、漕运废止之后，临清水路交通优势逐渐丧失，河神信仰亦随之走向衰亡。

（责任编辑：朱年志）

国外著名运河遗产保护与利用经验借鉴*

刘庆余**

内容提要　中国大运河已被列入《世界遗产名录》，对其保护与管理的要求将更为严格。“活态遗产”是大运河遗产的鲜明特征，也是区别于国外著名运河的特点所在。大运河遗产的保护与传承既具有中国特色，也需要借鉴国外遗产运河相关成功经验。在分析国外著名运河遗产保护、管理与利用经验基础上，从活态遗产多功能之间的协调关系，运河遗产的真实性与完整性把握，遗产管理机构，价值宣传与普及，遗产法规体系建设等方面提出建议。

关键词　遗产保护　运河遗产　活态遗产

一　引言

2014年6月22日，中国大运河（The Grand Canal）与“丝绸之路：长安—天山廊道的路网”（Silk Roads：The Routes Network of Chang'an-Tianshan Corridor）成功列入《世界遗产名录》（以下简称《名录》）。同时入选的还有“印加路网”（Qhapaq Ñan，Andean Road System）遗产项目（阿根廷、玻利维亚、智利等六国共有）。这三项跨越多个地区或多个国家的巨

* 本文为国家旅游局旅游业青年专家培养计划项目“京杭大运河（山东段）遗产活态保护、适应性管理与旅游可持续发展”（TYETP201431）的阶段性成果。

** 刘庆余（1979～　），山东莒县人，曲阜师范大学历史文化学院副教授，主要研究方向为文化遗产保护与旅游利用。

型线性文化遗产被一次性列入《名录》，反映了联合国教科文组织世界遗产委员会对此类项目的高度重视，必将对世界遗产理论研究与实践操作产生深远影响。巨型线性文化遗产一般长几百甚至数千公里，线性遗产沿途所涉及的管理制度、管理主体、利益诉求、保护状况等异常复杂，这对文化遗产的保护与管理提出了严峻挑战。中国这两项遗产申报世界遗产成功后，国家文物局副局长童明康表示，将深入探讨巨型线性文化遗产，尤其是活态文化遗产的保护、管理和利用模式。[①] 众所周知，“活态”、“在用”遗产是大运河遗产的鲜明特征，也是大运河区别于其他世界著名“遗产运河”的特点所在。大运河文化遗产的保护与传承既具有中国特色，也需要借鉴全世界已列入《名录》的著名运河相关成功经验。

二　国外遗产运河研究与申遗概况

自1984年美国确定伊利诺伊和密歇根运河（The Illinois and Michigan Canal）为国家遗产廊道以来，国外世界遗产界一直没有停止对遗产运河、文化线路等线性文化遗产保护、利用与申遗的探讨。“遗产运河”（Heritage Canal）是世界遗产家族中的特殊类型。1994年9月，在加拿大安大略省召开了以“遗产运河”为主题的世界遗产专家会议，对“运河”界定如下：“运河是一种人工开凿的水道。从历史或技术角度来看，无论是在本质上还是作为此类文化遗产的杰出范例，它都具有突出的普遍价值。运河可能是一处具有纪念意义的工程，体现出一种线性文化景观的典型特征，又或是某种综合文化景观中不可或缺的组成部分。”[②] 2005年2月，《实施世界遗产公约操作指南》将遗产运河、遗产线路、文化景观、历史城镇及城镇中心列为特殊申遗类型。截至2018年6月，全世界已有8项遗产运河被列入《名录》（见表1）。毫无疑问，遗产运河从其类型上来看属于线性文化遗产，根据国外线性文化遗产保护利用研究[③]以及对“运河”的定义来看，“遗产运河”与“线形（峡谷、河谷、山谷、河流）文化景观”、

---

① 李韵：《“丝绸之路”“大运河”联袂入遗》，《光明日报》2014年6月23日，第1版。

② “Report on the Expert Meeting on Heritage Canals（Canada，15－19 September 1994）（see document WHC－94/CONF.003/INF.10）”，http://whc.unesco.org/en/sessions/18COM/documents/，2016年3月22日。

③ 刘庆余：《国外线性文化遗产保护与利用经验借鉴》，《东南文化》2013年第2期。

“文化线路”等遗产类型存在交叉。

目前，对国外运河遗产的研究主要集中在：文化线路遗产价值评价，①英国哈德良长城保护管理，②遗产保护理论，③美国国家遗产廊道保护，④加拿大里多运河、⑤法国米迪运河、⑥英国旁特斯沃泰水道桥与运河的保护管理⑦等。这些研究主要从某个方面进行分析，对国外运河遗产保护与利用成功经验还有待全面系统总结。

表 1　已列入《世界遗产名录》的运河文化遗产概况

序号	名称	国家	年度	标准	世界遗产委员会评价的概要
1	米迪运河	法国	1996	（Ⅰ） （Ⅱ） （Ⅳ） （Ⅵ）	360 公里通航河道；涵盖船闸、沟渠、桥梁、隧道等 328 处人工建筑；世界现代史上最具辉煌的土木工程；于 1667 年到 1694 年间挖掘；为工业革命开辟一条航线；皮埃尔·保罗·德里凯通过创造性构思将工程建筑塑造成艺术品（Canal du Midi）
2	中央运河上的四座船舶升降机及周边设施	比利时	1998	（Ⅲ） （Ⅳ）	古老中央运河上、四座保存完好的液压船舶吊车，是最高水平的工业杰作；运河本身及其附属设施，共同构成 19 世纪末期的工业全景图 (The Four Lifts on the Canal du Centre and their Environs)
3	里多运河	加拿大	2007	（Ⅰ） （Ⅳ）	建于 19 世纪初，长 202 公里；北起渥太华，南接安大略湖金斯顿；英美两国争相控制，主要为战略军事目的开凿；首批专为蒸汽船设计的运河之一；北美地区保存最完好的静水运河；流经线路至今保持不变，大多数原始构造完好无损（Rideau Canal）
4	旁特斯沃泰水道桥与运河	英国	2009	（Ⅰ） （Ⅱ） （Ⅳ）	建于 19 世纪初，长 18 公里；工业革命时期土木工程典范；坚固甚至不用闸门；托马斯·泰尔福德设计；使用生铁与锻铁强化拱形结构；对全球无数土木工程产生影响 (Pontcysyllte Aqueduct and Canal)

① 杨珂珂：《文化线路遗产价值评价特性分析——以《世界遗产名录》的 6 处文化线路遗产为例》，中国建筑设计研究院硕士学位论文，2009。

② 杨丽霞：《英国世界遗产地哈德良长城保护管理的启示——兼议大运河申遗及保护管理》，《华中建筑》2010 年第 3 期。

③ 单霁翔：《大型线性文化遗产保护初论：突破与压力》，《南方文物》2006 年第 3 期。

④ 王肖宇、陈伯超：《美国国家遗产廊道的保护——以黑石河峡谷为例》，《世界建筑》2007 年第 7 期。

⑤ 张广汉：《加拿大里多运河的保护与管理》，《中国名城》2008 年第 1 期。

⑥ 万婷婷、王元：《法国米迪运河遗产保护管理解析》，《中国名城》2011 年第 7 期。

⑦ 赵科科、孙文浩：《英国庞特基西斯特水道桥与运河的保护与管理》，《水利发展研究》2010 年第 7 期。

续表

序号	名称	国家	年度	标准	世界遗产委员会评价的概要
5	舒什塔尔的古代水利系统	伊朗	2009	(Ⅰ)(Ⅱ)(Ⅴ)	是一个多功能、大规模的水利工程，建于公元3世纪；在土木工程结构以及多样性用途（城市供水、磨坊、灌溉、内河运输、防御系统）方面出类拔萃；该系统包括克鲁恩河上的两条主引水渠，其中一条名为伽格大运河目前仍在使用，通过一系列向磨坊供水的地道向舒什塔尔市供水；该遗产包括许多名胜，如整个水利系统的运作中心、水平面测量塔、大坝、桥梁、盆地和磨坊 (Shushtar Historical Hydraulic System)
6	阿姆斯特丹的运河带	荷兰	2010	(Ⅰ)(Ⅱ)(Ⅳ)	作为历史城区是16世纪末至17世纪港口城市规划的结果；围绕老城区，沿防御边界向内延伸至辛厄尔运河；通过运河排干同心弧形沼泽地，填平中间空地扩大城市空间；同一历史时期同类发展中规模最大；直到19世纪仍为世界各地所参考（Seventeenth-century canal ring area of Amsterdam inside the Singelgracht)
7	中国大运河	中国	2014	(Ⅰ)(Ⅲ)(Ⅳ)(Ⅵ)	分布在中国东北部与中东部的人工水道，由北向南连接北京与浙江；最早追溯至公元前5世纪，直到公元7世纪隋朝时期成为统一的帝国交通运输系统（即漕运）；由一系列巨大工程建筑组成，是工业革命前世界规模最大、范围最广的土木工程项目；到13世纪形成超过2000公里、连接中国5大水系；今天仍然是主要的交通方式 (The Grand Canal of China)
8	腾布里克神父水道桥	墨西哥	2015	(Ⅰ)(Ⅱ)(Ⅳ)	这座16世纪的水道桥位于墨西哥中部高原的墨西哥州和伊达戈之间；传统灌溉水系包括一个储水区，山泉、运河，分水槽，和带拱廊的水道桥。这里有现存水道桥上最高的单层拱廊；这座水利设施体现了欧洲罗马水利工程建设传统和传统中美洲建筑技巧的融合 (Aqueduct of Padre Tembleque)

资料来源：联合国教科文组织世界遗产中心网站（http://whc.unesco.org），世界文化和自然遗产大全（http://blog.sina.com.cn/dashan523），世界遗产专题集邮网（http://www.guwh.com），检索时间：2017-11-06。

三 国外著名运河遗产保护管理与利用成功经验

由表1可知，上述国外世界遗产类运河最长的是法国米迪运河，长约360公里，最短的旁特斯沃泰水道桥与运河有十几公里，它们主要建于工业革命时期。由于各国国情不同，遗产运河的建筑时间、建筑工艺与功能定位亦有不同，它们在今天所发挥的现实作用也有差异，但主要是作为文物古迹进行保护与展示。

1. 遗产保护与旅游利用相得益彰

文化遗产保护与利用的矛盾关系，一直都是国际遗产界关注的重要话题。其中，国际法在对待旅游利用问题的态度上，是一个从被动、消极地限制旅游开发利用活动，到主动、积极地鼓励制定合理的旅游发展目标与管理规划的过程。[①] 运河遗产具有历史、科学、文化和经济价值，而运河遗产旅游利用这种形式最易于被民众所接受，是显性的价值体现。发展旅游作为遗产教育普及与展示利用的重要途径逐渐得到国际社会认可，遗产旅游相关研究逐渐得到重视和加强。

在国外运河遗产保护与传承过程中，旅游发展与遗产保护的“和谐共生”局面是遗产地追求的重要目标之一。表 1 所列 8 项遗产运河均已成为所在国家著名旅游景点。例如，随着交通和旅游业的快速发展，旁特斯沃泰水道桥与运河以其独特的工程结构、优良的自然风光和卓越的历史功绩，成为英国“运河旅游”的重要目的地，每年接待的游客超过 20 万人次。[②] 开凿于 1667 ~ 1694 年的法国米迪运河，通过连通大西洋和地中海促进运河流经地区贸易的繁荣。如今，随着时代发展和交通技术改善米迪运河已不再承担货物运输功能，而休闲游憩功能却得以彰显，以另一种形式重现往日辉煌。加拿大里多运河如今被誉为“世界最长的滑冰场”，它自建成至今从未停止使用过，具体功能已由当初军事用途转变为旅游休闲场所。2008 年 8 月，加拿大国家公园管理局、安大略省以及渥太华和金斯顿等城市宣布将联手推出“运河遗产旅游线路”，提供运河游艇休闲观光、沿途住宿购物等一条龙服务。[③]

2. 遗产保护利用与传承确保遗产的真实性与完整性

“真实性和完整性”是评价世界遗产的两个重要原则。“真实性原则”原本主要是针对文化遗产而言；“完整性原则”则针对自然遗产。但是随

① 郑艳芬、张朝枝：《国际法对文化遗产旅游利用认识的演进》，《旅游科学》2014 年第 1 期。

② 景观美图秀的博客：《世界工业遗产景观之旁特斯沃泰水道桥与运河》，新浪博客，http://blog.sina.com.cn/s/blog_a020504f0101abrh.html，2012 年 11 月 6 日。

③ 赵青：《加拿大里多运河“驻颜”有术》，温州网（来源：新华网），http://news.66wz.com/system/2008/09/03/100717323.shtml，2008 年 9 月 3 日。

着 1992 年 12 月，世界遗产委员会第 16 届会议关于“文化景观”概念的提出，发现自然遗产与文化遗产之间并非截然分开。张成渝和谢凝高认为文化遗产也存在完整性问题：一是范围上的完整（有形遗产），建筑、城镇、工程或者考古遗址等应当尽可能保持自身组分和结构的完整，及其与所在环境的和谐、完整性；二是文化概念上的完整性（无形遗产）。①

国际上对于遗产运河的真实性有特殊规定。关于“运河一直在变化，其真实性或原真性如何判断”这一问题，国际古迹遗址理事会（ICOMOS）和国际工业遗产保护委员会（TICCIH）于 1996 年联合编制的《国际运河遗迹名录》已做出说明：“运河与水道是因为其使用功能才显得重要，然而这种功能本身也必然意味着其部分机械装置或基础设施必须得到维护、修缮或翻新，以维持其首要功能”。② 英国旁特斯沃泰水道桥与运河建于 1795 ~ 1805 年，是工业革命时期土木工程建筑的典范，至今已有 200 多年的历史。“然而，历史悠久的瓦砾堤防，逐渐在稳定性和防水性方面显示出了问题。在水道桥的修复上，专家提出了不同的技术解决方案。从完整性上来看，这些修复工作不仅能够使我们保持水道的水利特性，并且可以保护其整体的形态特征不发生改变。”③ 竣工于 1832 年的加拿大里多运河全长 202 公里，是 19 世纪工程技术的奇迹之一。如今它的历史使命早已被公路、铁路、轮船等现代交通工具所取代，成为著名水上休闲旅游线路，其他绝大部分设施还保持着 180 多年前的原始风貌。德国莱茵河中上游河谷于 2002 年被列为世界文化遗产，为了保持其自然原貌和对文化遗产的价值尊重，莱茵河河谷段一直到现在都没有架设桥梁，往来两岸都靠轮渡。这些都是运河遗产保护与利用贯彻“真实性与完整性”原则的体现。

3. 遗产保护与民生改善、教育普及、城乡建设等取得平衡

文化遗产保护工作能否对区域民生改善、城乡建设等工作有所限制，要具体问题具体分析，有些遗产地在申遗成功后与社区、城市的关系会做得更好，而另外一些反而关系会更加紧张。在符合世界遗产保护与监测标

① 张成渝、谢凝高：《“真实性和完整性”原则与世界遗产保护》，《北京大学学报》（哲学社会科学版）2003 年第 2 期。

② ICOMOS, TICCIH. The International Canal Monuments List, 1996. http://www.icomos.org/studies/canals.pdf.

③ 戴旸：《世界工业遗产景观之旁特斯沃泰水道桥与运河》，中国风景园林网，http://www.chla.com.cn/htm/2012/1029/146846_3.html，2012 年 10 月 29 日。

准的前提下，应尽量使它们取得平衡，不能因为暂时的利益而牺牲遗产地的保护与传承事业。

建成于19世纪初期的英国旁特斯沃泰水道桥与运河于2009年被列为世界遗产，如今他的航运交通功能已经退却，却面临着地区经济发展、旅游产业、生态环境与自然灾害等多重压力。为此，英国管理部门通过编制《运河管理规划》确保遗产地可持续发展，尽量平衡遗产地保护、旅游、与周边社区发展之间的关系；2007年6月，由英国河道公司、运河沿线四个地方政府以及威尔士议会历史环境部和英格兰遗产组成指导委员会，他们分工明确、协调运作，根据情况还会邀请其他委员会、协会、民间组织等，便于加强运河遗产的保护与管理。[①] 2010年，阿姆斯特丹运河带申遗成功在当地引发了一场讨论：列为世界文化遗产，将有助提高城市知名度和旅游价值，但政府同时必须承诺不能对城区布局做随意改动；有当地人士担心，市中心将成为一个活的博物馆，自由鲜活的气息将受到压抑，因此当地政府必须在维持文化遗产的特征和改善商业、工作与居住环境之间寻找新的平衡。[②]

文化遗产保护与利用的平衡关系，与城镇建设的动态协调关系，及其与社区民众谋求发展的和谐关系，都离不开健康成熟的遗产价值观和保护意识，这尤其得益于持续不断的遗产教育、展示与阐释等。英国对遗产保护的高度认可和广泛参与，在很大程度上得益于其重视遗产历史的教育理念和多层次、多渠道的宣传报道。

4. 构建权责明确、部门协调的专门性管理机构，注重发挥民间团体作用

运河遗产作为一种线性文化遗产，其跨越时空距离比一般文化遗产往往较长。上述国外著名运河中最短的是旁特斯沃泰水道桥与运河，全长18公里，其中17公里在威尔士，1公里在英格兰。其他的少则几十公里，多则几百公里，跨越多个区域、涉及多个部门、职能交叉等是运河遗产的特点。那么，国外针对遗产运河是如何管理的？

加拿大里多运河由负责全国自然文化遗产管理的专门机构——国家公园管理局直接管理，运河遗产中有少数段落和设施处于军事管辖范围内，

① 赵科科、孙文浩：《英国庞特基西斯特水道桥与运河的保护与管理》，《水利发展研究》2010年第7期。

② 潘治：荷兰阿姆斯特丹运河带列入《世界遗产名录》，中国新闻网（来源：新华网），http://www.chinanews.com/cul/2010/08-02/2440265.shtml，2010年8月2日。

由加拿大国防部代管，同时文化遗产保护部门则提供技术支持。加拿大公园管理局负责编制遗产管理规划，制订长远保护计划；安大略省负责邻近遗产的土地保护与利用，通过立法处理土地利用规划与文化遗产及其环境的保护之间的关系；环境保护部门负责运河遗产内和岸线周围的湿地、林地、自然生物的保护；市政府依法保护河岸的完整性和两岸土地的自然特征，严格限制开发的位置、形式和规模；同时，加拿大公园管理局直接参与运河沿线市政府发展规划和相关政策的制定。①

法国米迪运河是由国家和地区两级机构进行管理。国家层面上，由法国国家航道管理局和国土设施交通整治部共同管理；地区层面上，隶属于图卢兹的米迪运河管理权下放到国家航道管理局——图卢兹水运行政部。米迪运河的管理还涉及法国环境部和文化部，但它们并不直接参与到运河日常管理中，而是监督保护运河建筑和景观遗产的确定和归类；米迪运河所属的地方政府并不对运河的管理负责，但是会提供米迪运河维修和整治的部分经费，国家和运河所属大区是互相合作、共同支持的关系。② 英国文化、媒体和体育部负责全国的文化遗产保护工作。同时，发达健全的民间团体、行业协会是英国文化遗产保护的重要特点。如成立于1877年的英国古建筑保护协会，成立于1984年的英格兰遗产组织，成立于1895年的英国国民信托组织（National Trust，系欧洲最成功的历史文化遗产和自然景观保护组织），还有皇家建筑师学会、皇家城镇规划协会、不列颠考古委员会、乔治团体、维多利亚协会等。

5. 制定完善的遗产保护法规体系

完善的法律法规可以明确文化遗产地利益相关者之间的权利与义务，规范利益相关者之间的关系，约束文化遗产保护与利用相关行为。西方国家在运河保护与管理方面具有通过法律法规进行严格规范的良好传统。如1964年日本颁布《河川法》以及后来的一系列河川法律体系，1984年美国制定《伊利诺伊和密歇根运河国家遗产廊道法》。需要说明的是，在美国几乎每一个国家公园都有专门立法。英国旁特斯沃泰水道桥与运河是由一系列土木工程、水道与金属建筑等组成，它们被分门别类地登记为古迹保护和保护区等，通过法律严格保护。法国的《公共水域及运河条例》管

① 张广汉：《加拿大里多运河的保护与管理》，《中国名城》2008年第1期。

② 万婷婷、王元：《法国米迪运河遗产保护管理解析》，《中国名城》2011年第7期。

辖其境内的所有河流、运河，并设有专门章节（第 235 ~ 第 246 条）明确米迪运河的管理部门以及沿线乡镇对运河的保护职责，包括运河遗产构成，运河主干道、引水渠、水源、桥梁等；同时还有一些管理规章，如《米迪运河遗产管理手册》、《米迪运河景观建设规章》、《建筑和船闸、运河住宅和景观管理手册》等。①

四　启示

自大运河申遗成功后，有关其保护、管理与利用就成为社会各界普遍关心的问题。应该说全社会关于运河遗产保护与利用的共识已逐渐形成，即从制度、法制、监督、社会参与等层面进行综合集成，形成大运河有效保护与合理利用局面，使之世代传承下去，这才是我们申遗的最终目的。

1. 运河活态遗产的保护与利用应处理好大运河多种功能之间的关系

大运河遗产的活态特征主要体现在为适应其“在用”性质而进行的持续维护与更新，要面对运河流经路线变迁、河道整治与疏浚加固、港口建设等现实问题，同时还有运河非物质遗产的保护与传承问题。所以，基于运河遗产的活态特征必须要处理好大运河的遗产保护、旅游利用、交通运输、输水与防洪、文化景观等多功能之间的关系。大运河的保护和申遗过程是一个对活态巨型线性文化遗产不断摸索的过程，至今已取得了举世公认的成就。

通过申遗来发展地方旅游经济、改善民生、治理环境、保护遗产等本无可厚非，只要是在遗产地合理的环境承载力之内即可。这就需要规划、水利、交通、环保、文化、旅游、文物等部门密切配合。在现有法律法规的基础上，落实大运河遗产保护与管理规划（国家、省、市三级），并严格制定规划实施细则和具体措施。与我国明代万里长城“穿戈壁过沙漠，翻山越岭”不同，大运河尤其是京杭大运河、浙东运河沿线区域经济较为发达、人口稠密，因此，运河遗产的保护与管理等就需要理顺与沿岸地区经济社会协调发展问题。另外，在《大运河遗产保护与管理规划》基础上，编制整体性的《大运河文化带（经济带、旅游带等若干子项目）建设规划》，出台相应建设规范以适应新形势下大运河面临的保护与利用问题。

① 万婷婷、王元：《法国米迪运河遗产保护管理解析》，《中国名城》2011 年第 7 期。

2. 运河遗产的保护与利用应注意阐释其完整性，把握好真实性

运河是人与自然的共同作品，在经过最初开凿之后，随着使用用途的变化、周围自然环境变化、河道变迁等，需要持续的维护与管理跟进，其中肯定会增加一些新的技术、新的材料工艺等。这些所谓运河的“变化”本身反映了运河工程技术和管理实践的发展历程，也是运河遗产的一部分。完整记录与展示运河遗产的“变化”，不断累积相关历史文化信息，都属于遗产真实性范畴。

为体现运河遗产的完整性和突出的普遍价值，大运河申遗的遗产类型包括闸、堤、坝、桥、水城门、纤道、码头、险工等运河水工遗存，以及仓窖、衙署、驿站、行宫、会馆、钞关等大运河的配套设施和管理设施，和一部分与大运河文化意义密切相关的古建筑、历史文化街区等。[①] 其中，运河水工遗存、运河配套设施和管理设施、与大运河文化意义密切相关的遗产，它们共同组成了大运河遗产的完整“图景”。此次大运河申遗的长度共计1011公里，还有很多河道、水网体系、城镇乡村历史遗迹、工程遗址等，它们是不可分割的组成部分。随着遗产保护工作的加强，沿线地区应进一步将尚未列入《名录》的运河遗存，纳入保护范围加以修缮和整治，在条件成熟时启动扩展项目申遗工作。

1994年11月，联合国教科文组织世界遗产委员会在日本奈良举行专家会议，形成的《奈良真实性文件》（日本奈良）指出：“文化遗产真实性的判断可能会与很多信息来源的价值有关”，“这些来源包括很多方面，如形式与设计、材料与物质、用途与功能、传统与技术、场所与背景、精神与感情以及其他内在或外在因素”。[②] 运河遗产的真实性其实是一个很难把握的原则，关键是不要过多的人工干预，不要“喧宾夺主”，同时它又是一个动态演变的概念，而我们能做的仅仅是利于展示遗产的文化内涵，并使其延续下去。做好运河生态环境的保护与修复，这也是保持其真实性的具体手段。例如杭州市针对京杭大运河提出“还河于民”、申报世遗、打造世界级旅游产品三大目标，通过实施一系列水体治理、景观整治等工

① 《大运河、丝绸之路列入〈世界遗产名录〉》，国家文物局网站，http://www.sach.gov.cn/art/2014/6/22/art_722_92137.html，2014年6月22日。

② UNESCO World Heritage Committee. The Nara Document on Authenticity, 1994. http://whc.unesco.org/archive/1994/whc-94-conf003-inf8e.pdf.

程，全面提升运河生态、文化、旅游、休闲、商贸和居住功能。[1] 申遗成功之后，杭州市进一步实施“五水共治”（治污水、防洪水、排涝水、保供水、抓节水）环境治理模式，不断改善包括大运河在内的水生态环境。

3. 建立健全多部门协调，统一权威的大运河遗产保护与管理机构

大运河成功申遗为全世界超大型线性遗产的保护管理提供了可资借鉴的宝贵经验。2014 年 9 月 26 日，设在扬州的中国大运河联合申遗办公室（2007 年 9 月揭牌）更名为大运河遗产保护管理办公室，这意味着运河沿线 35 城市如何建立起长效保护管理机制，已成为关乎大运河长远未来的重要课题。

大运河所涉及的职能部门有水利、交通、环保、文物、旅游等，同时还有纵向与横向管理形成的条块分割问题。2012 年 8 月中华人民共和国文化部公布的《大运河遗产保护管理办法》规定，“大运河遗产保护实行统一规划、分级负责、分段管理”。2006 年 9 月国务院公布的《长城保护条例》规定，“对长城实行整体保护、分段管理”。但是大运河遗产有其特殊性（即活态、在用遗产），前面已提到大运河涉及的利益关系复杂程度要远远超过长城，因此，针对大运河遗产保护与管理机构的设置，机构层级和管理力度都应进一步加强。2017 年 6 月，习近平总书记专门对《打造展示中华文明的金名片——关于建设大运河文化带的若干思考》作出批示，“大运河是祖先留给我们的宝贵遗产，是流动的文化，要统筹保护好、传承好、利用好”。[2] 在此推动下，建立统一权威的大运河遗产保护与管理机构的条件已基本成熟。

2008 年 3 月，国家文物局在扬州建立大运河保护与申遗城市联盟。2009 年 4 月，成立的大运河保护和申遗省部际会商小组，实际上是一种跨地区、跨部门的联席会议制度。下一步应将大运河保护与申遗城市联盟更名为大运河世界遗产保护与管理联盟。《加强中国大运河遗产保护的倡议》提出，建议在当前形势下继续保留并完善其组织形式和机构设置，调整其名称和职责，增加世界遗产管理、监督和宣传的责任，建立紧密协作的工作机制，提高管理层级，实行分类管理，统筹推进大运河的保

① 《多力合一勾描最美运河》，杭州网，http://www.hangzhou.com.cn/20081020/ca1600139.htm，2008 年 11 月 11 日。

② 马智慧、赵丁丁、楼微君：《大运河杭州段文化带建设思路研究》，载李泉主编《运河学研究》第 1 辑，社会科学文献出版社，2018，第 187～202 页。

护和管理工作。[①] 延伸开来就是要在大运河保护和申遗省部际会商小组基础上，建立多部门协调，统一权威的大运河遗产保护与管理机构。各省可以进行试点，构建省级大运河文化带建设协调管理机制或领导机构。

另外，运河文化遗产的保护与管理离不开社会力量的参与，对于面积与体量较小的世界文化遗产来说，仅靠政府财政拨款与旅游业等产业发展的反哺还可以维持。但是对于像大运河这类巨型活态文化遗产的保护，就应该广泛动员社会力量参与大运河保护和管理，从管理信息平台与媒体结合、遗产保护基金、遗产开放日、宣传普及、合理票价等多方面努力。

4. 研究制定《大运河遗产保护条例》，对遗产利用方面的要求应规范与细化

根据《中华人民共和国文物保护法》，大运河系列遗产属于“不可移动文物”，按照文物保护单位模式进行保护与管理。尽管大运河已被整体性列为全国重点文保单位，而实际上“大运河·全国重点文保”是由一系列运河遗产点、河道等组成，还有很多遗产点/段并未列入各级文保单位，显示运河文物保护立法的滞后。另外，由于运河遗产覆盖范围非常大，沿线区域遗产资源保存状况千差万别，政府财政状况和民众文物保护意识也存在较大差距，因此，各地在实际保护与管理过程中限于人财物等因素往往力不从心。

《中华人民共和国文物保护法（2017 年修正本）》第十七条规定，“文物保护单位的保护范围内不得进行其他建设工程或者爆破、钻探、挖掘等作业。但是，因特殊情况需要在文物保护单位的保护范围内进行其他建设工程或者爆破、钻探、挖掘等作业的，必须保证文物保护单位的安全”。大运河是正在使用的活态遗产，它的初始功能还在继续，由漕运转为交通、水利、防洪等。限于部门利益，运河遗产的保护面临着许许多多的冲突和协调工作，如果没有法律的规范和约束，如何做到协调与有序？仅靠苦口婆心的劝说和沟通，是远远不够的，必须依法治运。

以《文物保护法》为基础，与《水法》、《防洪法》、《环境保护法》、《河道管理条例》、《国内水路运输管理条例》、《内河交通安全管理条例》等水利、交通、环保方面法规相融合，充分吸收《世界文化遗产保护管理

① 《加强中国大运河遗产保护的倡议》，《中国文化报》（大运河文化专刊）2014 年 9 月 18 日，第 15 版。

办法》、《大运河遗产保护管理办法》，地方性规章如《大运河扬州段世界文化遗产保护办法》、《杭州市中国大运河世界文化遗产保护条例》等现有立法基础，尽快出台国家层面的《大运河遗产保护条例》，使运河遗产的保护与管理工作规范化和制度化。

值得一提的是，我国文化遗产保护领域相关法规多侧重于遗产本体的保护对象、保护内容和保护方法等，对遗产旅游利用方面的关注非常欠缺甚至完全缺失。[①] 这主要是立法层面的“重保护，轻利用”思路导致，但现实的发展却是“重利用，轻保护”，这一扭曲局面致使各种文物保护乱象丛生。因此，将来《大运河遗产保护条例》应妥善处理遗产保护与航运、水利、南水北调、城乡建设等之间关系，并对大运河文化带建设做出相应安排。同时，还要对运河遗产的旅游利用、与城市发展融合等方面给予关注，并做出细化安排，防止遗产资源在经济利益的驱使下变成了商业化运作的“摇钱树”。

（责任编辑：胡克诚）

① 叶秋华、孔德超：《论法国文化遗产的法律保护及其对中国的借鉴意义》，《中国人民大学学报》2011 年第 2 期。

大运河文化带建设原则与路径选择[*]

贾兵强[**]

内容提要 大运河文化带是世界文化遗产中国大运河的重要组成部分。合理开发利用大运河文化资源，把这种文化资源优势转换为强大的经济优势、生态优势和环境优势，是推动大运河文化带建设的动力之一。运用历史学、文化学、地理学、考古学、遗产经济学等多学科的知识，大运河文化带建设要贯彻“保护为主、抢救第一、合理利用、加强管理、科学发展”，从理念创新、体制改革、发展模式、人才建设和宣传推介等五个方面论述大运河文化带的实现路径，旨在对运河文化的传承创新有所借鉴，对大运河世界文化遗产可持续发展有所启示。

关键词 运河文化 大运河文化带 遗产经济学

2014年6月22日，第38届联合国教科文组织世界遗产委员会会议审议通过中国大运河世界文化遗产提名项目，并成功列入《世界遗产名录》，成为中国第46个世界遗产项目。大运河文化带是以大运河文化为内核，以保护、传承、利用为主线，以带状地理空间为载体，以区域交通束为基础，以沿线城镇为发展主体，集遗产与生态保护、经济与社会发展、文化与休闲游憩等多种功能于一体的综合性文化功能区域。大运河文化带是中国大运河的重要组成部分，在运河文化传承创新中居重要地位。新时代我们如何保护好、传承好、利用好大运河文化，推进大运河文化带建设，弘扬中

---

* 本文为河南省高校科技创新人才（人文社科类）支持计划（2016CX022）的阶段性研究成果。

** 贾兵强（1976～ ），河南汝州人，博士（后），华北水利水电大学副教授、硕士生导师，中国人民大学历史学院访问学者，主要研究方向为水文化资源开发与利用。

华优秀传统文化，成为重要的时代命题。2017 年 2 月 24 日，习近平总书记对大运河文化带建设作出指示："保护大运河是运河沿线所有地区的共同责任。" 6 月 4 日，习近平总书记又专门就大运河文化带建设作出重要批示。

伴随着我国大运河申请世界文化遗产的进程，学术界对运河文化遗产保护与利用较为关注，张志荣等以京杭大运河杭州段为例，把运河水文化遗产分为物质形态水文化遗产、制度形态水文化遗产和精神形态水文化遗产。[①] 谭徐明在《中国大运河文化遗产保护技术基础》一书中，详细介绍了运河遗产价值认知、遗产构成、保护与管理策略、古代闸坝复原、运河遗产保护工程图例设计、数据采集技术。[②] 李爽以大运河江南河段重要城市苏州作为切入点，指出苏州段运河遗产丰富且价值较高，应建立长效的遗产保护机制。[③] 董小梅等以淮安里运河水文化遗产保护与开发为例，阐述里运河水文化遗产保护工作的困难和问题。[④] 王丹等以京杭运河枣庄段为例，在水文化资源开发上，提出要做好水文化资源挖掘与研究、加强水文化产业规划、发展水文化产业新业态、做好水文化产业基础工作等。[⑤] 黄克清等以大运河淮安段的建设与管理为例，提出保护大运河水利遗产对策。[⑥] 涂师平《论水文化遗产与水文化创意设计》一文，在进行水文化创意设计时，应从水文化遗产的分类分级、水文化创意设计的形式选择、水文化创意设计的价值选择等不同维度，选择不同的路径对水文化遗产进行保护、传承、利用。[⑦] 熊海峰在《大运河文化带的内涵解析与建设对策研究》一文中，对大运河文化带的内涵、大运河文化带建设的难点和大运河文化带建设的对策进行阐述。[⑧] 张廷皓在《珍视中国大运河遗产的丰富价值》一文中，认为大运河工程文化价值在于集成性、连续性、动态性、系

---

① 张志荣等：《简析京杭大运河（杭州段）水文化遗产的保护与开发》，《河海大学学报》（哲学社会科学版）2012 年第 2 期。

② 谭徐明：《中国大运河文化遗产保护技术基础》，科学出版社，2013。

③ 李爽：《大运河文化遗产长效保护机制的思索》，《中国文物报》2014 年 5 月 2 日，第 8 版。

④ 董小梅等：《略论淮安里运河水文化遗产的保护与利用》，《淮阴工学院学报》2014 年第 2 期。

⑤ 王丹等：《京杭运河枣庄段水文化资源开发研究》，《山东农业工程学院学报》2014 年第 4 期。

⑥ 黄克清等：《谈申遗背景下京杭大运河淮安段水利遗产的保护》，《江苏水利》2014 年第 4 期。

⑦ 涂师平：《论水文化遗产与水文化创意设计》，《浙江水利水电学院学报》2015 年第 1 期。

⑧ 熊海峰：《大运河文化带的内涵解析与建设对策研究》，《人文天下》2017 年第 23 期。

统性和人工化。[①] 尤其是2013年11月，由中国水利学会、中国文物学会主办，中国水利学会水利史研究会等承办的中国大运河水利遗产保护与利用战略论坛在浙江绍兴开幕。本届论坛是国家开展大运河申遗工作以来，第一次以“中国大运河的水利遗产保护与利用”为主题的学术论坛，与会学者分析了大运河水利遗产蕴含的科学和文化价值，研究探讨了大运河水利遗产保护与利用的战略与技术，从不同视角和层面，尤其是从水利工程可持续性与大运河历史、当前保护与开发利用的对策等方面，进行了深入探讨和交流，为今后中国大运河的保护与利用提供了有益的借鉴。[②] 2015年8月由国际历史学会（ICHS）主办、中国历史学会和山东大学承办的第22届国际历史科学大会在聊城专设“运河文化与世界遗产保护利用”主题分会，与会国内外专家学者对运河遗产的文化内涵与学术价值、运河开发与城镇变迁、运河文化遗产保护与生态文明建设、运河文化景观建设与可持续发展、运河文化产业带发展研究作了深入交流。[③] 张缨等以京杭运河德州段为例，从防护措施、优化管理、保护水生态与水资源、整合地域文化、开发文化价值和营造运河文化遗产保护氛围等方面提出保护开发德州段运河水文化遗产的措施建议。[④]

2017年习近平总书记对大运河文化带建设做出批示后，学术界持续关注大运河文化带建设，代表性的有曹兵武对推动大运河文化带建设的现实意义和原则进行阐述。[⑤] 姜师立从展示大运河文化、增强文化自信、打造新时期运河特色文化等方面阐述了大运河文化带建设的意义，从保护好运河遗产、打造生态走廊、深度开发运河旅游、传承运河文化等方面构想了大运河文化带建设的内容，提出了高起点规划、协调联动推进、形成统一立法、推动“运河学”建立、打造交流平台和聚合发展力量的建设大运河文化带的路径选择。[⑥] 葛剑雄认为应当实事求是研究大运河历史，新时代

---

① 张廷皓：《珍视中国大运河遗产的丰富价值》，《新华日报》2017年8月30日，第13版。

② 周国勇：《中国大运河水利遗产保护与利用战略论坛在绍举行》，《绍兴日报》2013年12月1日，第1版。

③ 左新新：《国际历史科学大会聊城会议召开 把脉运河文化》，齐鲁网，2015年8月24日，http://liaocheng.iqilu.com/lcyaowen/2015/0824/2527808.shtml，2018年3月28日。

④ 张缨等：《水利工程文化遗产的保护与开发探讨——以京杭运河德州段为例》，《中国水利》2016年第6期。

⑤ 曹兵武：《推动大运河文化带建设》，《学习时报》2017年8月7日，第4版。

⑥ 姜师立：《论大运河文化带建设的意义、构想与路径》，《中国名城》2017年第10期。

大运河文化带建设研究应当运用历史唯物论，处理好保护与开发的矛盾、传承与创新的冲突，因地制宜，加强交流互鉴和综合性研究。①

适度开发与利用大运河文化资源，建设大运河文化带，不仅是增强我国文化软实力的重大举措，更是提升民族自信心与自豪感、强化民族向心力和凝聚力的战略选择，而且在推进文化强国，弘扬中华优秀传统文化，践行社会主义核心价值体系具有十分重要的现实意义。

一　大运河文化带建设的原则

开发利用大运河文化带以“创新、协调、绿色、开放、共享”为指导，全面树立“保护为主、抢救第一、合理利用”方针，走“保护—开发—利用—发展—保护”的可持续发展之路，促进大运河文化资源传承保护与社会、经济发展的良性互动，实现大运河文化带建设可持续发展。

1. 可持续发展原则

在大运河文化带建设过程中，正确处理文化资源开发、保护和利用的关系。通过文化资源的可持续发展实现地球环境多样性和人类文化多样性的可持续发展，这是遗产保护的最高原则。② 从可持续发展的观点看，始终坚持“保护为主、合理开发、科学规划、永续利用”的原则，保护是开发的前提，开发是保护的基础。③

加强文化资源的保护是大运河文化带资源开发利用的根本保证。根据文化资源的等级和性质，大运河文化带建设实行区别对待、分级管理。对于世界遗产、国家重点文物保护单位、国家非物质文化遗产具有特殊科学价值保护地、生物多样性保护区等价值较高的区域，应以保护为主。对于普通保护区，应严格执行核心区、缓冲区和试验区的分区标准，强化分区管理，严禁在核心区开展旅游活动，在外围缓冲区和实验区允许开展适当的旅游活动。④ 在大运河文化带资源开发利用的过程中，必须整体规划，综合开发，形成体系，避免对文化遗产散乱无序状态的开发。每一个文化

① 葛剑雄：《大运河历史与大运河文化带建设刍议》，《江苏社会科学》2018 年第 2 期。

② 罗佳明：《中国世界遗产管理体系研究》，复旦大学出版社，2004，第 158 页。

③ 王星光、贾兵强：《中原历史文化遗产可持续发展的问题与对策》，《河南社会科学》2008 年第 4 期。

④ 郭鲁芳：《试论国际旅游市场消费结构特点及其趋势》，《江苏商论》2005 年第 4 期。

资源的开发项目，都必须经专家审核论证，以保持文化资源的原有风貌与特定内涵。

尤其需要注意的是，利用文化资源要保护先行，要保持文化的多元化和多样性，维护文化生态，用国际化的设计规则开发包装传统文化遗产，用现代化的表现手段展示传统历史文化，用原汁原味的文化特色吸引旅游者，要兼容并蓄，融会贯通，在保持特色的基础上吸收外来文化的先进成果，在实践中，探索有效保护运河文化遗产的具体措施，促进文化遗产的科学利用，走“保护—开发—利用—发展—保护”的可持续发展之路，实现大运河文化的可持续发展。

2. 合理开发原则

合理开发是保护运河文化资源的重要手段与举措。但是，一些地方急功近利，缺乏长远规划和严格管理，只讲短期经济利益，而忽视文化资源深层次的开发，从而出现对文化资源过度开发的现象，忽视遗产生态环境的承载能力，在一定程度上影响和制约了大运河文化资源的可持续发展。一般来说，合理科学地开发文化遗产资源，促进旅游发展，带来的旅游收益的一部分可以通过各种形式返回文化遗产地。从这个意义上来讲，开发意味着保护，也只有这样才能实现运河文化资源“保护—开发—利用—发展—保护”的可持续发展之路。

“保护第一”并不是不要开发，而是“不要破坏”，是只能“在有效保护的前提下”进行开发利用。大运河文化带建设要以保护为基础，与文化资源和环境的承载力相协调，通过合理利用开发大运河文化资源，以实现运河文化资源可持续发展。在保护的前提下把运河文化资源的内涵及其部分外延逐步向社会推介，通过内涵的发掘、形象的“包装”，将其隐藏的文化价值展示出来，让文物走出历史，把它变成供观众欣赏和游览的资本。在公众了解的过程中，大大增加文物本身的社会影响力和市场价值，同时又为文化资源的进一步开发与文化内涵的深入挖掘创造条件，这种良性循环大大促进了文化资源保护与利用的和谐共存。

大运河文化带建设必须遵循“保护为主、合理开发”的原则，要充分发挥其展示历史、弘扬优秀运河文化的独特功能，不能以损害文化资源为代价，开发时要特别注意防止建设性破坏。更要注重生态学原则，对景区道路的修建和游客活动的区域进行科学的控制，旅游设施应尽量选择在不破坏天然植被的地方，服务设施简单大方，采用天然原材料；在道路的修建上，以自然地貌为基础，避免城市化道路设计；旅游区内使用太阳能或电能为能源的交通工具，等等。避免游客进入生态核心保护区域。当然，对于文物景点也不可忽视对其环境的绿化和美化工作。

3. 市场导向原则

旅游开发是适度利用大运河文化带资源的有效手段之一。由于旅游业是一项综合性经营产业，在旅游经济新常态下目前已进入买方市场，所以大运河文化带建设在开发的过程中，必须既要考虑自身的优势，又要考虑旅游市场的需求形势。无论文化带的规划、开发，还是产品的包装、促销，都应引进商业策划意识和市场运作技巧，同时统筹住宿业、饮食业、旅行业、交通运输业、旅游用品业等多项产业的协调运作。

旅游产品的发展趋势应逐步从自然观光旅游产品转向度假类、休闲类、参与类等的旅游产品，追求旅游产品的多元化就是为了满足市场的需求。对于大运河文化带建设而言，利用运河文化资源可以大力开展历史文化考察、文物古迹考察、水文化教育等专项旅游活动，同时还可适时适地发展生态观光、高新农业观光和休闲度假旅游。

只要坚持产业经济原则，才能够正确认识旅游业的产业地位及其重要作用。在大运河文化带建设中，要始终坚持效益第一的原则，效益包括经济效益、社会效益和环境效益。如大运河郑州段旅游融入民俗元素，借助古荥纪公庙庙会和城隍庙民俗文化节，展示传统特色的戏曲、民间杂耍、秧歌、旱船、大头舞、盘鼓等民俗文化表演，大力发展民俗体验游。

4. 特色发展原则

全国休闲标准化技术委员会副主任、中国旅游协会休闲度假分会秘书长魏小安曾经指出："特色是旅游之魂，文化是旅游之基，环境是旅游之根，质量是旅游之本。"① 因此，特色大运河文化带建设是旅游开发的灵魂，没有特色就没有效益。旅游在本质上属于一种文化活动，旅游资源特色与文化的正确定位和开发层次是提升旅游产品档次的关键，也是旅游资源转化为高效益旅游产品的重要条件。特色是旅游产品生命力的体现，没有特色就难以形成强大的旅游吸引力，没有特色就不能激发人们的旅游动机。亦步亦趋是旅游开发之大忌，拾人牙慧的临摹翻版，绝对创造不出良好的开发效益。多一份特色就多一份竞争力，在一定程度上可以说，有特

① 孙自豪等：《用旅游激活城市　以激情创造明天》，《洛阳晚报》2013年4月4日，第2版。

色就有效益，有特色就有发展。

因此，大运河文化带建设，一定要本着“人无我有，人有我新，人新我奇，以奇制胜”的原则，尽量满足旅游者的“求新、求奇、求特、求美”的需要。以大运河文化资源依托，可以开展更为广义的运河文化游，比如大运河郑州段以北宋皇陵、杜甫故里、黄冶唐三彩窑为主线的巩义唐宋文化主题游。再如位于巩义河洛镇七里铺村的洛口仓，是当时全国最大的粮仓。当年的洛口仓已不复存在。但在开发利用运河文化资源过程中，结合国家正在河南实施国家粮食生产核心区战略，可以在巩义七里铺村隋唐洛口仓的遗址上建立中国古代粮仓博物馆，展示历史时期农业发展成就，不仅可以科学展示运河文化遗产，而且还可以为当下河南由“天下粮仓”向“国人厨房”跨越式发展提供文化引领作用。

二　大运河文化带建设的路径选择

目前，大运河文化建设仍然处在探索阶段，对大运河文化带的建设有很多可以选择的发展模式和可供尝试的路径。借鉴国内外发展经验①，结合国情省情，我们认为大运河文化带建设要贯彻落实习近平总书记对大运河文化带建设作出批示精神，必须按照《世界文化遗产保护管理办法》和《大运河遗产保护管理办法》的要求，以改革为动力，创新发展模式，运用“互联网+”，加大大运河文化带在重要媒体上的宣传力度，实施人才强旅工程，大力发展文化创意旅游业，加快建设文化强国的步伐，为实现中华民族伟大复兴做出应有的贡献。

1. 改革文化管理体系

大运河文化带建设既要体现“历史文化”，也要突出“传承”，更要凸显“创新”，必须改革文化资源的管理体系，逐步改变和纠正目前管理体制中政出多门，分头管理的弊端。因此，大运河沿线应建立省区市三级的世界文化遗产大运河文化带管理委员会，包括文物、环保、旅游、文化、城建、商业、交通等相关部门，使之具有权威性和高效性。省级管理委员会履行大运河文化带建设职责，行使管理权和监督权，进行垂直管理。市

① 王星光、贾兵强：《国外历史文化遗产保护机制及其对我国的启示》，《广西民族研究》2008年第1期。

级管理委员会指导县区级文化资源的开展工作，并制定合理的管理政策，保护文化知识产权，维护文化市场秩序，提供信息服务，等等，对遗产保护、开发和利用等重大问题做出科学统筹决策。同时，理顺地方政府与文化资源地管理机构工作职责，确立政府责任制度，协调好各部门利益关系，形成合力，共同推动大运河文化带建设。各级行政主管部门，要减少行政审批，下放审批权限，充分发挥各级文化遗产单位和旅游部门的作用，积极支持行业协会工作，最终形成政府规划实施、行业协调管理、企业自主开发的良性循环格局。

根据文化产业发展的要求和文化遗产相关标准，把大运河文化资源根据其经营性质，可以划分为资源保护性遗产和盈利性遗产两类。在这里，资源保护性遗产，主要指资源本身的保护与经营管理，如遗产地重点文物保护单位的保护性开发与门票经营等。盈利性遗产是指以历史文化资源为依托所进行的餐饮、住宿、交通、运输、购物、文化娱乐、运动项目、旅游服务以及价值一般的民居建筑、文物等的开发经营。对于不同类别的遗产资源，要采取不同的经营管理模式。对于资源保护性遗产，为了符合历史文化遗产保护的特殊要求，避免企业化经营带来的保护激励失效，这类项目经营应在遗产管理行政部门指导下，遗产地管理部门负责遗产的运作进行，其门票收入除了用于管理人员的工资和必要的管理费用以外，其余只能作为历史文化遗产的保护和维修。对于盈利性遗产，在文化遗产职能部门的领导下，以市场为导向，公开招标，引入竞争机制，实行特许权经营，有利于引进先进的管理经验，提高经营管理水平，提高旅游经营效率。进一步完善与文化资源紧密联系的相关产业，加快文化遗产地服务和基础设施建设，全面提升服务质量，完善文化旅游六要素“吃、喝、玩、游、导、购”的产业链条，促进运河文化遗产的可持续的发展。

2. 构建多元投资机制

大运河文化带建设投资体制上，加快投资体制改革，拓宽融资渠道，力争投资结构多元化，为运河文化建设提供资金保障。政府在加大对文化产业投资的同时，还应积极探索文化资源所有权、管理权、经营权相分离的路子，逐步理顺管理体制。政府制定相关历史文化资源保护、经营和开发政策，坚持“谁开发，谁管理，谁投资，谁受益”的原则，鼓励有实力、有市场运作经验的企业、民间资本和涉外资金投资，通过兼并、参股、收购、特许经营、租赁承包、建设—经营—转让（BOT)、移交—经营—移交（TOT）等多种合资合作方式参与文化旅游资源开发和经营，走政企联合、区域合作等投资及运作模式，逐步改变传统文化遗产资源拥有者无力开发资源潜能的现状。

政府除了加大财政投入之外，也可借鉴国外经验，设立专项基金，用于文化遗产的保护、开发、人才培训、紧急救援、宣传、咨询、考察、教育、交流等一系列工作。政府制定相关的社会资助政策，给资助企业和个人在政策和税收方面提供优惠。政府鼓励以个人名义设立基金，尤其欢迎港、澳、台及国外知名企业为保护和开发文化资源设立基金。还可以向旅游、交通运输、餐饮等部门征收一定的文化资源税或以冠名权等形式，以扩大资金来源。同时，要进一步建立健全文化资源相关的法律法规体系，依法规范文化资源管理与旅游开发市场，将资源遗产单位、文化旅游经营企业、旅游者以及有损于大运河文化带文化资源可持续发展环境现象置于法律法规监督之下。

3. 发展新型文化业态

大运河文化带建设，充分利用系统工程研究方法，开展文化资源保护发展战略与相关政策研究；实施文化资源的科学调查评估行动，全面掌握大运河文化带文化资源资料；加强文化传承保护与修复的基础科学研究，实施关键技术攻关行动，建立大运河世界文化遗产展示保护基地，推进传统核心科技体系的科学化、现代化进程；利用生态经济学、生态法学、可持续发展经济学等学科成果，对文化资源生态价值进行评估，建设好国家级大运河遗址保护主题公园，建立科学合理的评估测定体系和生态利益补偿机制。如大运河郑州段依托通济渠荥阳故城段文化资源，建设通济渠荥阳故城段展示区（包含惠济桥）、荥阳故城展示区和荥阳故城考古遗址公园。

以大运河文化为内核，启动“大运河文化+”计划，推进与沿线生态文明、城市功能、经济建设的融合发展。通过云计算和大数据，利用3D仿真技术和虚拟技术，实施大运河文化带数字化战略，将文化资源制作成各种类型的影像，如三维立体、动画等，来展示遗产生动的原貌，提高运河文化资源的展出率和效果，模拟地展示尚未挖掘或已经湮灭了的遗址、遗存，整合历史文化资源，推动文化遗产进入数字化时代，科学展示大运河文化带开发和利用的现代化成果，实现文物和非物质文化遗产保护工作的可持续发展。

4. 打造人才建设升级版

当前，我们正面临着以创新为主题特征和决定因素的第三次历史机遇，人才是创新驱动的引领力量，是传承提升的核心支撑，实现人才建设升级是大运河文化带建设的重要战略。

大运河文化带建设是高成长服务业，必须有规范的管理与优质的服务，才能增强文化资源的吸引力。为此，政府相关职能部门和行业协会坚持内生培育与外源引进并举、坚持政策扶持与市场运作并进、坚持整体设计与基层创新并重，实施“走出去、请进来”战略，加大人才培养、引进和继续教育力度，以高素质的人才队伍、高标准的管理和规范化的服务，构建政策、项目、平台和综合环境的全方位人才服务体系，努力释放传承创新“正能量”，打造人才工作“升级版”，实现大运河文化带文化资源可持续发展。

特别大力引进专兼职院士、海外高层次人才、国家高层次人才特殊支持计划入选者、长江学者，提高对管理者的学历、业务水平、道德水准等方面的要求，提高行业管理水平；要按照有关标准和要求建立一支专业化的新文化业态队伍和一批经营服务标准化的景区、宾馆、饭店，要加强对宾馆、景区商业服务点等其他从业人员的教育和规范化管理，从而全面提高整体服务水平。

对于文化资源旅游开发而言，大运河文化带旅游景区要在旅游市场竞争中加快发展，需要各类旅游人才，包括旅游企业管理、行业管理人才、旅游服务人员及宣传促销、形象策划的人才等，这是实现旅游业可持续发展的必备条件。旅游主管领导和各景区景点应与有关高校、科研机构建立良好的关系，定期举办“诸葛会”，为旅游发展出谋划策，而且还要定期举办岗位培训，不断提高运河文化带建设的水平，逐步建立一支高水准的人才队伍。

5. 构建宣传新手段

大运河文化带建设，要大力宣传运河文化，加大市场促销，努力扩大市场份额，充分利用现代网络技术和新媒体（微博、微信和手机报）的便捷性，积极开展网络团购和微博、微信、微视促销等营销方式，逐步建立和完善现代网络促销新格局；要分期分批邀请海外媒体记者、作家和旅行商前来实地考察和采访；在主要客源市场地建立办事机构或代理点，建立合资旅行社，开辟在客源地区直接宣传的渠道；要与有关省市旅游主管部门广泛开展旅游业务合作，签订互为市场、互送客源的合作协议书，努力实现“资源共享，客源共有”，形成多渠道、多方位地宣传大运河文化带文化资源，弘扬优秀的运河文化，以期实现大运河文化带沿线城市经济社会的全面可持续发展。如大运河郑州段，省内市场要突出以“大美郑州　运河文化”为主题的宣传，形成“河南人游郑州”“郑州一日游”的良好氛围。国内市场，要以周边地区为基础，突出以“天地之中　文化中原”为主题的宣传，加强经济发达地区的宣传促销活动。在大力发展传统促销的同时，加大电视广告和户外广告的分量；注重中原文化与影视文化媒体的结合来宣传大运河文化带文化资源，如以南水北调工程建设为主题的八集大型文献纪录片《水脉》，纪录片《中原大发现》、《河之南》，中国实景演出《禅宗少林·音乐大典》、《大宋·东京梦华》以及河南卫视名牌栏目《梨园春》、《武林风》等，为实现“中原更出彩”做出省会城市应有的贡献。

结　语

大运河文化带建设要深刻学习领会习近平总书记重要指示，以高度的历史使命感推进大运河文化带建设，坚持“保护为主、合理利用、科学展示、可持续发展”的指导思想，以运河文化建设为抓手，把大运河文化带建设成为沿线城市的示范工程，成为满足人民群众日益增长的多样化精神文化需求的民心工程，成为进一步擦亮世界认可的国家文化符号，推动文化强国战略建设步伐，提升国家文化竞争力和国际知名度，为实现中华民族伟大复兴提供智力支撑。

（责任编辑：胡克诚）

重走临清老胡同　唤醒运河古城记忆

——临清胡同保护与审美体验研究*

刘建峰**

内容提要　临清古老的胡同保存了这座城市社会历史的记忆。本项研究基于环境美学的视角，全方位描绘临清胡同的审美特征，引导创造性的运河文化遗产体验。这不仅有利于临清胡同的文化体验，同时也为大运河文化遗产的保护和可持续利用提供有效途径。研究发现，临清胡同具有以下特点：临清胡同包含能激发所有感官参与的多元文化形式；临清胡同是功能性与形式美完美结合的人文环境；临清胡同是充满生活和艺术气息的环境。基于此，本研究从三个维度构建临清胡同的环境审美范式，即功能性、梦幻性和精神性。胡同的遗产体验需要一种物理意义与社会意义的结合，功能既完善又人性化，实现宜居、乐居、畅游。

关键词　大运河　临清胡同　环境美学

临清，这座运河古城已随大运河的断流繁华殆尽，但是曲折的胡同、古老的建筑、荒废的庭院、散落的贡砖以及传统手工艺人，依然能够折射出古城的文化魅力。20 世纪 60 年代兴起的环境美学关注环境的美学思考，对临清胡同的审美体验和环境空间发展具有重要的意义。本文以环境美学

---

* 本文为国家社科基金艺术学项目“鲁西运河流域乡民艺术保护与旅游开发研究”（16CH176）、山东省高等学校人文社会科学研究项目“山东省乡村旅游转型升级与美丽乡村建设”（J15WB59）、国家民委民族研究项目“新时代民族散杂居地区社会主要矛盾变化与经济社会发展研究”（2018 - GMB - 041）的阶段性成果。

** 刘建峰（1981～　），山东济南人，聊城大学历史文化与旅游学院副教授，中央民族大学博士研究生，主要研究方向为遗产旅游、旅游规划与开发。

为视角，采用描述美学的方法对临清胡同美学特征进行了详细描述，尝试建构其文化遗产的审美范式。

一　环境美学研究现状评述

环境美学主要以艺术美作为参照呈现环境美的特质。环境美学重点研究环境的美学价值，追求自然的人化与人的自然化，并从生理、心理、文化、活动四个层面说明“宜人性”①，强调人与自然、社会以及自身的生态美学关系。② 阿诺德·伯林特（Arnold Berleant）认为环境的欣赏区别与艺术作品欣赏，它需要全部的感官参与③；艾伦·卡尔松（Allen Carlson）提出“自然全美”的观点，并强调科学知识为环境审美的客观性和普遍性奠定了基础。④ 在实践研究方面，西方环境美学尤为重视景观评估⑤，如主要用于评估森林和荒野的审美属性的风景美评估（SBE）模式。⑥ 实践途径还注重环境美学质量的保护、规划和公众意识的提高，认为环境教育是全社会的责任，特别是政府的责任。众多学者还探讨了伦理学和环境美学的关系，认为环境美学需要一种伦理的关怀。⑦ 国内学者还另辟蹊径，从自然美学（如彭锋、刘成纪、赵红梅、徐辉、聂春华⑧等）或生态美学（如曾繁仁、程相占、赵红梅⑨等）来反观环境美学，增加了环境美学的理论

① 陈望衡：《培植一种环境美学》，《湖南社会科学》2000年第5期。

② 王卫东：《环境美学的学科定位》，《民族艺术研究》2004年第4期。

③ 〔美〕阿诺德·伯林特：《生活在景观中——走向一种环境美学》，湖南科学技术出版社，2006。

④ 〔加〕艾伦·卡尔松：《自然与景观》，湖南科学技术出版社，2006。

⑤ Jack L. Nasar, *Environment Aesthetics: Theory, Research, and Application*, Cambridge University Press, 1988.

⑥ Steven C. Bourassa, *The Aesthetics of Landscape*, London: Belhaven Press, 1991.

⑦ 〔芬〕约·瑟帕玛：《环境之美》，湖南科学技术出版社，2006。

⑧ 彭锋：《自然全美：一个古老而全新的观念》，《南通师范学院学报》2002年第1期；刘成纪：《自然美：一个经典范畴的当代价值》，《郑州大学学报》2004年第4期；赵红梅：《自然全美——一个令人置疑的环境美学观念》，《湖北大学学报》2005年第1期；徐辉：《追思自然——论环境美学的根基》，《陕西师范大学学报》2006年第6期；聂春华：《按自然本身来欣赏——西方当代自然美学到环境美学的转折与发展》，《美育学刊》2017年第2期。

⑨ 曾繁仁：《论生态美学与环境美学的关系》，《探索与争鸣》2008年第9期；程相占：《论环境美学与生态美学的联系与区别》，《学术研究》2013年第1期；赵红梅：《论生态美学与环境美学的关系》，《郑州大学学报》（哲学社会科学版）2016年第3期。

厚度。在环境美学的应用研究方面，主要表现在环境美学对城市环境（曹良芬、乔重阳、王岩、郭玉江[①]等）以及乡村景观（吴浪平、胡美根、安然[②]等）方面具有指导意义。陈望衡认为城市环境的建设应该确立“家园感”的理念，即宜居、利居、乐居。[③] 农业不只是看成生产，它还具有维护生态、提供审美对象的使命。[④]

总体来说，国外环境美学研究已逐渐走向成熟，国内的研究开始尝试在中国传统美学基础上探索环境美学发展的新路径，但作为应用性的环境美学如何具体实施，或者进行实证性、应用性的研究仍较为薄弱。

二 临清运河胡同环境体验

永乐九年（1411）重开会通河，临清逐渐成为京杭大运河流域的重要城市，“实南北之要冲，京师之门户，舟车所至，外连三边，士大夫有事于朝，内出而外入者，道所必由”[⑤]。在当时可谓“地居神京之臂，势扼九省之喉”[⑥]。漕运的繁荣促进了临清商业的快速发展，逐渐成为以商业和手工业著称的运河名城，有“繁华压两京”、“富庶甲齐郡”的美誉。

会通河与卫河之间的“中洲”地带地势平坦，因紧靠运河，明清时期的商业发展较快，临清现存胡同主要分布在此处。临清古城的布局主要沿运河走势，且以运河码头或桥梁为起始，与大多数北方古城以中轴线为基准的布局不同。古城内部胡同错综复杂，没有明显的规律可循。由此可见，临清经济快速发展时期，运河两岸的商贾、市肆、楼宇被迫向内外滋

---

① 曹良芬：《环境美学视角下的高速公路景观设计初探》，湖北工业大学硕士学位论文，2013；乔重阳：《人居环境美学视域下的城中村改造研究》，西安建筑科技大学硕士学位论文，2014；王岩：《环境美学视域下城市公共艺术的文化塑造》，《艺术与设计（理论）》2017年第5期；郭玉江：《环境美学视域下城市健身场所建设探究》，《体育学刊》2017年第4期。

② 吴浪平：《环境美学视角下对新农村建设的思考》，《荆楚学刊》2013年第6期；胡美根：《环境美学视野下的美丽乡村建设》，天津师范大学硕士学位论文，2016；安然：《基于中国环境美学思想的鄂东南传统村落空间形态研究》，武汉大学硕士学位论文，2017。

③ 陈望衡：《将城市建设成温馨的家——中国城市现代化道路的反思之一》，《郑州大学学报》2009年第3期。

④ 陈望衡：《试论农业审美愿景——新农村建设与环境美学》，《江淮论坛》2012年第2期。

⑤ 乾隆《临清州志》卷1，乾隆十四年（1749）刻本。

⑥ 民国《临清县志》引《康熙旧志·序》民国二十三年铅印本。

生。近年来，由刘英顺先生发起的临清运河胡同游越来越受欢迎，从最初的几人发展至目前的上千人，这些人当中有学生、也有老人，有当地居民，更有外地慕名而来的游客。在这位号称“临清公馆街老头”的带领下，游客穿梭于古老胡同中，欣赏老胡同的历史文化遗存，领略运河孕育的独特文化和生活百态：既有官宦的步履匆匆，也有文人的潇洒行迹；既有运河码头，商业店铺的繁荣兴旺，也有江湖客旅、市井小民的平和淡然。临清胡同游是一件非常有意义的事情，虽然云起云散，繁华尽逝，但在临清古老的胡同里面依然可以感受悠远而漫长的历史情景，胡同的古朴气质和丰厚底蕴牢牢定格在城市的记忆中。那些历经风雨沧桑的古老胡同能唤起游人对临清历史、人物、商业、市井等古风遗俗的联想，使人油然而生怀古之思。

古城呈现的不只是时间和历史的印迹，临清在缓慢的岁月更替中，形成了如今具有地方特色的建筑和城镇形式。尽管特殊的历史渊源导致了临清城市的变更，但不同时代因素的叠加，使古城有了更为厚重的古意。在这里，游客感受到的不仅是好奇，还使他们产生强烈的归属感，这里的时间节奏、古城风貌，让游客能够找到暴露在浓厚氛围里的个性和地域特色。这些能使在城市中的人们有穿梭之感，去感受这座古城的美与味道。

置身临清古城，环顾四周，古老与现代交融，喧嚣与宁静碰撞，路两旁的小吃摊上充斥着高低起伏的叫卖吆喝声，食物的香气夹杂着古城的气息，钻入鼻腔，给人别样的感受。这里是临清小吃最为集中的地方，循着一股浓浓的豆香一路走进，在一个不起眼的角落几条木椅、几张八仙桌、一口大锅，一面徐家豆沫的招牌赫然入目。一碗豆沫，两根油条，是临清人最钟爱的早餐。豆沫呈诱人的乳黄色，配以绿色菜叶，伴以点点芝麻，甚是好看。端坐在八仙桌旁，一碗豆沫摆在眼前，先闻其香，浓郁扑鼻；后见其色，协调好看；细品其味，细腻香滑，略带麻辣，配以几根油条下肚，真是回味无穷。

鳌头矶主体建筑矗立于运河岸边，桥下便是古老的运河，桥下斑驳的青砖在运河粼粼波光中与岁月一起蹉跎。明清时期，这里人潮涌动，繁荣的运河两岸一幢幢风情万种的楼阁向远方延伸，空气中弥漫着醉人的酒香，船夫轻声哼唱的民谣，在河面上轻轻地飘荡。然而，昔日的辉煌，早已化作烟云散去，唯有几座古桥将这段繁荣留在梦幻之中。古老的城墙在阳光下越显斑驳，历经无数坎坷的鳌头矶不仅是一座非凡的建筑，更成为临清人的一种精神象征。

临清胡同的巷子多、巷子奇是出了名的，究竟有多少古巷，坊间有“三十二街，七十二巷”之说。临清胡同的名称虽然没有济南胡同般的凝练含蓄和委婉细腻，倒也丰富多彩、意味隽永，并散发着浓浓的商业气息。据历代地方志所记载的街有草店街、茶叶街、冰窖街、米市街等，这些都是同类产业相对集中的区域，如临清当时是华北最大的粮食贸易中心，有从江南和济宁等地运来的大量粮食，因此有数十家的粮店在米市街上。茶叶街的名称，源自这条街是临清的茶叶集散中心，街上聚集了规模较大的茶叶店二十多家，从运河上来的南方茶船大都在这里停泊发卖，山西、陕西的茶商再从此批发茶叶，运往北方各地。巷有竹竿巷、箍桶巷、大小白布巷、白纸巷、钉子巷、银锭巷、琵琶巷、纸马巷、麦巷、估衣巷、手帕巷、弓巷、鞍子巷、碾子巷、豆腐巷、马尾巷、油篓巷、皮巷、香巷等，这些皆因手工业者聚集地而得名，如竹竿巷，因明清时期竹木器加工而得名①。另外也有以地名为胡同命名的，如会通街、考棚街、大宁巷、宁海巷、礼拜巷等。临清的胡同里依然生存着许多与运河贸易相关的行业。

沿着考棚街径直向古街深处走去，这条古街又生长出许多小巷。无论走进哪条小巷，都是七弯八拐的，巷子延伸处有的是民居，有的是街市，热闹中透着忙碌，忙碌里藏着清闲，清闲中又掖着古老。在临清，老就老在那些胡同里，它是一种时光和文化的包裹。当游客置身其中，一定会被一种能量吸引，达到心灵的穿越与抵达。青砖、黛瓦、幽巷，这些色彩斑斓的具象，也许抵不过岁月的侵蚀，逐渐褪色甚至湮没，但浸润在其中的故事，却永远不会像运河之水一样断流……有的巷子窄得只能容一人行走，“耳朵眼里跑马，墙缝里走人”的比喻着实恰当。“耳朵眼”是临清城里从纸马巷通往锅市街的一条小胡同，巷子极窄，只能容一人通过，若是挑担、推车则是万万不能的。“墙缝”是指一条更小的胡同，里面窄的像墙缝一般，两人对过需要侧身才行。还有很多巷子被形象地称为“夹道”“豆芽”……有人曾这样描述临清的胡同：“临清的胡同就是一部临清城市的发育史，那灰墙灰瓦的四合院落，那圆滑闪光的青石古道，写满沧桑，

① 赵鹏飞、宋昆：《山东运河传统民居研究——以临清传统店铺民居和大院民居为例》，《建筑学报》2012 年第 1 期。

透着古朴。从胡同中走来，穿梭于林立的高楼大厦之间，无法抹去太多带有尘埃的旧情往事，思念中，胡同虽然苍老古旧，却蕴含着几多快乐和无限温情。”①

在临清的老胡同中漫步，这种体验是奇特的。不经意间便能寻得闻名于世的贡砖，从依稀可见的砖文上读到数百年的记忆。哪怕是普通的民居，墙缝间也能找到一块，它们一起守护着缓缓流动的时光。墙壁因为年久而色彩斑驳，梧桐树的树枝从院内伸出来，若是在春天，梧桐花儿们恣意吐放，那些墙头上定会被一团团紫色花焰覆盖，灼灼撩人。即使在冷清的冬季，在逆光下，这些胡同更像是一幅幅碳描画，虽缺乏色彩，但更具历史的纵深感。穿过宏威肃穆的县治遗址的门洞，便来到福德街74号单家大院。大院是临清胡同的基本元素。在刘英顺先生的地图上赫然还标示着几处比较典型的大院民居：冀家大院、汪家大院、孙家大院。这些大院建筑结构较为完整，造型完美，尤其是砖雕工艺更是精美。

锅市街最初以卖锅碗而得名，现在已经成为繁华的商业区，有各色杂货店铺，也不乏稀有的老牌坊。这里的临街店铺多由传统民居改建而来，有“前店后宅、前店后坊、店坊合一、店宅合一”的显著特点。店铺为开敞的公共空间，便于招揽顾客，聚敛人气，一旦沿街店铺的木板门拆下，街道与店铺内便形成通透的空间，店铺可以充分利用胡同空间，开展室外经营活动。内部的民居要求清静、安全的围合空间，与商业店铺严格分开。与其他胡同相比，锅市街显得异常热闹，常年熙熙攘攘。在如此喧嚣的街市中散布着几家非物质文化遗产传承老店，如杆秤、布鞋等。杆秤店店面不大，屋内墙壁上挂满了各种杆秤，靠窗的那张老式黑桌子上摆满了工具，木钻、圆规、锤头、刀子、铜丝。老艺人名叫陆绍云，虽已90多岁，耳不聋、眼不花，16岁去天津开始当学徒制作杆秤，1944年回到临清开了家杆秤店铺。

穿过拥挤的锅市街，便来到竹竿巷。这里要清净许多，以经营竹器而得名。临清本地不产竹子，这里的竹子多经运河由江南一带运来。在运河繁荣时期，漕运码头流动人口极多，往来客商、官绅和游客多从临清购买各种生活用品和土特产品，对竹器需求量很大，当地百姓从江南人那里学

① 刘士林、耿波、李正爱：《中国脐带：大运河城市群叙事》，辽宁人民出版社，2008，第103页。

会各种竹编工艺，编制出油篓、竹筐之类，供应各地客商和当地民用，于是临清的竹器业日益兴旺发达。这里的民居多为南方竹匠所建，门板长，屋脊阔，颇具江南遗风。店铺前出檐较大，在檐下多做具有类似江南风格的“飞拱”，在炎热或阴雨季节，人们可以在檐下往来自如，为商家和顾客双方都提供了方便。

三　临清胡同环境审美范式

历史文化古城的保护和利用在日益增长的关注中，有一个关键议题被漠视或限制：古城环境的审美价值。古城环境的审美价值不仅仅通过强化的形式美取代古城原始的布局及建筑。古城环境的审美利益也远不止对古城街景的欣赏，它所要求的甚至超出了对古城的保护和对不断衰败的社区环境的恢复。审美在人类环境感知中非常关键，是衡量古城环境质量的中心标志。如果对古城环境质量的严肃关注导致不仅仅局限于对漂亮、整洁和秩序这种表面现象的追求，就必须阐述引起这些问题的根源，必须鼓励对更丰富和更实在目标的支持。

环境美学的发展对分离式美学提出了挑战，使审美回归与环境的连续性，从日常环境中提取审美意象、材料和情景，不是采用无利害的静观方式，而是促使受众与作品积极的互动。环境审美越来越激起受众身体的参与，而不再漠视身体的存在。因此，参与其实一直存在于审美体验中。例如，建筑的审美不可避免地对其功能和社会作用的考量。临清胡同最能彰显临清古城的人文内涵，这是一个面向全部感知领域开放的环境，它的审美具有三个突出的特征：审美与生活的连续性，审美环境的动态特征，以及带有人性特征的功能性。首先，它的审美对象与日常生活之间的连续性。这种连续性呈现了多样的文化意象和主题，可以唤起人们所有感官的参与。其次，连续性和身体的参与使临清胡同的审美具有了新的动态特征，变成一种富于生命力、积极的角色。再次，临清胡同还是一种功能性的社区环境，在这种环境中，工作通勤、庭院生活、文化教育、商业贸易，还有文化艺术和社会活动构成了审美体验和感知的素材。

传统审美范式通常运用视听感知维度，这些感知的维度通过扩大和提炼世界的形式属性而发挥作用。雕塑的审美注重形状、质地和光线所产生的微妙结合；绘画借助空间、光线和色彩向观众敞开感知空间。但是，当艺术作品变得越来越抽象时，虽然作品的空间、颜色、线条、形式、构图和质地等感知类型依然存在，但作品的表现已经丧失了与我们所熟悉的真实世界的相似性。环境美学认为传统审美态度，如静观的、被动的、无利害的与我们和环境交流的方式有所不同，环境的体验需要动态的身体投入。因此，环境美学尝试一种不同的体验模式，这种模式超出作品的边框和博物馆的限制，倡导观众与作品处在相同的感知空间之中。以此视角来看，临清胡同审美范式可以从以下几个维度来建构：功能性、梦幻性与精神性。

（一）功能性：充满人性化的功能环境

临清胡同既是物理意义的也是社会意义的环境，因此这是一个带有人性特征的功能性环境。在这种形式和功能相结合的环境中，需要体验者全部的身体投入。行走于胡同中，我们会感受到这种体验的统一性。正如我们欣赏胡同里的一座民居和环境和谐地融为一体，而不是作为胡同环境中一个孤立的单体建筑。临清胡同里的空间、时间和运动都是审美感知的关键因素。胡同空间的布局是历史文化古城规划中首要考量的重要因素，但胡同里的时间和运动确实常被忽视和限制。临清胡同依然保留浓郁生活气息，社区居民的生活具有一定的紧密性和复杂性。错综复杂的胡同中拥有繁荣的文化和教育系统、多样的商业文化形态、便利的公共服务体系。进一步说，临清胡同是多层次的人类活动环境：生产性的、家庭的、娱乐的和文化的。

时间是胡同文化体验首要考虑的因素。首先，胡同的社区生活充满了时间的韵律感。清晨开始，临清各色小吃铺位陆续开始营业，浓郁香气充斥着胡同。寻觅小吃是临清胡同独特的文化体验，不同时间便会有不同的体验，恐怕连本地人都不清楚临清究竟有多少样小吃。小吃已成为临清胡同独特的文化标签，可以让人体验到临清独有的气息。其次，历史遗存在此依稀可见。古运河道虽然荒废已久，难见往日的盛景，但诸多运河遗迹依然散布在运河两岸，散发着悠悠的古意。运河钞关虽然已褪去往日的辉煌，但依稀可见运河兴盛时期的气韵。在未来的时间里，临清胡同会不断经历重新规划、改造或重建，但时间的连续性需要在规划方案中得以呈现。

临清胡同文化的规划还需要考虑多元感知的重要性，应该以人为中心，依照人的尺度进行，既能够满足居民生活的需求，又能为游客提供一种开敞的、积极的和创造性的体验环境。临清胡同文化体验重在唤起古城居民的审美感知，重在家园感的营造，是对人民生活的补充，而非对他们造成阻碍、限制或者压迫。要以人为参照物，就必须决定和控制那些影响人多元感知的因素。因此，临清胡同的规划不仅限于对胡同空间布局的组织，还需要创造出不同的体验模式，获得感知体验的统一性。临清胡同多而繁杂，因此意象性对于临清而言至关重要，即它的道路、节点、区域、边界和标志物需要非常明显并且使生活在这里的人和来此旅行的游客容易辨识。

此外，临清胡同的环境体验必须超越视觉感官的局限性，需要多种感官的共同参与。如听觉的刺激，所包含的远不止于胡同内嘈杂的噪声、商贩的吆喝声；触觉的感知，不只是胡同内建筑、林木和道路的质地；嗅觉的感知，不仅是胡同内小吃的味道。至关重要的是这些感知元素是否可以作为标志性且有吸引力的符号而成为胡同的特征。无论身处胡同的何处，人们对环境的体验都融合了全部的感官，不管是在静谧的胡同内游走，还是穿梭在拥挤的市集，抑或从鳌头矶驻足停留。多感官的参与能够指引临清胡同的文化体验，可以使人们在胡同中感到文化的气息、居民的乐趣和愉悦。因此，临清胡同文化最本真的保护需要捕捉和增强原住居民共同的象征、意义和记忆，使人们获得情感上的慰藉。临清胡同的未来的规划不在于环境是否被改造或重建，而在于这里的环境怎样成为一种居民的生态系统。没有任何社会环境仅凭借物质条件就能持续，也不能仅限于满足日常生活的需要。

（二）梦幻性：充满生活和诗意的环境

临清胡同应当提供多种环境以满足人们奇特、不可预知的体验。满足这种需要的机会已经在临清老胡同的生活中存在，古运河畔、胡同深处、古民居、百年老店、博物馆、古槐树下就是典型满足人们想象需要的场所。站在二闸口上，可以想象绵绵不绝的运河之水如何在这里分分秒秒的逶迤盘旋，也可以想象它是如何昼夜不停地为如林舳舻送行。踏上青石板铺就的小路，隐约可以嗅到空气中夹杂着的水腥味，阳光下，寂静无声的小巷与繁华的街道相衔接，往返忙碌的人穿梭于胡同之间，偶尔还可以看到摇橹荡漾在运河之上遥遥而来悠悠而去。这里的胡同总显得有些孤黯，而那些清幽、婉约的意境，总会让人浮想联翩。当年，运河两岸一幢幢亭台楼阁拔地而起，无不雕梁画栋、漆金涂丹，饰以纷呈匾额、荟萃楹联，堂皇精美，何其壮观！更有书斋、茶馆、花园，花木扶疏，清幽淡境，甚是雅静。无法想象俯卧在运河岸边的镇水兽，曾迎来送往多少来此地开店、摆摊、挑担叫卖的商人客旅，继而发迹成为富甲一方的商贾。但是，目前临清胡同内设立的历史文化遗迹和场所更多出于防护、保护的目的，而非为人们创造吸引人的、使人惊奇的和充满想象的体验场所。

临清胡同的文化体验需要通过有效的途径满足人们想象的需要。能够激发游客想象力的胡同生活就发生在胡同里，在这里，游客可能偶遇各种使人产生兴趣、好奇和意想不到的事情。幽暗、曲折、狭窄的老胡同正是因为蜿蜒迂回才激发人们的想象力。临清老胡同就像一本书，记载着临清的过去、临清的历史变迁。漫步于临清胡同，游客可以感知到遗产带来的文化韵致，可以感知到临清市井的喧嚣。这里可以激发人们想象力的发散和思想的徜徉。每次走进这些胡同，游客都会有意想不到的惊奇。如果仔细寻找，还可以在民居的墙壁上发现贡砖，上面还篆刻着贡砖的年代和作头的姓名；有时还会在建筑的房梁上发现朴拙的花纹镂雕。

灯光可以为临清胡同创造充满生活和诗意的空间。灯光不仅可以增强胡同内的空间布局的规划，还可以使胡同环境充满诗意和戏剧性。明清的临清，运河两岸灯火辉煌，单是想象就足以调动游客对诗意空间的想象。灯光还可以使胡同内的民居建筑和巷道呈现出别样的情调。灯光可以设置在各种位置，内部和外部，顶部和底部，可以凸显各种平面、角度、建筑群和景观，有时可以设置在开阔的地带，有时在道路的突然转弯处。

在创造临清胡同诗意空间时，可以采取以下途径。首先，可以从地脉和文脉中获取。临清胡同地处中洲地带，内部的运河遗迹部分依然保存完好，它们身上承载的文化信息非常丰富。当人们欣赏这些依然固守的历史遗迹时，想象的空间会被无限地放大和延伸。这时必要的解说信息对于审美体验的提高具有重要的作用。其次，可以从其商业市井文化中获取。明清时期，临清具有独特的商业地理优势：那蜿蜒曲折的河道上，运载各类货物的驳船、木帆船畅行无阻，且与数十条小巷连接，这曾是繁华忙碌的商业市井。最后，可以从居民的口述历史中获取。一座城的记忆或在坊间口耳相传，或蕴藏在一处处古迹和一件件器物中，又或者沉淀在泛黄的史籍里。而对于一座城，最容易让人们记住的也是属于它自己最为独特的民俗与世情。

（三）精神性：富于精神意义的场所感

临清胡同的场所感是现代都市里所缺少的，它不仅使游客感受到胡同的一致性，更使这里具有了特殊的意义。更进一步讲，如果把临清胡同的场所感充分发挥，这里的场所感会成为神圣感。对居民来说是神圣的，对整个胡同来说是神圣的，甚至对整个临清社会来说也是神圣的。在某种意义上，每一座城都有神圣的场所，由于其特殊的重要性使人们感受到吸引，它们因而具有了神圣性的共同表现：魅力独特的古老胡同、敦厚端庄的土山、散发古意的历史遗产。此外，还有一些场所的地位由于受到广泛的承认和普遍的尊重，这类场所如博物馆、名人纪念馆、宗教寺庙等。神圣的场所充满了精神指向，它们更容易唤醒了人们的历史记忆，使人们意识到自己参与到历史发展的连续性中。神圣的场所使人产生虔诚和敬意，并赋予每个进入其中的人以一定的神圣性。

临清胡同足以激发人们所有的感官参与，一种既是文化意义又是社会意义上的环境。临清胡同让人真实地感受到临清这方土地朴厚的民情、芳华的民俗。最让人动情的还是居民对胡同的情怀。临清锅市街杆秤艺人陆绍云先生夜以继日地打磨每一根秤杆，体验着劳动的快乐和那份难舍的情结。他的这份执着的快乐、脸上洋溢着的幸福会时不时打动游客。

临清清真寺是临清胡同空间结构的重要组成部分，是回族同胞的信仰空间。回族商人和工匠于元末明初迁至临清，当时“教民众盛，约占全部户籍的千分之三四”。清真寺的内部不只是一个围合的空间，而是一个完整的环境，它能调动起伊斯兰教信徒的全部感官。院内古柏参天，幽深静雅，名人佳句、先贤哲语跃然匾额楹联之上，让人赏心悦目之余，着实给人一种美的体验，游赏其中，感受回族独特的文化氛围，加之建筑美感的叠加，是一种十足的精神享受。

此外，临清大小胡同的多种艺术形式都在无形地诉说着临清古城精神的富足。像各式各样的街头艺术形式为人们创造了一种空间的极度扩展，受多方面因素影响，这种无限扩展的空间要求我们不断探索直至寻求不受阻碍的有利位置进行观察，带着一种使人敬畏的静默。

在某种意义上，古老的临清胡同就是临清城的博物馆。错落有致的临清胡同，繁华落尽的深宅大院，店宅合一的临街店铺，都是这个城镇的声音与色彩，传递着这座城市的意蕴，展示着独有的精神魅力。临清胡同不是自给自足的孤岛，它与周围的环境存在密切的连续性。临清胡同的防御作用已不再存在，这使我们对待胡同时必须把它与周围的自然、社会和文化环境紧密联系，并且满足居民更多样的社会、经济和文化需求。临清胡同未来的远景必须考虑当地的地理特征和经济特征，还有它所处的整个区域的地理和经济特征。最重要的是把胡同放在整个临清城一系列秩序中综合考虑，重点考虑如何保存自己的特征，和谐地利用和回应城市发展的力量、节奏、条件和机遇。因为临清胡同已经进入更为广阔的空间之中，成为整个城市环境的一部分。

结　语

历史文化古城在许多领域是一个重要的话题，如古建保护、旅游开发、棚户区改造、社区发展等，但很少激发人们对其环境审美哲学意义的思考。当古城的审美利益确实获得关注的时候，这些关注通常来得太晚，并被看作一种试图补救的努力。在过去的十年间，全国各地古城建设如火如荼，不断强化的形式美使古城的美感大大增强，但是古城环境的审美价值如果只局限于对漂亮、整洁和秩序这种表面现象的追求，只用精美的复古建筑来取代原始的社区环境，则失去了更为丰富和更为实在的目标。临清的胡同依然是原居民的生活社区，通过更好地理解这些人性化的特征，我们的行动不仅能够创造有利的条件使这些特征自发地发展，更能探寻更多的人性特征。尽管胡同原本的功能正在被急剧地削弱，但胡同仍然提供了独特的社会和文化的机会，这种机会并不能从新兴的城市环境中获取。我们希望在临清胡同中发现感知的多样性、活动的多样性和意义的多样性。在这个过程中，我们发现了临清胡同审美的可能性，这种审美的可能性显得广泛、重要和紧迫。临清胡同环境的发展同时也是一种审美环境的创造。通过对功能性、梦幻性、精神性的不断发现，这种环境能够把人的感知特征、需求和价值与以人为本的功能性网络结合起来，包含了梦幻性的回应，并激起了人们无法言说的精神需求，使我们认识到胡同在整个城市发展中的位置。总之，这种环境可以扩大人们体验的范围、深度和广度，并使其文化个性更为突出，这样的胡同环境同时也是一种审美的环境。

很明显，通过这种模式体验临清胡同有别于仅仅通过视觉和胡同美化进行研究的途径。这些模式也表明了一种新的胡同的审美特征：审美与生活的连续性、文化的动态性，人性主义的功能性。临清胡同文化体验和保护是一种现实和审美的结合，在这里，需求和意识同样得到实现，功能既完善又人性化，实现宜居、乐居和畅游。

（责任编辑：朱年志）

2017年度运河学研究综述

高元杰*

2017年2月24日和6月4日，习近平总书记两次作出重要指示，要求深入挖掘以大运河为核心的历史文化资源，把大运河保护好、传承好、利用好。随后各省市掀起建设大运河文化带的高潮，学界对此也有积极响应。2017年发表运河学相关论文500余篇，内容涉及河道与河政、漕运制度与管理、漕运文化与社会、区域社会经济、遗产保护与开发、文化与艺术、运河治理、航运与经济发展、水资源与水污染等方面。

一 运河史研究

（一）河湖治理与水系变迁

元以前运河。肖冉探讨了战国至魏晋时期鸿沟引水口与渠首段经流的变迁过程。① 仇晓东等探讨了永济渠最初开凿时渠首段的具体位置及变迁过程。② 陈朝云认为开封博物馆藏符昭愿墓志中兴修蔡河水利工程的记载，反映了中央及各级政府致力于京西地区运河网营建的情况。③ 鲍君惠对通

* 高元杰（1988～ ），山东章丘人，历史学博士，聊城大学运河学研究院讲师，主要研究方向为环境史、运河史。

① 肖冉等：《鸿沟引水口与渠首段经流考辩》，《地理学报》2017年第4期。

② 仇晓东等：《永济渠渠首段流路复原》，《地理科学进展》2017年第4期。

③ 陈朝云：《北宋符昭愿墓志及相关问题研究》，《河南师范大学学报》（哲学社会科学版）2017年第1期。

济渠郑州段的历史进行了考述。[①] 滕汉洋对隋唐广通渠、通济渠和邗沟的诸多异名进行了辨证。[②]

京杭大运河。吴海涛《淮河流域环境变迁史》一书论述了元明清时期封建政府为保漕运而牺牲地方利益、强制迁徙等决策行为对淮河流域的影响。[③] 彭安玉认为明清时期大运河江淮段从北流到南流的逆转，既是“借黄济运”政策的后果，也反映了运河一线地势的变化。[④] 荀德麟对清江浦五闸、束水坝、减水坝及其高程进行了考证。[⑤] 陈东明等阐述了中国古代水利地图数据库建设的总体设计理念，古图库内容选录原则、多维度分类构建和内容优化与资源增值。[⑥]

（二）运河与区域社会经济

运河城镇经济兴衰。侯林《南运河航运与区域社会经济变迁研究 1901～1980》一书探讨在新旧交通工具变革和区域社会经济变迁中南运河航运的作用和地位。[⑦] 冯兵等认为隋唐五代时期运河与运河城市在发展和变迁上有着相互推动的密切关系。[⑧] 冯西西认为隋唐大运河的流通和中原地区的安定繁荣相互影响，二者的相互关系最终影响了王朝的兴衰。[⑨] 岳东认为宋代东京与唐后期、五代运河城市的发展步伐相一致。[⑩] 郑民德以馆陶县为例探讨了明清华北运河城市变迁，认为一般性县级行政单位兴衰更具有普遍性意义。[⑪] 他还认为聊城的政治、经济、文化均具有明显的运河特色，

---

① 鲍君惠：《世界文化遗产——中国大运河通济渠郑州段的历史考述》，《聊城大学学报》（社会科学版）2017 年第 3 期。

② 滕汉洋：《隋唐运河异名辨证》，《史志学刊》2017 年第 6 期。

③ 吴海涛：《淮河流域环境变迁史》，黄山书社，2017。

④ 彭安玉：《大运河江淮段流向的历史演变——兼论清代“借黄济运”政策的影响》，《江南大学学报》（人文社会科学版）2017 年第 3 期。

⑤ 荀德麟：《清江浦河闸坝与高程考》，《淮阴工学院学报》2017 年第 6 期。

⑥ 陈东明等：《中国古代水利地图数据库的构建与优化》，《出版发行研究》2017 年第 1 期。

⑦ 侯林：《南运河航运与区域社会经济变迁研究 1901～1980》，中国社会科学出版社，2017。

⑧ 冯兵、黄俊棚：《水与城的双向互动：隋唐五代时期运河变迁与城市兴衰》，《学习与实践》2017 年第 2 期。

⑨ 冯西西：《隋唐大运河与中原繁荣的相互影响》，《华北水利水电大学学报》（社会科学版）2017 年第 2 期。

⑩ 岳东：《北宋东京布局概貌的由来》，《黄河科技大学学报》2017 年第 2 期。

⑪ 郑民德：《明清华北运河城市变迁研究——以馆陶县为例》，《城市史研究》2017 年第 2 期。

但备受战乱、兵燹冲击的危害。[①] 朱年志对阳谷县七级镇进行了考察，认为明清山东运河小城镇呈现出专业化发展的趋势。[②] 李想认为从与大运河相联系的时间、城市功能的多样性、城市规模以及境内水利枢纽的重要性等方面比较而言，淮安优于济宁。[③] 侯林等认为南运河航运促进了近代焦作、唐山等地煤矿业的发展，煤矿业则为当地经济的发展提供了能源保障，推动了社会经济的现代化转型。[④]

运河城市社会生活。滕汉洋认为徐州符离县运河边埇桥的生活环境，引发了白居易早期作品中对于运河漕运、商业、民俗等问题的关注。[⑤] 沈胜群认为漕运旗丁既是民间信息传播的重要载体，也为信息“人际”传播提供了条件，这些信息成为政府控制与反控制的对象。[⑥] 王聪明认为黄荫亭日记可补清江浦历史文献之不足，也为研究画家游幕提供了典型案例。[⑦] 胡梦飞认为明清山东运河区域庙会在促进地方经济文化发展的同时，也成为官民力量博弈的舞台。[⑧] 王健认为唐代以后在中国活动的外国人对大运河的记载，弥补了中国文献的不足。[⑨]

运河区域社会问题。王效锋认为唐德宗建中削藩战争以失败告终，主要原因在于东南漕运被拒命藩镇截断所导致的严重财政危机。[⑩] 王玉朋等探究了明清时期山东运河城市严峻洪涝问题的原因，防御洪涝举措以及州县水事纠纷问题。[⑪] 路洪海等认为山东段运河以服务漕运为主的特点降低

---

① 郑民德：《明清山东运河城市历史变迁研究——以聊城为对象的考察》，《聊城大学学报》（社会科学版）2017年第5期。

② 朱年志：《明清山东运河小城镇的历史考察——以七级镇为中心》，《华北水利水电大学学报》（社会科学版）2017年第6期。

③ 李想：《“运河之都”淮安与济宁比较研究》，《淮阴工学院学报》2017年第2期。

④ 侯林、刘楠：《近代以来南运河航运与煤矿业的发展》，《济宁学院学报》2017年第6期。

⑤ 滕汉洋：《运河环境、寄户身份与白居易符离修业生活考论》，《南京师范大学文学院学报》2017年第2期。

⑥ 沈胜群：《清代京杭运河沿线民间信息传播与扩散——以漕运旗丁为载体的考察》，《聊城大学学报》（社会科学版）2017年第1期。

⑦ 王聪明：《客寓清江浦：日记所见晚清画家游幕现象考论》《安徽大学学报》（哲学社会科学版）2017年第1期。

⑧ 胡梦飞：《明清时期山东运河区域庙会习俗考述》，《济宁学院学报》2017年第6期。

⑨ 王健：《积淀与记忆：古代西方旅行家书写大运河》，《江南大学学报》（人文社会科学版）2017年第1期。

⑩ 王效锋：《唐德宗“建中削藩”失败原因再探析》，《宁夏师范学院学报》2017年第5期。

⑪ 王玉朋、高元杰：《明清山东运河区域城市洪涝及御洪之策》，《聊城大学学报》（社会科学版）2017年第2期。

了河湖系统排涝除旱的功能，黄运河工物料需求和人口迁入则破坏了生态环境，增加了洪涝灾害严重程度。[①] 郑民德等认为明清漳卫交汇地的屡次变迁不但为卫运河提供了充沛水源，保障了漕运正常运转，也对区域农业、商业、生态环境产生了重要影响。[②] 他还通过解读汶上蜀山寺碑刻，探讨了万历四十三年（1615）山东严重旱灾的发生，分析了中央、地方政府、区域社会的赈灾措施。[③] 胡克诚考察了清代中叶至民国初年山东济宁、鱼台"沉粮地"的垦务开发，认为晚清国家治河权力的下放促使济宁地方官民开始关注对"沉粮地"开发和利用，地方精英人物在"沉粮地"概念建构与历史书写中发挥了关键作用。[④]

运河考古。张敏等对江苏省扬州运河边的秋实路晚唐至宋代墓葬进行了抢救发掘。[⑤] 邱志荣确定了灵汜桥、灵文园、阳春亭、山阴故水道等古越城东重要标志性建筑及景观方位，证明此地为吴越历史文化交流的重要场所。[⑥]

（三）运河文化史研究

邹逸麟指出中国运河在维护中华大一统国家的形成、发展和巩固的过程中起了不可替代的作用，同时在延续和发展中华文明过程中作出了重大贡献。[⑦] 赵豫云认为宋代运河城市经济的勃兴，促进了宋代"说话"的产生，宋话本的传播、发展和南渡与运河交通紧密相关，既呈现了繁忙的运河交通网络，也再现了宋代运河都市图景。[⑧] 陈政禹认为江苏的妈祖信仰与漕运密切相关，庙宇主要沿河道和运河分布。[⑨] 胡梦飞对山东运河区域龙神信仰、直隶运河区域水神信仰和苏南运河区域金龙四大王信仰兴盛原

---

① 路洪海等：《山东运河开凿对区域洪涝灾害的影响》，《河北师范大学学报》（自然科学版）2017 年第 4 期。

② 郑民德、李德楠：《明清漳、卫交汇及其对区域社会的影响》，《中原文化研究》2017 年第 5 期。

③ 郑民德：《万历四十三年的漕河与山东旱灾——汶上蜀山寺中一块碑刻的解读》，《井冈山大学学报》（社会科学版）2017 年第 6 期。

④ 胡克诚：《清中叶至民国初年山东"沉粮地"的垦务开发》，《明清论丛》2017 年第 1 期。

⑤ 张敏等：《江苏扬州市秋实路五代至宋代墓葬的发掘》，《考古》2017 年第 4 期。

⑥ 邱志荣：《浙东运河古越灵汜桥寻考》，《浙江水利水电学院学报》2017 年第 1 期。

⑦ 邹逸麟：《运河在中华文明发展过程中的作用》，《浙江学刊》2017 年第 1 期。

⑧ 赵豫云：《宋代运河与话本的兴盛》，《江西社会科学》2017 年第 3 期。

⑨ 陈政禹：《宋元以来江苏妈祖信仰研究初探》，《中国地方志》2017 年第 2 期。

因、职能演变和社会影响作了考察。[①] 周嘉以临清为例考察了运河城市的饮食文化，认为帝王出巡、官宦讲究、商贾奢靡等事象极大地刺激了当地餐饮行业的发展，从而形成独具临清特色的汉、回运河文化风情饮食。[②]

（四）漕运史研究

元以前漕运。黄纯艳估计北宋淮南运河和汴河纲船达6000艘，一般漕船造价少则数百贯，多则千贯以上。[③] 他还考察了漕运船夫为主体的船夫群体在秩序构成、观念信仰等方面与陆上不同的特点。[④] 谢明清探讨了宋代漕运系统中“梢工”的来源、配置、收入、责任等问题。[⑤] 张琰玲通过对元代海道都漕运万户府达鲁花赤买述丁相关文献的对比研究，对其生平事迹进行了考述。[⑥]

明代漕运。吴士勇《明代总漕研究》一书考察了明代总漕的形成、总漕群体特征、总漕与其他机构的关系及其体制演变、总漕学术思想等问题。[⑦] 张程娟以徐州地区为中心考察了明代漕运制度的改革，认为支运、兑运到长运法的实行并非简单的线性变化，应从交兑方式、漕运卫所和仓储体系等作整体考量。[⑧] 张叶等考察了明代漕法改革下从淮仓到淮库的转变，认为是明代中后期财政改革折银化的结果。[⑨] 吴士勇认为明代万历年间总漕与总河之间的争斗看似是治河、通漕与维护祖陵的理念之争，实则体现了万历年间复杂的政治生态。[⑩]

---

① 胡梦飞：《保漕与祈雨：明清时期山东运河区域的龙神信仰》，《华北水利水电大学学报》（社会科学版）2017年第1期；《明清时期直隶运河区域水神信仰述略》，《石家庄学院学报》2017年第4期；《明清时期苏南运河区域的金龙四大王信仰》，《淮阴工学院学报》2017年第4期。

② 周嘉：《运河城市的饮食文化考论——以山东临清为例》，《美食研究》2017年第4期。

③ 黄纯艳：《宋代船舶的数量与价格》，《云南社会科学》2017年第1期。

④ 黄纯艳：《宋代内河船夫群体的构成与生计——以漕运为主的考察》，《首都师范大学学报》（社会科学版）2017年第5期。

⑤ 谢明清：《宋代漕运系统中“梢工”初探》，《海南热带海洋学院学报》2017年第3期。

⑥ 张琰玲：《元代海道都漕运万户府达鲁花赤买述丁考》，《西夏研究》2017年第4期。

⑦ 吴士勇：《明代总漕研究》，科学出版社，2017。

⑧ 张程娟：《从漕运卫所和仓储体系看明前中期漕运改革——以徐州地区为中心的考察》，《史林》2017年第5期。

⑨ 张叶、吴滔：《从淮仓到淮库：漕粮加耗折银与明代财政》，《史林》2017年第4期。

⑩ 吴士勇：《明代万历年间总漕与总河之争述论》，《南昌大学学报》（人文社会科学版）2017年第4期。

清代漕运。闫文博《清代仓库律例研究》对清代仓库的设置及基本制度进行了梳理，其中多有涉及运河漕仓之处。[①] 曹金娜探究了清代漕运水手不法案件发生的内在因素，揭示了其对经济待遇的需求与国家政策取向之间的矛盾。[②] 吴琦等认为合族共漕是清代地方基层社会的主要漕务应对实态，基层社会通过这种灵活的应对方式在较长时期内维护了地方基层乃至整个王朝社会的稳定。[③] 桂月亮考察了清代基层漕运法规和律令、基层漕运群体的发展历程。[④] 郑孝芬讨论了漕运与运河民间帮派文化发展的关系。[⑤]

漕运与城市。陈喜波等认为明清通州城城垣扩展受到仓储职能的较大影响，城池巧妙地利用运河水系集城防与漕运于一体，城市职能随着漕运发展而日渐扩充和完善。[⑥] 周广骞梳理了临清修筑城垣的三个阶段，并从维持漕运等方面，分析了临清修筑城垣的动机、作用和意义。[⑦] 钟行明认为明清大运河管理建筑具有宏观空间地理分布的集聚性和微观选址的近河性两个主要特征[⑧]；他还研究了淮安漕运总督公署与淮安城市建设的关系、济宁河道管理机构与济宁城市建设的关系等问题。[⑨]

二 运河文化遗产保护与旅游研究

（一）文化遗产保护

连冬花探讨了协同学理论对大运河遗产保护指导的可行性[⑩]，她还在

① 闫文博：《清代仓库律例研究》，法律出版社，2017。

② 曹金娜：《清代漕运水手群体初探》，《历史档案》2017 年第 3 期。

③ 吴琦、曾过生：《合族共漕：清代地方基层的一种漕务应对实态》，《北京联合大学学报》（人文社会科学版）2017 年第 3 期。

④ 桂月亮：《清代基层漕运法制探究》，《牡丹江大学学报》2017 年第 7 期。

⑤ 郑孝芬：《略论漕运与运河民间帮派文化》，《淮阴工学院学报》2017 年第 4 期。

⑥ 陈喜波、邓辉：《明清北京通州古城研究》，《中国历史地理论丛》2017 年第 1 期。

⑦ 周广骞：《临清城垣“三修”及与漕运关系略考——基于对清代临清方志文献的研究》，《殷都学刊》2017 年第 4 期。

⑧ 钟行明：《明清大运河管理建筑空间分布特征初探》，《山西建筑》2017 年第 3 期。

⑨ 钟行明：《明清漕运总督公署与淮安城市建设》，《中国名城》2017 年第 4 期；《明清大运河河道分段管理与管理建筑空间分布——以管河郎中及其公署为例》，《建筑与文化》2017 年第 6 期；《基于管理制度运作视角的清代济宁运河河道管理机构与城市建设》，《建筑与文化》2017 年第 4 期；《明清大运河北新关关署空间及其管理活动》，《山西建筑》2017 年第 4 期。

⑩ 连冬花：《中国大运河世界遗产的协同保护机制》，《系统科学学报》2017 年第 2 期。

文化自信视域下，就如何创新保护大运河遗产提出了相应思路。[①] 霍艳虹等以大运河为例，对线性文化遗产中物质文化基因和非物质文化基因进行提取归类，提出了相应的传承路径。[②] 李永乐以京杭大运河为例，分析了线性文化遗产系列博物馆群的构成。[③] 高晨旭等以运河工业遗产为例，讨论了适应性再利用视域下工业遗产的保护与开发。[④] 朱卫国等论述了运河古桥的价值评判标准，对运河古桥提出分级保护的原则和管理措施。[⑤] 李德楠主张开展运河沿线商业老街研究，实现历史文化与现代商业的有机融合，取得经济效益、社会效益和环境效益的共赢。[⑥] 孙斌以天津市中心城区段大运河为例，认为应将运河沿线的开放空间以公共艺术为表现手段，提升运河文化品质，展现城市特色。[⑦]

刘怀玉探讨了基于世界遗产的扬州运河文化的发展路径。[⑧] 王卉等分析大运河邮驿文化资源开发的优势和存在的问题，提出了开发邮驿文化资源的建议。[⑨] 陈菲等分析了扬州运河文化遗产旅游资源利用与开发现状，提出了加强文化生态和自然生态保护等发展对策。[⑩] 蒋楠以大运河扬州段为例，提出了产业经济类遗产的概念，并对大运河扬州段的产业经济类遗产的价值认定与评估进行了探讨。[⑪] 王凌瑾以淮安码头镇为例，从历史与

---

① 连冬花：《文化自信视阈下中国大运河世界遗产的保护创新》，《江南大学学报》（人文社会科学版）2017 年第 5 期。

② 霍艳虹等：《京杭大运河“文化基因”的提取与传承路径理论探析》，《建筑与文化》2017 年第 2 期。

③ 李永乐：《线性文化遗产系列博物馆群：理论构建与实证分析》，《东南文化》2017 年第 2 期。

④ 高晨旭、李永乐：《适应性再利用视域下工业遗产保护与开发——以运河工业遗产为例》，《齐齐哈尔大学学报》（哲学社会科学版）2017 年第 9 期。

⑤ 朱卫国、周文竹：《运河古桥遗产的价值判断和保护》，《建筑与文化》2017 年第 4 期。

⑥ 李德楠：《后申遗时代运河商业老街的保护开发》，《中国名城》2017 年第 3 期。

⑦ 孙斌：《初探公共艺术对城市文化的传承作用——以大运河天津中心城区段为例》，载中国城市规划学会编《持续发展　理性规划——2017 中国城市规划年会论文集》，中国建筑工业出版社，2017。

⑧ 刘怀玉：《基于世界遗产扬州运河文化发展研究》，中国人民对外友好协会文化交流部等编《长江文化论丛》第 10 辑，江苏人民出版社，2017。

⑨ 王卉、王琴：《大运河邮驿文化资源开发现状分析——以高邮市盂城驿为例》，《经济论坛》2017 年第 8 期。

⑩ 陈菲、孙倩：《后申遗时代扬州运河文化遗产旅游发展对策》，《红河学院学报》2017 年第 3 期。

⑪ 蒋楠：《基于文化线路内涵的大运河扬州段产业经济类遗产认定与评估》，《建筑与文化》2017 年第 10 期。

现实两个角度进行纵向梳理及横向剖析。①

黄定福以大运河世界文化遗产宁波天后宫庆安会馆为例，介绍了不落架更换五架梁和后金柱的方法。② 杨亚妮通过介绍浙江树人大学师生团队的大运河杭州段非遗文化推广项目的展开，讨论了高校如何实现对地区非物质文化遗产的保护和传承。③ 姜文欣以宁波高桥为例，提出了运河文化影响下的周边历史地段的更新方法。④

（二）运河文化

运河文化带。高锡鹤对运河文化的当代意义进行了探析。⑤ 谢光前认为大运河是承载中国两千多年历史演进的一条道路，它的文化精神也将成为当代中国道路的文化滋养。⑥ 杨家毅对北京地区大运河文化带的内涵，从时间、空间和内容三个方面进行了探讨。⑦ 秦红岭以北京通州运河文化遗产为例，讨论了运河遗产文化价值叙事性阐释的意义和基本策略。⑧ 孙威等就北京市如何保护和发展运河文化带进行了思考。⑨

运河文学。刘凤起的长篇小说《永远的大运河》作为“运河文学”的代表作品，生动细致地描绘了运河儿女的抗战场景和运河之畔的民俗风情，展现出中华民族不朽的精神风貌和不息的文化传承。《廊坊师范学院学

① 王凌瑾：《运河古镇的前世今生：淮安码头镇的历史演化与现实图景解析》，《持续发展　理性规划——2017 中国城市规划年会论文集》（09 城市文化遗产保护），中国城市规划学会编中国建筑工业出版社，2017。

② 黄定福：《“托梁换梁”和“托梁换柱”在古建筑维修中的应用研究——以宁波安澜会馆保护与维修为例》，《文物保护与考古科学》2017 年第 2 期。

③ 杨亚妮：《浅谈高校在地区非物质文化遗产保护和传承中的优势与实现途径——以大运河杭州段文化推广项目为例》，《“决策论坛——决策科学化与民主化学术研讨会”论文集（下）》，2017，未刊稿。

④ 姜文欣：《浙东运河周边历史地段更新方法研究——以宁波高桥为例》，载中国城市规划学会编《持续发展　理性规划——2017 中国城市规划年会论文集》，中国建筑工业出版社，2017。

⑤ 高锡鹤：《运河文化的当代意义探析》，《江南论坛》2017 年第 4 期。

⑥ 谢光前：《论运河文化与中国道路》，《江南大学学报》（人文社会科学版）2017 年第 5 期。

⑦ 杨家毅：《浅析大运河（北京段）文化带的内涵》，《北京联合大学学报》（人文社会科学版）2017 年第 4 期。

⑧ 秦红岭：《论运河遗产文化价值的叙事性阐释——以北京通州运河文化遗产为例》，《北京联合大学学报》（人文社会科学版）2017 年第 4 期。

⑨ 孙威、宋世胜：《北京保护和发展运河文化带的思考》，《宏观经济管理》2017 年第 10 期。

报》（社会科学版）第1期的一组文章对该小说从多个视角进行了品评。[①]

音乐、民俗文化。丁昕春等认为京杭运河淮安段地处运河流域的中心枢纽位置，孕育了颇具特色的地方民歌文化，在音乐的旋律、节奏、调式、曲式等表现形态上有其特有的个性特点。[②] 陈超等认为对于运河文化的体悟、瑰丽爱情的捍卫以及道德信仰的守望，构成了《运河谣》多元主题的人文基体，释放了强烈的艺术感染力与精神震撼力。[③] 张永虎等主张进一步研究创新运河体育文化传播与推广手段，提出构建运河体育文化资源保障体系和软实力评价指标体系等建设路径。[④] 吴建辉等围绕大运河农耕文化资源传承、保护和发展的需求，研发出大运河农耕文化数字展示系统。[⑤]

（三）运河景观

胡朵朵等获取、分析了大运河申遗前后三个时点的环境景观及变化信息，为大运河调查、评估、规划、管理、监测提供理论和地理信息支撑。[⑥] 张雅卓以天津市武清区北运河郊野公园为例，总结了以河流为载体的带状郊野公园的特点和设计方法。[⑦] 毕晓来基于镇江古运河的特点，以景观提升为目标，构建了镇江古运河特色的雨水收集系统。[⑧] 王昕以杭州市内河

---

① 郝雨、殷一冉：《大运河之魂与民族文化精神之脉——论刘凤起长篇小说〈永远的大运河〉对运河文学的丰富与拓展》，《廊坊师范学院学报》（社会科学版）2017年第1期；郭宝亮、赵振杰：《恢弘而独特的“长河小说”——评刘凤起长篇小说〈永远的大运河〉》，《廊坊师范学院学报》（社会科学版）2017年第1期；向淑君：《历史记忆与民族精神的建构——地域文化视阈下〈永远的大运河〉散论》，《廊坊师范学院学报》（社会科学版）2017年第1期；许振东：《咏叹与悲歌——简论〈永远的大运河〉的地理空间及建构》，《廊坊师范学院学报》（社会科学版）2017年第1期；王宁：《新的文学坐标点——论《永远的大运河》的文学价值》，《廊坊师范学院学报》（社会科学版）2017年第1期。

② 丁昕春、刘筱湄：《京杭运河淮安段流域民歌的音乐特点》，《艺术百家》2017年第2期。

③ 陈超、高鹏：《民族歌剧〈运河谣〉中多元主题的协配技巧》，《戏剧文学》2017年第5期。

④ 张永虎、胡洪泉：《京杭运河体育文化建设路径研究》，《武汉体育学院学报》2017年第4期。

⑤ 吴建辉等：《大运河农耕文化数字展示系统研究》，《农业科技与信息》2017年第3期。

⑥ 胡朵朵等：《大运河环境景观与变化分析》，《地理信息世界》2017年第2期。

⑦ 张雅卓：《以河流为载体的带状郊野公园设计方法研究——以天津市武清区北运河郊野公园为例》，《天津大学学报》（社会科学版）2017年第6期。

⑧ 毕晓来：《基于景观提升的镇江古运河雨水系统构建研究》，《上海交通大学学报》（农业科学版）2017年第4期。

道及塘栖运河滨水空间为例，探索了城市水体滨水空间历史遗存与当代城市发展的关系。① 王建国等以京杭大运河杭州段为例，探索了历史廊道地区总体城市设计的基本原理与技术方法。②

（四）运河城镇建设

孙佳俐等针对京津冀运河沿岸村镇的现状问题，提出了运河沿岸村镇保护和发展的方法。③ 马驰骋以天津南运河段特色村庄王家营村村庄规划为例，从运河保护等多个维度对沿运村庄的发展策略进行了探讨。④ 刘畅等以台儿庄古城为例，对传统聚落水适应性空间格局进行归纳和分析。⑤ 洪艳等针对后申遗时代杭州运河街区现代适应性问题，建立了杭州运河街区的现代适应性评价体系。⑥ 王昕以杭州市内河道及塘栖运河滨水空间区域为例，探索了城市水体滨水空间历史遗存与当代城市发展的关系。⑦ 张译丹等调查了运河杭州段沿岸的工业遗产分布状况，提出以工业遗产开发为导向的城市复兴发展目标和整合模式。⑧

（五）运河旅游开发

李永乐等认为京杭运河旅游发展中存在马太效应现象，并分析了该现象的成因，提出了对策。⑨ 沈旭炜将改革开放后大运河旅游发展与研究归

① 王昕：《城市传统滨水空间形态演变与社会生活变迁关系初探》，《中国名城》2017 年第 7 期。

② 王建国、杨俊宴：《历史廊道地区总体城市设计的基本原理与方法探索——京杭大运河杭州段案例》，《城市规划》2017 年第 8 期。

③ 孙佳俐、孟祥彬：《京津冀一体化下的运河沿岸村镇保护与发展研究》，《小城镇建设》2017 年第 4 期。

④ 马驰骋：《华北大运河沿线特色村落村庄规划策略研究——以天津南运河段王家营村为例》，载中国城市规划学会、东莞市人民政府《持续发展　理性规划——2017 中国城市规划年会论文集》（18 乡村规划），中国城市规划学会编中国建筑工业出版社，2017。

⑤ 刘畅等：《传统聚落水适应性空间格局研究——以台儿庄古城为例》，《现代城市研究》2017 年第 4 期。

⑥ 洪艳、濮东璐：《基于现代适应性的杭州运河街区比较研究》，《建筑与文化》2017 年第 6 期。

⑦ 王昕：《城市传统滨水空间形态演变与社会生活变迁关系初探》，《中国名城》2017 年第 7 期。

⑧ 张译丹、王兴平：《“后申遗时代”的杭州京杭大运河沿线工业遗产开发与城市复兴策略——基于文化价值认同视角》，《社会科学动态》2017 年第 5 期。

⑨ 李永乐等：《京杭运河旅游发展马太效应成因与对策》，《中国名城》2017 年第 7 期。

纳为旅游起步、市场调整、全线升温和整体申遗四个阶段，分析了各阶段的主要特征和主要研究成果。[①]

三 运河治理、航运与经济发展研究

（一）运河治理和管理

陈英娟通过对南运河沧州段的分析，提出当今南运河的治理思路和开发、保护设想。[②] 张靖雨等以中运河南片防洪保护区内洪水演进为例，分析了外洪溃堤一、二维耦合模型与内涝模型叠加在防洪保护区内的应用。[③] 满霞玉等模拟了特定降雨在淮安市青浦区京杭大运河与里运河包围区域的淹没状况，分析了城市洪涝区域淹没原因并提出治理建议。[④] 冒刘燕等提出了基于维修事件数据的船闸系统可靠性分析模型，采用京杭运河苏北段17座船闸的历史维修数据验证了模型的科学性。[⑤] 陶小三等考察了高邮东侧运河大堤在洪水期的天然工况、基本地震动地震工况的稳定性。[⑥] 江衍铭等以杭州市上塘河运河为例，建立多种模型预报受闸门及泵站影响的城市河道未来1~3h的水位变化，并对模型预报误差、不同水位区间下的误差—频数关系及训练数据的不确定性进行分析。[⑦]

（二）运河通航与经济发展

赵然杭等评定南水北调东线工程山东段主要风险包括陆运和航运交通

① 沈旭炜：《改革开放后我国大运河旅游发展阶段及特征》，《商丘职业技术学院学报》2017年第5期。

② 陈英娟：《南运河沧州段的现状及发展出路》，《华北水利水电大学学报》（社会科学版）2017年第3期。

③ 张靖雨等：《外洪溃堤一、二维耦合模型与内涝模型叠加在防洪保护区内的应用探讨》，《水利水电技术》2017年第5期。

④ 满霞玉等：《城市内涝积水点分布模拟及治理策略初探》，《水电能源科学》2017年第3期。

⑤ 冒刘燕等：《基于维修事件信息的船闸可靠性分析》，《河海大学学报》（自然科学版）2017年第2期。

⑥ 陶小三等：《京杭运河高邮城区高邮城区段东侧大堤洪水期稳定性研究》，《防灾减灾学报》2017年第4期。

⑦ 江衍铭等：《基于静态与动态神经网络的运河水位预报》，《天津大学学报》（自然科学与工程技术版）2017年第3期。

事故引发的突发风险，次要风险主要包括人为投毒、自然灾害及机器故障等原因引发的各类突发风险。[①] 裘新敏介绍杭甬运河上下行货运量不均衡、船舶大型化明显、运输货种组成结构简单等运输现状，指出杭甬运河航运经济发展面临的问题。[②]

四　运河水资源与水污染

（一）运河水资源

杨毅等以通州城市副中心北运河为例，分析了北运河生态环境需水量的研究范畴和影响因素，对规划目标下的生态环境需水量进行了定量研究。[③] 冯忠伦等建立了研究梁济运河区地下水系统水流模型，利用观测井观测资料及南水北调输水实测资料，预报了未来 5 年地下水位的变化情况。[④]

（二）运河水污染

北运河段。顾晓昀等对北运河水系进行了水质评价和比较分析，以了解北运河水系的底栖动物群落结构和水环境质量。[⑤] 徐庆勇等评价了北京北运河流域平原区地下水水质的空间分布特征。[⑥] 杜伊等通过在北京市北运河上游河段干支流采样分析，测定计算和划分水样中的化学需氧量组分，并探讨其可生化性。[⑦] 张质明等以北运河通州段为例，研究了未来气

---

① 赵然杭等：《南水北调东线工程山东段突发事故风险评估》，《南水北调与水利科技》2017 年第 4 期。

② 裘新敏：《杭甬运河的航运经济发展》，《水运管理》2017 年第 4 期。

③ 杨毅等：《北京城市河道生态环境需水量计算方法与应用》，《水利规划与设计》2017 年第 12 期。

④ 冯忠伦等：《南水北调输水梁济运河区地下水位预测》，《中国农村水利水电》2017 年第 3 期。

⑤ 顾晓昀等：《北运河水系底栖动物群落结构与水环境质量评价》，《湖泊科学》2017 年第 6 期。

⑥ 徐庆勇等：《北京北运河流域平原区地下水水质空间分布特征》，《水资源与水工程学报》2017 年第 3 期。

⑦ 杜伊等：《北京市北运河水体中化学需氧量组分含量及其可生化性研究》，《湿地科学》2017 年第 3 期。

候变化中气温的变化对城市河流自净能力的影响。[①] 王泪等对北京地区北运河水系采样调查，应用轮虫群落的香农维纳指数、均匀度指数评价北京地区水质健康状况，判定影响北运河水系轮虫群落结构的主要环境因子。[②] 王刚等以北京北运河为例，建立了污染源与水质响应关系模型，结合北京市“水十条”设置减排情景方案，对2020年水质改善效果进行了量化评估。[③] 安崇庆等在北运河水系水环境管理中应用了水环境实时调控决策支持系统，结果表明该系统方法能够实现北运河的实时调控模拟。[④] 张培培对北京市北运河COD降解系数的影响因素进行了试验研究。[⑤]

大运河山东和江苏段。刘莹等通过对南四湖入湖河流水样采样测定，评价了入湖河流水质污染程度、空间分布及重金属的风险等级，总体来说南四湖入湖河流水质较好。[⑥] 陈静对微山湖水域水体总氮、总磷含量进行了调查，依据总氮、总磷含量对研究水域营养水平进行评价。[⑦] 叶玲探讨了中运河饮用水源地保护区划分原则及方案，并提出了保护措施。[⑧] 任海鹏通过对大运河镇江段的水质状况调查，剖析了河流污染类型、主要污染因子和污染水平。[⑨] 周裔文等选取镇江市古运河表层沉积物进行物品采集分析，对沉积物有机氮进行了计算，揭示了古运河河岸表层沉积物中氮元素含量的分布特征。[⑩]

① 张质明等：《未来气候变暖对北运河通州段自净过程的影响》，《中国环境科学》2017年第2期。

② 王泪等：《北运河水系河流轮虫群落结构与水环境因子的关系》，《暨南大学学报》（自然科学与医学版）2017年第6期。

③ 王刚等：《以北运河（北京段）为例模拟评估北京市“水十条”水质改善效果》，《中国环境监测》2017年第5期。

④ 安崇庆等：《水环境实时调控决策支持系统的开发与应用》，《水利水电技术》2017年第9期。

⑤ 张培培：《北京市北运河COD降解系数影响因素试验研究》，载中国环境科学学会《2017中国环境科学学会科学与技术年会论文集（第二卷）》，中国环境科学学会，2017。

⑥ 刘莹等：《南四湖主要入湖河流水环境质量状况及风险评估》，《科技导报》2017年第9期。

⑦ 陈静：《微山湖典型水域总氮、总磷含量比较研究》，《枣庄学院学报》2017年第5期。

⑧ 叶玲：《泗阳县中运河饮用水源地保护区划分与保护措施》，《污染防治技术》2017年第3期。

⑨ 任海鹏：《京杭运河（镇江段）污染现状分析》，《污染防治技术》2017年第5期。

⑩ 周裔文等：《镇江市古运河河岸沉积物氮及有机质分布特征》，《水土保持研究》2017年第6期。

小　结

在中国大运河成功申遗后，2017 年出现了更多的运河研究的相关成果，整体学术水平有稳定的提高，呈现出许多新的特色。第一，运河研究领域不断拓展，相关研究成果涉及历史、地理、政治、经济、社会、文化、艺术、考古、旅游、工程、环境等诸多领域，取得了可喜的成就。第二，运河文化遗产保护和旅游开发受到持续关注，体现了运河研究与现实需求的紧密结合，为区域社会经济发展提供了动力与支持。第三，大运河文化带建设的概念和方法的讨论，同样体现了运河学研究的经世致用价值，目前相关讨论还处于初步阶段，尚需深入展开。第四，运河的生态环境保护和建设，尤其是运河水环境仍然是研究热点，但较多的集中于自然科学领域，人文科学研究尚嫌不足。第五，运河的文化性、艺术性愈加受到重视，通过对运河文化、艺术属性的探讨，可以挖掘运河优秀的历史底蕴，促进文化艺术市场的活跃，将文化艺术产品转化为经济效益，增加居民与财政收入。第六，人文社科和自然科学领域的运河学研究尚需加强合作。

2017 年 2 月 24 日，习近平总书记在通州调研时强调要深入挖掘大运河的历史文化资源，要古为今用。该年运河研究历史、现实并重的局面较好的符合总书记的指示，当前研究应当改进的是如何将两部分有机地结合起来，有效的发挥服务社会的作用。此外，需要注意的是，目前的运河研究虽然呈现出一派繁荣景象，诸多领域全面开花，但系统性有待加强，目前亟须在“大运河文化带”建设的推动下，加强构建运河学的学科体系，积极成立多学科的运河学研究协会，发挥跨学科优势，加强学术交流，促进运河学的健康深入发展，更好地服务社会。

（责任编辑：朱年志）

“第五届运河学论坛：文化视野下的大运河研究”学术研讨会综述

罗衍军*

由聊城大学运河学研究院主办的“第五届运河学论坛：文化视野下的大运河研究”学术研讨会于2018年5月26～27日在聊城大学举行，来自中国社会科学院、浙江大学、中山大学、山东大学、首都师范大学、山西大学等学校和科研机构的80余位专家参加了此次会议，提交学术论文55篇。专家学者围绕运河史、运河区域经济与社会、运河文化、运河遗产与大运河文化带建设等问题展开热烈讨论。

一 运河史

河道变迁、水利工程、河政管理与漕运制度是大运河本体研究的主要内容，在本次研讨会上，学者围绕相关问题，展开了热烈探讨。

1. 河道变迁

蔡蕃（中国华能工程咨询公司）的《中国大运河的发展脉络》将大运河划分为三次建设高潮。第一次建设高潮为秦汉至魏晋南北朝时期，第二次建设高潮为隋唐至宋辽金时期，第三次高潮为元明清时期。至1855年，黄河在铜瓦厢决口，由张秋穿运河入海，运河被截断。到1901年漕粮改收现银，运河停运。1904年，正式裁撤漕运总督，漕运废止。高元杰（聊城

---

* 罗衍军（1977～ ），山东郓城人，历史学博士（后），聊城大学运河学研究院教授，主要研究方向为华北乡村社会、运河区域社会变迁。

大学）的《明代会通河基本问题考辨》考察了南旺湖和小汶河的演变过程，认为元代和明初宋礼开河时济宁会源闸高于南旺，因此元人选取济宁会源闸分水。在明嘉靖以前以济宁地势为高，到万历以后南旺泥沙淤积高过了济宁，清代以后南旺继续淤高。南旺水脊是从无到有，积渐地不断生长而成。孙竞昊（浙江大学）的《开埠以来浙东运河的沉浮及鉴示》将大运河与国家政权、政治变迁相联系。认为隋唐大运河以杭州为南端，带动了杭州以东、以南运道、水路的整治和规范化。两宋，特别是南宋时期，浙东运河走向鼎盛。在元明清时期大运河体系下，浙东作为一个割据政权经济命脉的风光不再。19 世纪中叶以来的内、外战祸导致了南北大运河漕运的衰微。与此同时，明清时期经济相对落后于浙西杭嘉湖地区的浙东在晚清民国时期反而获得了新的生机。

2. 河工与河政

钟行明（青岛大学）的《元明清大运河管理制度的动态演进》对元明清大运河管理制度的演进作了分析。文章指出运河管理制度演进的分期：元代至明初为大运河管理制度的开创期；明永乐十三年至成化年间（1415～1487）为大运河管理制度的确立期；弘治至清乾隆朝（1488～1795）为大运河管理制度的完善与成熟期；自嘉庆朝开始，大运河管理制度进入衰败期。

明代河工与河政问题，引起学者们的关注。本次会议上的三篇论文，对明代运河河工与政局的内在联系进行了透析。王聪明（淮阴师范学院）的《高家堰名实问题考辨》对洪泽湖东岸堤防高家堰名称的来龙去脉进行了考证。胡克诚（聊城大学）的《庙堂与河工：嘉靖七年运河之议探微》通过对明代嘉靖朝内阁首辅杨一清存世文集中收录的奏疏、密疏等资料的解读，透视其时运河工程史上通惠河修浚与新河改道两工程进展状况不同的缘由所在，窥视庙堂政治与工程方略的微妙关联。朱年志（聊城大学）的《明代隆庆、万历初期的运河治理探析》对明代隆庆、万历初期的运河治理状况进行阐述，认为其时开泇河以避黄行运与开胶莱河通海运之议再起，面对重开新水道困难较大，难以实现的事实，张居正等人把注意力集中到治理黄河上来，凸显了运河治理与国家政治命运的密切关联。

清代河工、河政同样引起学者们的重视。贾国静（山东大学）的《生态史观视野下的清代河工》以生态史观视野透视清代河工的嬗变，从统治者治河之政治意图、治河工程对基层社会的影响、治河技术的得失等方面进行探究，阐明由清廷主导的治河工程“忽略”了经济、社会以及环境等方面的效益，其中折射的社会生态层面的不和谐对人与自然这一对“怨偶”之“怨”有着深刻的影响，甚至加剧了自然生态层面的不和谐。袁飞（蚌埠学院）的《东去只宜开海口，西来切莫放周桥——对清代黄、淮、运交汇处治理的再考察》对清代黄、淮、运交汇处治理进行重新审视，认为要从完整性上真正理解靳辅“束水攻沙”的内在要义，便需要真正廓清清口治理的整体性实践。王玉朋（聊城大学）的《储才与备用：清代河工效力制度研究》考察了清代的河工效力制度，认为其一方面提供给未经科甲出身人员补用实缺，进入仕途的机会；另一方面，效力人员不领薪俸，有时还要捐款报效，对缓解紧张的河工经费，也起到一定作用。

如何吸收历史上运河治理的经验为现实服务，正日益受到学界重视。李殿魁（山东省政协、山东运河经济文化研究中心）的《发挥戴村坝南旺闸的科技成就，建设华北平原发达的生态水利》认为明朝的戴村坝—南旺闸工程，成为大运河上最具科技含量的工程，保证了京杭大运河明清两代全线畅通500多年。在当前，恢复戴村坝—南旺闸，既是京杭大运河文物保护的一项紧迫性抢救任务，也是京杭大运河恢复全线通航的题中应有之意。徐可（江苏师范大学）的《大运河与徐州黄河故道的规划变迁》通过考察大运河与徐州黄河故道的规划变迁的关系，认为近十年来黄河故道的规划理念的变化，彰显了国土资源的价值脉络与区域发展理念的变迁。

3. 漕运

张捷（淮阴师范学院）的《试论秦汉财政运作与三门砥柱漕运》分析秦汉时期三门砥柱漕运与财政运作的关联，认为黄河漕运是中央政权实现财政运作的重要途径，位于该运输线上的三门砥柱之险对关东漕运的危害极大。为减少财政调拨过程中的损失，从避开砥柱漕运、减少砥柱漕运到凿砥柱通漕运，统治者采取了一系列措施。阮宝玉（中山大学）的《明清江西、湖广漕粮运输中的“仪兑”》以江西、湖广的漕粮运输为中心，阐述“仪兑”体制的形成和发展。周鸿承（浙江工商大学）的《杭州运河漕运物资种类及其特点》考察了杭州段运河及其沿线漕运物资的种类及特点，认为杭州段运河成为杭州城市漕粮运输、地域性文化传播、江南市场构建和杭州运河沿线社区生活方式形塑的载体。

刘仲华（北京市社会科学院）的《清代漕船剥运与漕船尺寸的控制及其他》对清代漕船剥运与漕船尺寸的关系进行了考察，指出漕运作为清代倾全国之力予以维护运转的国家经济制度，在很大程度上塑造了清代内河水利与造船技术。王耀（中国社会科学院）的《〈江海全图〉与道光朝漕粮海运研究》以《江海全图》为考察对象，探讨道光时期漕粮海运状况。阐明《江海全图》绘制的上海至成山、上海至洋河的两条航路，绘制背景当与清中期关东黄豆、豆饼南运上海密切相关。

二　运河区域经济与社会

运河区域经济与社会变迁日益引起学界的兴趣。本次研讨会即有多篇论文对此展开阐述。

1. 运河区域社会的长时段、整体性变迁

张俊峰（山西大学）的《国家在场，民间何在——区域比较视野下的大运河社会史研究》从区域比较的视野透视运河区域社会的异同，指出国家与社会的互动关系依然是大运河区域社会史研究的一个宏观理论框架，在这一框架下，在具体的区域研究中应建立更具层次性的大运河水利社会史研究体系。王健（江苏省大运河文化带建设研究院）的《大运河古镇的历史演进、文化交流与可持续发展》认为大运河沿岸是城镇的重要发祥地，明清以来，运河城镇扮演重要角色，引领着时代潮流，运河古镇在中外文化交流中发挥着重要功能。大运河古镇的发展繁荣，需要加强彼此间的合作交流。

2. 运河与区域经济发展

万会珍、周明华（洛阳师范学院）的《隋唐大运河的历史价值及对汴宋地区的影响》认为隋唐大运河的开通对促进沿河地区的经济和商业发展发挥着重要作用，尤其是对于汴宋地区的经济发展起着不可比拟的作用。裴一璞（聊城大学）的《明清时期长芦盐业与运河交通述论》阐述了明清时期长芦盐业与运河交通的关系，指出运河促进了长芦盐业管理中心的转移，奠定长芦盐业格局；促进芦盐管理职能的完善；扩大芦盐的行销范围及对外影响。但运河交通也为芦盐走私提供了便利之门，增加了政府缉私难度。吕杨（常州大学）的《明代运河与常州区域经济述论》探究明代运河与常州区域经济的关系，认为常州、镇江两府之间，甚至常州府内各县之间，在运河问题上难以达成共识，运河的疏浚与维护参差不齐，导致漕运能力的减弱。张亚兰、任宏（山西财经大学）的《运河与中俄茶叶贸易》根据对两部清代茶商手稿的研究发现：不同时期茶叶贸易线路区别很大，其中运河线路曾被山西茶商长期使用。余清良、尹桂霖（杭州师范大学）的《清代京杭大运河的历史变迁——以西人的观察为视角》以西人的观察为视角，探究清代京杭大运河的历史变迁，指出这些观察可使我们对运河的兴衰及处于落日下的清政府有更直观的了解。

3. 运河区域宗族变迁、城镇发展

岳广燕（河北师范大学）和臧明（山东大学）的《唐代运河区域仕宦宗族的社会变迁——以张文瓘家族为中心》以唐代运河区域清河张文瓘家族为研究视域，厘清唐代仕宦宗族在地方社会演进中的脉络，进一步探讨运河区域仕宦宗族变迁的内涵。王旭（扬州大学）的《宋代江南地区镇的建置与时空演变——以湖州为例》通过对湖州所辖21镇的考订，探索宋代江南地区镇的建置与时空演变规律，指出陆路镇的衰落与水路镇的崛起与宋代江南地区河流的治理、人工运河的修缮以及水运运费比陆运低有关。这种政区形态的转换是商品经济大发展的结果，体现了市场经济优胜劣汰的特点。

史晓玲（山东大学）的《明清时期运河城市空间结构变迁探析——以聊城为中心的考察》以聊城城市空间结构为切入点，从公共设施的变化考察运河对城市的影响，指出与运河畅通之前相比，城市变化呈现新的特点。运河畅通与商业发展，推动聊城从功能上实现了由“城”到“市”，再到真正意义上集政治、经济、文化于一体的综合性城市的转变。魏辉、李赛南（山东省临清市博物馆）的《明清时期临清慈善事业发展考略》结合临清慈善事业的发展背景，从慈善的形式和管理方面入手，探讨了明清时期临清慈善事业的组织和运行状况。郑民德（聊城大学）的《河北省大运河历史文化研究——以明清东光县为对象的历史考察》以明清时期的东光县为研究对象，考察其运河历史文化的发展。侯林（淮安信息职业技术学院）的《南运河航运与泊头社会经济的变迁》考察南运河航运与河北省泊头社会经济变迁的关联。

4. 运河考古

官士刚（聊城大学）的《宋代运河水闸的考古学观察》以考古发掘资料为基础，结合相关文献记载，对宋代运河水闸在设计建造、由木质向石质转变等方面的技术细节进行较为完整地呈现。七级码头是京杭大运河使用期间重要的水工设施，明、清为平阴、肥城、阳谷、莘县、东阿、朝城等漕粮转运的集结地。吴志刚（山东省文物考古研究院）的《阳谷七级码头考略》详细阐述了有关七级码头的文献记载和考古发掘情况。

三 运河文化

大运河不仅是一条漕运之河，而且是一条文化之河，运河区域的文化交流与文化变迁等引起学术界的浓厚兴趣。

1. 运河区域文化交流与文化变迁

陶道强（枣庄学院）的《大运河视阈下的中华民族凝聚力研究》考察了大运河与中华民族凝聚力的内在联系，认为大运河是中华民族政治凝聚力的重要纽带和各民族文化交流传播的媒介，同时亦是南北经济的输送带，成为促进中华民族认同的重要载体。别鹏、周明华、任塘珂（洛阳师范学院）的《隋唐大运河与河洛体育文化导扬》阐述了隋唐大运河与河洛体育文化的关系，指出隋唐大运河经济繁荣推动了体育的发展、体育蓬勃发展亦对运河经济的繁荣起到了重要促进作用。

苗菁（聊城大学）的《京杭大运河：中国最重要的一条年画民俗文化带》认为京杭大运河是中国最重要的一条年画民俗文化带，京杭运河沿岸的年画代表了中国年画的最高成就。周广骞（聊城大学）的《山东方志运河工程类诗文纂修特色略述》对山东方志中的运河工程类诗文进行了介绍，认为其具有较为鲜明的实用性，这在一定程度上影响到相关文献在方志中的编排和详略，具有较为鲜明的纂修特色。

李德楠（淮阴师范学院）和吕德廷（聊城大学）的《民变、风水、舍利塔与万历后期的临清社会》通过对临清舍利塔内现存大量碑刻资料的解读，阐明风水知识、佛教宣传在地方社会运作中的作用，进一步透视明代后期临清地方社会的嬗变。马鲁奎（山东省临清市博物馆）的《〈临清舍利塔太监无题记碑〉之谜解析》分析了临清舍利塔所存的太监无题记碑，描述碑文所涉及人员的行迹，探究所涉太监与潞王府的关联，阐明明末社会的紊乱与政治的腐败。

2. 运河区域的信仰

胡梦飞（聊城大学）的《漕运、商业与河患——明清时期临清河神信仰的历史考察》考察了明清时期临清河神信仰的变迁历程，认为随着河神信仰的盛行，其职能亦在不断扩展，崇祀河神逐渐演变为国家和地方社会共同的信仰行为，正统化、世俗化和地方化三者并存，是临清河神信仰的显著特征。沈胜群（中山大学）的《“泊船祭祀”与“人神互惠”——清代漕运旗丁崇祀文化的规制与功效》探究了清代漕运旗丁崇祀文化的规制与功效，指出迫于漕运诉求与运河沿线祭祀等活动的浸染，漕运旗丁内部逐渐孕育出独特的崇祀文化。孙凤娟（聊城大学）的《双重建构：民俗学视野下的山东东平白佛山佛教信仰研究》以山东东平白佛山石窟造像为研究个案，通过讨论东平白佛山佛教与社会、政治和文化之间的互动模式，探究东平佛教信仰的发展、变迁过程。

3. 运河区域群体文化

刘朝晖（浙江大学）的《遗产再生产与国家象征：运河船民的遗产认知与文化亲密性》选择大运河上的船民群体作为研究对象，通过对运河船民遗产观和遗产保护实践的民族志研究，讨论民族/国家借由“遗产再生产”的手段，建构和制造“国家象征”与国民遗产认同之间存在的“话语区隔”现象，反思当下“二元论”的遗产研究理论及其对保护实践造成的现实困境，认为应当把中国传统的文物观与当代世界遗产理论相结合，建构“人”“物”合一的新遗产观。陈璐（浙江大学）的《运河水污染感知差异与船民的水环境保护》同样以船民作为研究对象，通过对比船民与运河管理部门对运河水环境的认知与行为，发现两者在运河污染感知上存在明显差异。这种差异拉大了船民对运河水环境保护的社会距离，弱化了他们改善运河的主动性。

刘雪萍（上海大学）和程义勇（聊城市地方史志编纂委员会）的《试论明清山东运河区域回族的迁移扩散与文化演变》探讨了明清山东运河区域回族的迁移扩散与文化演变，认为在与儒家文化相处的过程中，回族经历了相对独立到“伊儒交融”再到“附儒而行”的过程。

4. 运河区域文化特色与发展措施

郗志群（首都师范大学）的《北京大运河五脉：独具魅力的国家文化符号》认为北京大运河文化带是文化和自然遗产资源的结合体，政治国脉、历史文脉、经济动脉、社会命脉和生态水脉是其文化价值之所在。任吉东（天津社会科学院）的《发挥天津特色，打造运河文化》认为与其他区段的运河相比，天津段运河有五大突出特征：悠久的历史渊源；强大的交通运输功能；天津形成和发展的动力；重要的生态功能；重大的科研价值。对于天津段运河文化带建设，他提出了自己的建议。

王英华（中国水利水电科学研究院）的《关于大运河临清段水文化发展的几点思考》认为临清运河水文化的发展具有鲜明的特点和优势。临清水文化的传承与发展，需从多方面入手。魏辉、徐洪真（临清市博物馆）的《浅谈大运河文化带建设新形势下〈临清运河文化生态保护实验区总体规划〉的价值》以《临清运河文化生态保护实验区总体规划》为分析对象，阐述其提出、规划过程及价值意义所在。

四　运河遗产与大运河文化带建设

运河遗产与大运河文化带建设，是学术界普遍关注的运河学研究热点问题，自然受到学者的广泛关注，参会学者对此展开了热烈探讨。

1. 运河学研究趋向与运河遗产、运河文化带建设的总体发展路径

吴欣（聊城大学）的《“大运河”研究的学术进程及问题意识》将20世纪初以来的运河学研究划分为三个阶段：兴起阶段（20世纪初至20世纪80年代）、发展阶段（20世纪80年代至运河申遗成功）与学术转向阶段（运河申遗成功至今）。在兴起阶段，从研究对象看，国内学者以运河本体史研究为主，国外学者则更多关注漕运和交通问题。从研究取向看，多着意于运河的政治特性的论述。在发展阶段，研究领域和研究内容的日趋多样化是研究的总体特点。在学术转向阶段，运河学研究的转向涉及两个大的方面：一是应用类的研究占据更多份额；二是运河学学科理论正逐步形成（表现在运河研究的整合性转向和运河研究整体性与细致化的结合）。她认为运河研究的细化在很大程度上是突出运河区域史研究中“人群主体”，实现“面向社会”的研究。完成这一目标的动力源泉在于视角转换、史料挖掘和现实关怀。

傅崇兰（中国社会科学院）的《大运河遗产保护好、传承好、利用好路径初探》认为外国人对运河学的研究于13～14世纪产生于欧洲。至今经历了三个阶段的发展。第一阶段是13～14世纪后半叶，《马可·波罗游记》是那个阶段的外国人研究中国运河学的代表作。第二阶段是18世纪后期，英国人马嘎尔尼率领使团访华。回英后出版的《英使谒见乾隆纪实》以及英使访华团报告等，被西方认为是研究中国运河学和汉学的代表性著作。第三阶段是20世纪上半叶至今，中国运河学研究进入一个新的阶段。2014年大运河成功申遗，既是中国保护、传承运河文化的成功，也标志着世界遗产专业专家们对中国的运河研究迈向了一个新阶段。贾兵强（华北水利水电大学）的《大运河文化带建设原则与路径选择》认为大运河文化带建设要贯彻“保护为主、抢救第一、合理利用、加强管理、科学发展”的方针，并从理念创新、体制改革、发展模式、人才建设和宣传推介五个方面论述了大运河文化带的实现路径。

刘庆余（曲阜师范大学）的《国外著名运河遗产保护与利用经验借鉴》认为“活态遗产”是大运河遗产的鲜明特征，也是区别于国外著名运河的特点。他从活态遗产多功能之间的协调关系，运河遗产的真实性与完整性把握，遗产管理机构，价值宣传与普及，遗产法规体系建设等方面提出相关建议。张煜（浙江农林大学）和马庆凯（浙江大学）的《从“以物为本”到“以人为本”的回归：遗产批判研究对运河学研究的启示》阐述了遗产批判研究对运河学研究的启示，指出对于运河学研究来说，遗产批判研究的兴起具有不可忽视的价值，两个研究领域可以互相促进、共同壮大。

2. 运河遗产、运河文化带建设与运河区域发展

杨俊博（中原经济区智慧旅游河南省协同创新中心、大运河研究院）的《大运河文化遗产旅游开发的“543”模式研究》认为大运河文化遗产旅游开发要坚持5项原则（市场导向、因地制宜、特色发展、协调发展、持续发展）、4大开发方向（特色化、差异化、一体化、智慧化）、3大重点（突出场景性、突出体验性、突出科技性）的“543”模式。王铭（首都师范大学）的《大运河文化带视角下北京通州非物质文化遗产的历史文脉》一文，从大运河文化带视角入手，梳理了北京通州非物质文化遗产的历史文脉。柳邦坤（淮阴师范学院）的《大运河文化带沿线城市文化产业发展探析——以江苏为例》以江苏为例，探讨了大运河文化带沿线城市文化产业发展路径。提出要选择运河特色鲜明的文化产业开发路径，通过有效实施，推动江苏省运河城市特色文化产业发展，促进中国大运河城市文化产业带建设。刘怀玉、石火培（扬州大学）的《扬州运河文化与旅游融合发展研究》认为扬州运河文化与旅游融合发展要以世界运河旅游名城为主要建设目标，实施沿运文化旅游发展、错位发展战略。王岳、万慧珍（洛阳师范学院）的《隋唐大运河文化产业带与洛阳体育产业的协同发展》指出隋唐大运河文化产业带洛阳段的建设与发展可以依托体育产业的助力，并进一步提出了隋唐大运河文化产业带与洛阳体育产业协同发展的相关对策。

3. 新技术背景下的运河遗产与运河文化带建设

褚峰霖（深圳市水益生态环境研究中心）的《关于新媒体艺术前沿下大运河文化再生的探讨》通过归纳新媒体的发展趋势，结合大运河文化的固有特征，提出有利于大运河文化的再生与发展的建议。张磊（枣庄学院）的《新旧动能转换工程背景下的运河文化内核传播研究》从新旧动能转换工程的背景出发，探讨运河文化内核的传播。认为面对互联网多元化的文化传播环境，运河文化的传播和发展将迎来重大发展机遇。郑亚鹏、高娟（枣庄学院）的《基于“互联网+”思维的大运河线性文化产业带品牌建设研究——以山东段京杭大运河为例》以山东段京杭大运河为例，基于“互联网+”思维，探讨了大运河线性文化产业带品牌建设。提出要在政府主导的基础上，更加依托海量自媒体以及智能传播环境，探寻出不同于以往的品牌建设路径和效果。

综观本次研讨会的讨论情况，具有如下三方面的鲜明特点。一是注意运用新资料与新方法。参加研讨会的论文，注重传统典籍文献与田野文献、已刊文献与档案文献的综合运用。同时，注意将历史学、政治学、社会学、人类学等多学科研究方法融会贯通，有力推动了运河研究的创新。二是视角新颖，重视整体研究与区域研究的相互关照。学者们的研究，并非简单地就运河而谈运河，而是注重运河变迁与时代政治、文化、经济等的内在关联，探究运河与区域社会演化的深层缘由，由微观深描透视社会宏观变迁，从而实现整体视野与区域研究的衔接与融合。三是具有强烈的现实关怀，这从本次研讨会所聚焦的几个主要问题便可明了。无论是关注运河漕运、河工还是运河区域社会与文化发展，学者们都倾注着强烈的现实关怀，既深入探究运河及运河区域变迁的历史轨迹，又对运河遗产、大运河文化带建设积极建言献策，凸显出运河学研究的现实情怀。这次研讨会无疑将会进一步推动运河学研究的深入开展。

（责任编辑：朱年志）

·新书评介·

陈喜波著《漕运时代北运河治理和变迁》

张清华*

北京物资学院大运河研究院陈喜波教授的《漕运时代北运河治理和变迁》（商务印书馆，2018 年 2 月）一书重点研究了漕运时代北运河治理和变迁方面的基本问题。北运河的漕运时代，是指自金代北京正式成为封建王朝都城以后，潞水实行漕运开始，历经金元明清四朝，在长达近千年的时间里，北运河一直发挥漕运作用的时期。北运河本是一条自然河流，作为漕运河道以后，因漕船航行需要，北运河河道受到人力的强烈干预，河道形状和变迁均呈现出迥异于纯粹自然河流的面貌。本书对漕运时期北运河的治理和河道变迁进行了探讨，全书共分六章。

第一章“绪论”。本章主要交代了本书研究的背景，对研究现状进行了梳理，同时对研究区域概况以及区域河流和水文特征进行了介绍。

第二章“金代以前北京地区的运河”。本章对北运河实行漕运以前的运河水道治理和变迁进行梳理和研究。由于历史久远，文献记载稀少，本章对北京地区早期的运河河道做整体上的描述性研究，主要研究了三国时期曹操开凿的泉州渠和辽西新河，隋唐时期的永济渠北段和辽代的萧太后河。本章对永济渠的研究不同于以往的宏观分析，而是从微观层面进行细致考察，利用考古学、地名学、文献学、田野考察等方法对隋唐时期永济渠最北段河道进行了有益的探索。

第三章“金元时期潞水河道的治理和变迁”。本章对金元时期北运河河道情况进行了深入研究。金代海陵王迁都燕京，利用潞水实行漕运，元

---

* 张清华（1977～　），山东东营人，民政部地名研究所应用理论研究室主任、副研究员，主要研究方向为地名与地域文化、地名标准化。

朝混一天下，定都大都，继续实行漕运制度，潞水仍旧为重要漕运河道。金代潞水河道治理长期以来一直是学术界难以直面的一个重要问题。本章根据北运河水文特点和明清北运河治理办法，借助元代文献中关于治河的记载，利用文献学、考古学、地名学、地貌学以及环境生态学方法对金元北运河河道进行了探索性研究，并对金元时期的潞水河道进行了复原，明晰了金元时期河道变迁规律，同时合理地解释了金代漕运实行春秋两运的内在原因。

第四章“白河治理和变迁”。本章对明代北运河的运河河道治理和变迁进行了研究。明代定都北京，利用大运河漕运向北京运输漕粮，维持都城运转。明代对于北运河的治理在元代的基础上继续发展，进一步完善了北运河河道走向，奠定了今日北运河河道的基本水系格局，另外，在北运河堤防治理和河道泥沙疏浚方面也取得了较大进步。其中值得一提的是明代通惠河重新开通，通过建立系统的河道治理制度，其漕运功能一直延续到清末。

第五章“清代北运河治理和变迁”。本章对清代北运河治理和变迁进行了研究。清代是北运河治理成就较大，同时也是北运河河道变动较大的时期。康熙、雍正年间对于北运河堤防治理采取了开挖减河疏泄洪水的办法，比较彻底地解决了夏季汛期北运河中段泛溢决口的问题。自乾隆朝以后，随着清王朝国势日衰，运河漕运也开始走向衰落。自清中叶开始，北运河河道也开始发生变动，如乾隆年间温榆河与潮白河汇合口因潮白河河道东摆而从北关迁移至杨坨村附近，嘉庆年张家湾段北运河河道东移沿温家沟河道南下，同治、光绪年间，潮白河多次向东决口，都表明了北运河河道变迁进入相对活跃期。清代北运河变动最明显的现象是潮白河开始向东摆动的趋势，同治以后潮白河多次决口进入箭杆河，清政府多次堵筑潮白河，竭力使之回归北运河故道，虽然取得了一定的成效，但潮白河决口趋势不可更改，终于在 1939 年脱离故道，夺箭杆河河道南下，结束了长期与温榆河合流的历史。咸丰年间，黄河在河南铜瓦厢决口，对运河漕运形成巨大打击。近代以来，铁路、公路的兴起对运河漕运也产生了巨大影响，并最终替代漕运。由此可见，漕运衰落既是社会进步的结果，也有自然变迁的原因，天道变化与社会更替决定了漕运必然走向终结。

第六章“北运河治理和变迁的规律和特点”。本章对北运河河道治理和变迁的规律性问题进行了全面总结，首先从时间上对于金元明清历代治河的手段和河道变迁过程进行了梳理，明晰了不同历史时期运河治理和变迁的特点；其次，从空间上对于运河水源治理、河道疏浚、河道形态，以及不同河段的治理方式均进行了总结，明确了运河治理在空间上的分布特点和规律。

（责任编辑：胡克诚）

李德楠著《明清黄运地区的河工建设与生态环境变迁研究》评介

陈隆文*

河工是指治理江河等水利工程的总称，尤其是指治理黄河、运河等国家层面的大型水利工程。李德楠博士《明清黄运地区的河工建设与生态环境变迁研究》（中国社会科学出版社，2018 年 7 月）一书所探讨的明清时期“黄运地区”，大体以开封府为顶点，东北至东昌府，东南至淮安府，是由古今两条黄河与京杭运河组成的近似三角形的地区，地跨今苏鲁豫皖四省。该地区历史上深受黄河、运河的影响，且黄运关系错综复杂，受人类活动干扰明显，生态环境变化剧烈，因此选择“黄运地区”进行长时段的历史考察，具有一定的学术价值和现实意义。

该书作为国家社科基金项目的最终结项成果，是在其博士学位论文基础上的深化与扩展。以明清时期的黄河、运河河工为考察对象，选择人地关系问题突出的“黄运地区”作为研究区域，通过文献资料的搜集与整理，以河道开挖、堤防修筑、闸坝创建、物料采办等河工建设活动为主线，分别对该区域的河流环境、湖泊环境、土壤环境、植被环境、海口环境等问题进行了研究，从长时段考察了河工建设过程及其引发的区域生态环境变迁。

全书内容共有八章，第一章绪言，内容主要包括选题目的及意义、研究对象时段及区域、相关学术史回顾、资料方法及框架结构等几个部分。

* 陈隆文（1969～ ），河南开封人，郑州大学历史学院教授，博士生导师，主要研究方向为中原历史环境变迁、水环境考古、历史经济地理。

第二章在概述黄运地区总体的环境及社会状况的基础上，分析了黄运河工的时空特征及其原因。研究指出，与黄河有关的治水活动主要集中在堤防修筑、堵口塞决上面，河道改迁工程相对较少。河道改迁工程更多地是体现在运河的治理上，是伴随着黄河堤防建设以及黄运关系调整而进行的。明清几百年间黄运地区的河工治理，无论在时间序列上还是在空间分布上，都有明显的变化。从时间上看，明代越到后期河工越频繁，规模也越大。清代前期大型河工较多，后期小型河工居多，且小型河工有随时间推移明显增加的趋势。就空间特征而言，河工建设地点自上游而下游、自北而南、自西而东不断下移。

第三至第五章分析了河工建设所引发的黄运地区水环境变迁。分别从河流环境、湖泊环境、海口环境三个方面，分析河道开挖、堤防修筑、闸坝创建等人类活动对泗水、淮河、沂沭河、泇河、南四湖、骆马湖、洪泽湖等河湖水系的影响，揭示其以水系紊乱、湖泊缩小、泉源废弃、黄运分离、自然河道渠化、海岸线东移为特征的变迁趋势。（1）黄运关系变动是该地区河流环境变迁的原因及表现，其中黄运分离是河流环境变迁的趋势。堵口塞决、筑堤防水、借黄、引黄、避黄等一系列河工建设都是针对黄河侵扰采取的人为应对措施。影响河流环境的河工，时空特征明显，黄运各有侧重；（2）湖泊陂塘具有重要的生态意义，其历史演变是衡量黄运地区人地关系的重要标尺。湖泊给人类提供了诸多便利，但湖泊水环境恶化会导致水患剧增、洪水泛滥，给人类带来巨大的灾难；（3）人为工程建设影响海口的水沙变化。筑堤束水、接筑长堤、挑浚分洪、截弯取直、切滩挑河等河工建设活动，在明清苏北海口环境变迁中扮演了重要角色。河口延伸最快的是靳辅治河时期，其次是潘季驯治河时期，然后为乾隆中期以后。

第六章分析了河工建设所引发的土壤环境变迁，揭示了其以生态环境退化为特征的自然景观格局的形成。黄运地区土壤环境变迁与河工关系密切，河工兴举可使昔日湖荡涸为良田，缓解水患灾害的发生，增加土地的面积，改良土壤条件，但负面影响也不可低估。河工建设中也会破坏土壤、侵占耕地、引发用水与排水的矛盾、引起土地盐碱化与作物种植结构的演变，其影响范围和程度往往随工程规模、工程效果等不同而有所差异。

第七章探讨了河工建设与黄运地区森林植被的变迁。河工办料将更多的人纳入治水活动中，治河与农业的联系大大加强，河工物料栽植、采办和使用等在塑造沿河植被景观的同时，导致森林植被日遭破坏。并以江南苇荡营为个案，分析清代苏北河工建设引发的植被环境变迁。认为总体而言，物料采办对黄运地区的积极影响要远远大于其消极影响，假如没有河工的治理，黄运地区将是更加严重的黄泛区。

最后一章总结全文，认为明清时期黄河、运河河工建设的历史，是一部人类活动在国家主导下持续干预生态环境的历史，正是以治水为中心的人类活动改变了自然的演替过程，使黄运地区的生态环境发生变化，生态系统呈现整体恶化的趋势。

相信该研究成果的出版，不仅可为历史、地理、水利、环境、社会等领域的研究者提供一定的借鉴与参考，而且对于当前的“大运河文化带”研究也具有一定的参考价值。

（责任编辑：胡克诚）

王耀编著《〈黄运河口古今图说〉图注》

李　鹏*

明清时期黄河、运河交汇的清口地区，是治河保运的重中之重。目前该地区仍旧是水利史的重要研究内容。道光年间，麟庆任江南河道总督，亲历其事近十载，道光二十年（1840）撰成《黄运河口古今图说》一卷，绘有十图，并附图说。自“前明嘉靖年间河口图”至“道光十八年河口图”，展示清口地区的水利变迁。该书是研究清代黄、运交汇地带河渠治理、河湖变迁的重要参阅史籍。

中国古地图历史悠久、类型丰富，运河图等河渠水利图是其中一大宗。不同于传统文献记载，古代运河图是通过图像来形象直观地表现历史时期的水利兴修等沿河自然状况等，据其可以印证文献记载、补充文献记载之缺、纠正文献记载之谬误。在研究清代京杭大运河治理等领域，运河图是不可多得的图像史料，具有极高的学术价值。

王耀编著《〈黄运河口古今图说〉图注》（中国社会科学出版社，2018年4月）利用明清古地图中反映清口地区的图幅，将之作为基本史料，按照年代先后逐一放入道光朝《黄运河口古今图说》的10幅地图中，并为新图撰写题记。在原书10幅地图基础上，新加入35幅彩绘古地图，形成绘制内容更为丰富、图幅更加多元、内容更为翔实的全新图说。

本书利用新史料、新方法进行古籍整理工作，在以图注图的方法上，具有创新意义，同时在以图证史的研究上，具有学术价值。本书将为水利

* 李鹏（1985～　），山西长治人，西南大学历史地理学博士，陕西师范大学西北历史环境与经济社会发展研究院讲师，主要研究方向为中国地图史与西南史地。

史尤其是黄河、运河历史的研究，提供一本图文并茂的全新图说。鉴于本书以图注图、以图证史的特点，故名之《〈黄运河口古今图说〉图注》。

本书为 2017 年国家古籍整理出版专项经费资助项目。

（责任编辑：胡克诚）

周嘉著《共有产权与乡村协作机制——山西“四社五村”水资源管理研究》评介

杨焕鹏*

对于华北缺水地区而言，水资源的丰欠状况以及水利的具体运作，既关系民生问题也影响区域社会的整体发展水平。在水资源匮乏的条件下，晋南地区的“四社五村”形成了独具特色的水利传统和“村社”组织。这种经由民间的智慧和力量积淀而成的基层治理模式，正是中华优秀传统文化瑰宝中的一部分。周嘉博士《共有产权与乡村协作机制——山西“四社五村”水资源管理研究》（中国社会科学出版社，2018 年 12 月）一书即以“四社五村”为个案，探讨其水资源管理模式和乡村协作机制。“四社五村”地处霍山脚下，坐落在黄土台地上，指的是围绕传统用水习俗而凝聚在一起的乡村水利组织。该地区水资源环境及其恶劣，长期受到干旱的生存压力，对这些村落进行历史与当下的考察，具有一定的学术价值和现实意义。

该书是在其博士学位论文基础上的深化与扩展，通过研究指出，在乡民文化语境里，不能视水权为单一维度的制度建构，共有水权的逻辑是一个整体性的制度实践过程；围绕着如何对有限水资源进行合理有序的利用，地方社会中的乡村联合与互动又呈现出一种“整体协作”的实践景观。随着社会变迁步伐的加快，乡村整体协作图景经历了一个“褪色”的过程，其具体运作逻辑正在发生实质性的变化。

* 杨焕鹏（1975 ~ ），山东高密人，鲁东大学法学院教授，硕士生导师，主要研究方向为历史社会学、区域社会史。

全书内容共有七章。导论部分说明了本项研究的缘起、所要探讨的核心问题、相关学术史回顾、研究的策略、民族志书写模式、资料运用情况以及具体的调查实践。

第一章“生态、生计与亲属关系”。对当地生态系统、生计模式与亲属制度进行了具体考察。一方面，关注“四社五村”所处的晋南山区以及整个山西地区宏观的自然地理与环境变迁情况；另一方面，纳入生态人类学的视角，探讨当地民众通过“调适”得以自立于此的生业基础。进而，通过分析当地民众的复合生计模式，说明环境与资源、环境与社会、自然与文化之间的互动关系。亲属制度涉及到亲族关系与姻亲关系，着重考察家族与婚姻的力量在水利组织、资源利用以及地方秩序建构中的影响与作用。

第二章“‘四社五村’的知识考古”。在“知识考古学”意义上对“四社五村”进行知识考古。不同的知识载体，如神话、传说、民间故事、碑刻、水册、地方志、田野报道人、不同利益阶层等，所有这些载体对“四社五村”知识表述的取向是不同的。对其所作的考察并非是在一种历史考据学的意义上还原“四社五村”的来龙去脉，更重要的是在一个叙述相对化的层面上去把握不同素材里边不同声音表达的“诗学与政治”。

第三章“‘泉域社会’的整体协作”。在共有水权的在地化实践逻辑基础上，对“四社五村”作为一个联村水利组织的协作机制展开具体分析。以“泉域社会”和“整体协作”两个概念作为分析的切入点，将二者综合在一起引出一个新的讨论。在权威体系、技术手段、经济理性、象征支配、道义经济以及纠纷调处等几个层面上，对“四社五村”整体协作的乡村图景进行了勾勒。

第四章“水利工程的地志学”。通过地志研究，将分属于生态的、政治的、经济的、法律的、道德的以及人文的内容重新涌现出来，从而获得一种新的意义，展示出当地民众行为方式背后的文化多样性。“地志学”概念的提出实际上就是要作一次彻底解释，把表述层面与实践层面的在地经验纳入进去，既有国家本身的视角，也包括民间的视角。

第五章“‘非遗’的民俗政治”。从民俗政治学的角度考察当地民众申报非物质文化遗产的来龙去脉。“四社五村”之所以能走向今天的“申遗”道路是由多种力量决定的，既有社会结构内部的传承性因素，又有来自社区外部的诱发性因素，不过，主动权最终还是掌握在具有历史主体性的

“他者”手中。

结论部分是基于民族志实证研究之后的分析和提炼，将研究结果进一步理论化，阐发研究整体的意义何在。从乡村协作与实践模式的变化关照历史延续性、社会结构转化以及国家政权建设与形态变化轨迹等相关问题。

该书资料运用丰富，既包括官方文献，也包括民间资料，还有大量口述访谈，有着扎实的资料基础。作者运用人类学的研究方法，从在地化范畴的整体观视角，理解水资源极端匮乏区域下乡村民众的生存之道，为华北水利社会史研究提供了一个可资参照的模型，循此可更好地理解区域社会的历史变迁及其文化特点。该研究成果的出版，不仅可为历史、水利、文化、社会等领域的研究者提供借鉴与参考，而且对于中国大运河区域社会及其水源管理也具有一定的参考价值。

（责任编辑：朱年志）

稿　约

《运河学研究》系由聊城大学运河学研究院主办、李泉教授主编的国内首部以古今中外运河及其相关问题为研究对象的综合性学术集刊，每年两期，由社会科学文献出版社出版。主要专栏有“理论研究”“专题研究”“研究综述”“新书评介”“史料拾遗”等。欢迎学界贤达赐稿并提出批评意见。

投稿须知：

1. 来稿字数不限，专题论文原则上应在6000字以上。

2. 文章格式参考《历史研究》，采用页下注形式（具体参见《注释规范》）。

3. 论文需要中英文题目、内容提要和关键词。基金资助的论文请在首页以注释形式标注，说明有关项目的具体名称、编号。如有鸣谢文字请附于文末。

4. 请作者随稿附上个人相关信息，包括姓名、出生年月、工作单位、职称职务、研究方向以及联系方式。

5. 来稿须为原创和首发作品，切勿一稿多投。本刊会严格执行“查重”检测制度，请作者尊重知识产权，内容不得违反国家法令法规，文责自负。

6. 投稿一个月未收到通知，可自行处理。本刊对决定采用的稿件，有权进行修改、删节。除纸本印刷外，本刊会配合集刊数据库和学术期刊网，将电子文档上传至相关网站及本刊主页。

7. 来稿一经刊登，即奉呈作者样刊两本，并致薄酬。

投稿邮箱：yunhexueyanjiu@ 126. com

联系电话：0635 - 8238103

联系人：胡克诚

聊城大学运河学研究院

《运河学研究》编辑部

注释规范

一　注释体例及标注位置

（1）注释放置于当页下（脚注）。注释序号用①，②，③……标识。

（2）每页单独排序。

（3）注释序号统一置于正文中引文的句子（或词组、或段落）标点符号之后。

二　注释的标注格式及例子

1. 著作

任继愈主编《中国哲学发展史》（先秦卷），人民出版社，1983，第25页。

实藤惠秀：《中国人留学日本史》，谭汝谦、林启彦译，中文大学出版社，1982，第11～12页。

2. 析出文献

杜威·佛克马：《走向新世界主义》，载王宁、薛晓源编《全球化与后殖民批评》，中央编译出版社，1999，第247～266页。

鲁迅：《中国小说的历史的变迁》，载《鲁迅全集》第9册，人民文学出版社，1981，第325页。

3. 著作、文集的序言、引论、前言等

李鹏程：《当代文化哲学沉思》，人民出版社，1994，“序言”，第1页。

楼适夷：《读家书，想傅雷（代序）》，傅敏编《傅雷家书》（增补本），三联书店，1988，第2页。

4. 古籍

（1）刻本

姚际恒：《古今伪书考》卷3，光绪三年苏州文学山房活字本，第

9 页。

（2）点校本、整理本

毛祥麟：《墨余录》，上海古籍出版社，1985 年标点本（或整理本），第 35 页。

（3）影印本

杨钟羲：《雪桥诗话续集》卷 5，辽沈书社，1991 年影印本，上册，第 461 页。

《太平御览》卷 690《服章部七》引《魏台访议》，中华书局，1985 年影印本，第 3 册，第 3080 页。

（4）析出文献

管志道：《答屠仪部赤水丈书》，《续问辨牍》卷 2，《四库全书存目丛书》，齐鲁书社，1997 年影印本，子部，第 88 册，第 73 页。

（5）地方志

乾隆《嘉定县志》卷 12《风俗》，第 7 页。

万历《广东通志》卷 15《郡县志二·广州府·城池》，《稀见中国地方志汇刊》，中国书店，1992 年影印本，第 42 册，第 367 页。

（6）常用基本典籍、官修大型典籍可不标注作者

《旧唐书》卷 9《玄宗纪下》，中华书局，1975 年标点本，第 233 页。

（7）编年体典籍注出文字所属之年月甲子（日）

《清德宗实录》卷 435，光绪二十四年十二月上，中华书局，1987 年影印本，第 6 册，第 727 页。

5. 期刊

何龄修：《读顾诚〈南明史〉》，《中国史研究》1998 年第 3 期。

李济：《创办史语所与支持安阳考古工作的贡献》，（台北）《传记文学》第 28 卷第 1 期，1976 年 1 月。

6. 报纸

李眉：《李劼人轶事》，《四川工人日报》1986 年 8 月 22 日，第 2 版。

《四川会议厅暂行章程》，《广益丛报》第 8 年第 19 期，1910 年 9 月 3 日，“新章”，第 1～2 页。

7. 未刊文献

方明东：《罗隆基政治思想研究（1913～1949）》，博士学位论文，北京师范大学历史系，2000，第 67 页。

任东来：《对国际体制和国际制度的理解和翻译》，全球化与亚太区域化国际研讨会论文，天津，2000 年 6 月，第 9 页。

8. 手稿、档案文献

中国第一历史档案馆：《清代中琉关系档案五编》，中国档案出版社，2002，第 39 页。

《历代宝案》（台湾大学藏本），第 × × 册，第 × × 页。

《历代宝案》（校订本），第 × × 册，冲绳县教育委员会，× × 年，第 × × 页。

《傅良佐致国务院电》，1917 年 9 月 15 日，北洋档案 1011 – 5961，中国第二历史档案馆藏。

9. 转引文献

章太炎：《在长沙晨光学校演说》，1925 年 10 月，转引自汤志钧《章太炎年谱长编》下册，中华书局，1979，第 823 页。

10. 电子文献

扬之水：《两宋茶诗与茶事》，《文学遗产通讯》（网络版试刊）2006 年第 1 期，http://www.literature.org.cn/Article.asp？ID = 199，2007 年 9 月 13 日。

11. 再次引证时的“出版信息”项目简化

赵景深：《文坛忆旧》，第 24 页。

12. 间接引文的标注

参见/详见邱陵编著《书籍装帧艺术简史》，黑龙江人民出版社，1984，第 28 ~ 29 页。

13. 外文文献

（1）专著

Peter Brooks，Troubling Confessions：Speaking Guilt in Law and Literature，Chicago：University of Chicago Press，2000，p. 48.

（2）期刊析出文献

Heath B. Chamberlain，“On the Search for Civil Society in China，” Modern China 19（1993）：199 – 215.

（3）档案文献

标注顺序：文献标题/文献形成时间/卷宗号或其他编号/藏所。

Nixon to Kissinger，February 1，1969，Box 1032，NSC Files，Nixon Presidential Material Project（NPMP），National Archives Ⅱ，College Park，MD.

主办单位简介

聊城大学运河研究始于20世纪90年代，2008年设立运河文化研究中心，2012年6月成立运河学研究院，是全国首家以运河为研究对象的独立科研机构。历经多年耕耘，现已形成科研力量雄厚、研究特色鲜明、学科优势突出的多学科交叉科研平台。

目前，研究院拥有四个科研平台、三个研究中心和两个编辑部。四个科研平台包括：山东省社会科学规划重点研究基地——运河文化研究基地，山东省高校人文社科研究基地——运河与区域经济社会发展研究中心，聊城大学学科重点建设项目——运河与区域经济社会发展项目，聊城大学科研创新平台——运河文化遗产研究保护与开发规划协同中心。三个研究中心为运河史研究中心、运河区域社会经济发展研究中心、运河文化研究中心。两个编辑部指《中国大运河蓝皮书》编辑部和《运河学研究》编辑部。

研究院现有专职科研人员20人，包括教授6人（包括山东省人文社科基地首席专家1人，山东省有突出贡献的中青年专家2人）、副教授3人、讲师11人，其中具有博士学位者17人，研究领域涉及历史学、文学、地理学、社会学、民族学、艺术学、图书馆与情报学等多个学科门类。同时，聘请了北京大学、复旦大学、浙江大学、南京大学、香港中文大学等高校十余位运河研究专家为兼职教授。

研究院已发展成为全国运河研究重镇，在运河研究领域处于领先地位。首创“运河学”学科体系；已经建成全国最大的“运河文献数据库”，另有“运河民间文献数据库”和“大运河数据平台”在建，同时建有独具特色的“中国运河文物文献展览馆”。研究院的研究人员先后承担国家社会科学基金、自然科学基金项目15项，教育部、司法部、国家民委、全国高校古委会、山东省社科规划等省部级课题 20 余项，同时承担民政部地名所委托项目“运河地名文化数据库”和江苏凤凰科学技术出版社有限公司委托项目《中国运河志》（“文献卷”与“人物卷”）。出版运河学相关著作 20 余部，发表学术论文 200 余篇，获省部级以上科研奖励 10 余项。

研究院注重开展高层次学术交流。先后主持召开了“区域、跨区域与文化整合”国际学术研讨会、“运河与区域社会研究”国际学术研讨会，承办了第 22 届国际历史科学大会·聊城卫星会议，与香港中文大学明清史研究中心联合组织“运河学研究”学术论坛等。目前，与国家文物局（中国文物学会）大运河专业委员会等机构合作进行运河文化遗产保护研究工作，与香港中文大学、中山大学等高校建立了长期合作关系，与日本、韩国、我国台湾等国家和地区的著名专家学者进行了多次学术交流。在运河文献、运河区域社会史等研究领域开展全方位合作，进一步提升了学术研究水平。

研究院招收专门史、文献学、自然地理学三个学科方向的硕士研究生，重点培养从事运河研究与教学的高层次人才。迄今已培养 60 余名研究生，他们已成为运河学研究的后继力量。

在服务社会方面，一是提供智力支持，编纂《中国大运河蓝皮书》，旨在为国家、各级政府及各类行政部门提供理论性、框架性、数据性的建议和意见；二是参与实践，为地方旅游、文化保护、经济发展提供规划设计。

目前，大运河文化带建设、运河学研究方兴未艾，研究院正致力于对运河文化进行深入挖掘，着重深化环境史、社会史和运河文化遗产保护等专项研究，为运河区域社会发展提供有力的参考借鉴和智力支持。

图书在版编目(CIP)数据

运河学研究. 第2辑 / 李泉主编. -- 北京：社会科学文献出版社，2018.12

ISBN 978 - 7 - 5201 - 4094 - 2

Ⅰ. ①运… Ⅱ. ①李… Ⅲ. ①运河 - 文化研究 - 中国 - 文集 Ⅳ. ①K928.42 - 53

中国版本图书馆 CIP 数据核字(2018)第 293184 号

运河学研究 第2辑

主 编 / 李 泉

出 版 人 / 谢寿光
项目统筹 / 宋月华 韩莹莹
责任编辑 / 范 迎

出 版 / 社会科学文献出版社 · 人文分社（010）59367215
地址：北京市北三环中路甲 29 号院华龙大厦 邮编：100029
网址：www.ssap.com.cn
发 行 / 市场营销中心（010）59367081 59367083
印 装 / 三河市尚艺印装有限公司

规 格 / 开 本：787mm × 1092mm 1/16
印 张：17 字 数：285 千字
版 次 / 2018 年 12 月第 1 版 2018 年 12 月第 1 次印刷
书 号 / ISBN 978 - 7 - 5201 - 4094 - 2
定 价 / 98.00 元